河南省一流培育学科"公共管理"资助成果

互联网金融监管
行政法治体系构建研究

梁　松◎著

中国政法大学出版社

2023·北京

图书在版编目（ＣＩＰ）数据

互联网金融监管行政法治体系构建研究 ／ 梁松著.—北京：中国政法大学
出版社，2023.8

ISBN 978-7-5764-0892-8

Ⅰ.①互… Ⅱ.①梁… Ⅲ.①互联网络－应用－金融监管－行政法－研
究－中国 Ⅳ.①D922.280.4

中国版本图书馆CIP数据核字(2023)第074226号

出版者	中国政法大学出版社
地　址	北京市海淀区西土城路 25 号
邮　箱	fadapress@163.com
网　址	http://www.cuplpress.com (网络实名：中国政法大学出版社)
电　话	010-58908435(第一编辑部) 58908334(邮购部)
承　印	固安华明印业有限公司
开　本	880mm×1230mm　1/32
印　张	11
字　数	238 千字
版　次	2023 年 8 月第 1 版
印　次	2023 年 8 月第 1 次印刷
定　价	59.00 元

前　言

　　自互联网技术于 20 世纪 60 年代后期诞生以来，互联网就从未停止过向传统行业的逐步渗透。如今，互联网与金融相融合，催生了"互联网金融"这一新兴金融业态的产生。互联网金融为传统金融带来新理念、注入新活力，成为推动国家经济大发展、大繁荣的一股新生力量。也正因如此，在互联网金融发展的早期，得到了国家和政府强有力的政策支持。但伴随着互联网金融的"野蛮式"发展，潜在风险不断累积、不断暴露，不仅严重影响了互联网金融市场的稳定，而且损害了互联网金融消费者的合法权益。在此背景下，国家和政府及时对互联网金融监管政策进行了调整，先后于 2016 年以及 2017 年提出"规范发展互联网金融""对互联网金融等累积风险要保持高度警惕""加强互联网金融监管，强化金融机构防范风险主体责任"等政策措施。2021 年，国务院《关于印发"十四五"数字经济发展规划的通知》中进一步明确提出"规范数字经济发展，坚持发展和监管两手抓"。党的二十大则进一步提出要"依法将各类金融活动全部纳入监管""加强和完善现代金融监管"。互联网金融作为现代金融体系的重要组成部分，势必要成为金融监管的重点对象，唯有如此，才能守住确保金融体系不发生系统性风险的底线。

目前，互联网金融监管的体制机制仍然存在诸多问题，作为政府，仍应及时担起强化监管、纠正"市场失灵"的职责；作为学界，则应不断增强问题意识、坚持问题导向，及时跟进互联网金融发展最新形势，及时发现和抓住互联网金融发展中的主要问题和风险点，以期从行政法学视角提出有针对性的监管措施，进而为完善互联网金融监管行政法治体系作出贡献。事实上，行政法学在我国改革开放后经过 30 多年的大发展，已经建立了较为成熟的学科体系，形成了独具行政法学特点的法律问题分析视角和方法。运用好行政法学的分析工具来探析互联网金融监管的问题，也一定可以为互联网金融的健康发展提供其他学科可能无法提供的分析策略和解决问题的对策。同时，就行政法学理论自身的发展而言，选取互联网金融监管这一社会热点问题进行研究，对拓展行政法学的研究范围、深化行政法学特别是作为部门行政法之一的经济/金融行政法的理论发展具有极为重要的意义。

本书的研究借助行政法学的视角，运用行政法学的分析工具和分析范式，同时"海纳百川"，充分借鉴和吸收包括公共选择理论、金融监管理论、互联网金融理论以及法律经济学理论等研究工具和研究范式，厘清行政法视域下互联网金融监管的有关概念框架，回顾互联网金融的发展及其监管现状，摸清互联网金融潜在的风险以及监管中的问题，分析构建互联网金融监管行政法治体系的必要性，探析行政法在互联网金融监管中的功能定位及其对构建互联网金融监管行政法治体系的影响，最后提出系统科学观下互联网金融监管行政法治体系建构的总体思路，以及互联网金融监管行政法治体系构建的两个实现路径，即：逐步重构我国互联网金融监管行政主体和权力配置架构，以及完善互联网金融监管行政法律规范体系。

本书除导论和结论之外，具体内容主要包括：

第一章为行政法视域下的互联网金融监管相关概念框架。本章首先对和行政法视域下互联网金融监管紧密相关的互联网金融、金融监管的概念框架进行全面的解析，并在此基础之上，对行政法视域下互联网金融监管的内涵进行剖析，以期建立起清晰、完整的行政法视域下互联网金融监管的基本概念框架。

第二章为我国互联网金融的发展及监管中存在的问题分析。本章从当前我国金融发展概况的分析入手，继而对当前我国互联网金融的发展现状进行剖析，之后，在对当前我国金融监管现状及存在的问题进行研究的基础之上，着重从互联网金融监管行政主体、互联网金融监管行政相对人、互联网金融监管主要行政法律规范依据进行分析的角度，对互联网金融监管现状及存在的问题进行了研究。

第三章为互联网金融监管行政法治体系构建必要性。本章探索性的将行政相对人与行政主体分别划归至对互联网金融监管行政法治体系的"需求方"与"供给方"，之后从需求方的"风险防控"与"弱者保护"以及供给方的"有限理性"与"管制俘获"等角度分析了他们对互联网金融监管行政法治体系构建的需求。

第四章为互联网金融监管行政法功能定位及其对互联网金融监管行政法治体系构建的影响。本章尝试将互联网金融监管行政法的功能定位区分为微观功能和宏观功能。之后，将互联网金融监管行政法的微观功能进一步区分为激励功能和控制功能，并对这两项功能及其对互联网金融监管行政法治体系构建的影响进行分析；同时，又从促进互联网金融可持续发展等角度，对互联网金融监管行政法的宏观功能及其对互联网金融监管行政法治体系构建的影响进行分析。

第五章为我国互联网金融监管行政法治体系构建的实现。本章首先对互联网金融监管行政法治体系构建的总体思路和指导原则进行分析，力求在借鉴代表性国家和地区互联网金融监管行政主体架构设置经验的基础上，提出我国互联网金融监管行政法治体系构建实现的路径之一，即重构我国互联网金融监管行政主体及权力配置架构。之后，本章进一步分析了我国互联网金融监管行政法治体系构建实现的路径之二，在此首先明确了互联网金融监管理念革新方向，对整体视角下的互联网金融监管行政法律规范体系构建进行分析，并就重点具体业态监管行政法律规范体系的完善进行剖析，力求勾勒出互联网金融监管行政法治体系的基本架构。

本书是一本致力于运用行政法学的研究工具并综合公共管理学、经济金融学等多学科知识解决互联网金融监管问题的著作。但囿于本人学识以及能力的局限，书中难免存在缺漏甚至错误，恳请读者不吝赐教！在本书出版过程中，得到了中国政法大学出版社的大力支持，感谢编辑老师们的辛勤付出！

"功不唐捐，玉汝于成。"互联网金融监管作为国家治理体系和治理能力现代化建设的重要组成部分，涉及利益主体众多，引发社会关注度高，如何不断优化互联网金融监管体制机制，走好新时代中国特色社会主义金融监管之路，需要不断探索、不断总结，本人将矢志不渝地"上下求索"，力争为讲好互联网金融监管的"中国故事"贡献绵薄之力。

作者
2023 年 6 月

目 录

导　论

一、选题背景

互联网已经走进千家万户，以其独有的魅力吸引着全球无数人的瞩目与关注，改变着人们的生活方式、经济活动、管理方式及一切可见的人类活动，可以毫不夸张地说，互联网已经彻底颠覆了旧工业时代的许多传统范式，彻底影响了人类社会，也改变了人类社会。自互联网技术于 20 世纪 60 年代后期在美国诞生以来，互联网就从未停止过向传统行业的逐步渗透，并因而催生了许许多多的新兴产业、新的商业模式及新的政府管理方式，如电子商务、滴滴打车、电子政府、电子法院等。而如今，随着 P2P 网络借贷盛行、余额宝横空出世，互联网再一次与金融相融合，催生了"互联网金融"这一充分借助和运用互联网技术对传统金融业务进行深入变革后的新兴金融业态的产生。互联网金融遵循着"开放、平等、协作、分享"的互联网精神，让过去我国传统金融行业在严格管制、门槛高企、行业壁垒和垄断的"温床""宠爱"下，可以通过所谓的"高端业务"便能较为轻易地获取高额利润的时代"一去不复返"了，更让金融机构以"高富帅"为主要服务对象而缺乏为"下里巴人"服务动力的时代"成为历史",从此为普惠金融(inclusive financial)的建立和发展奠定了坚实的基础。

目前,余额宝、众筹、团购理财、P2P、微信支付已经成为普罗大众耳熟能详的名词甚至"口头禅",各类企业、单位特别是中小微企业及社会大众都因此受益匪浅。互联网金融无论从发展规模、发展速度还是创新力度来看,都异常迅速。以余额宝为例,截至2014年6月底,余额宝上线仅一周年之际,其资产规模就达到5741.6亿元,用户就超过了1亿人;[1]而根据最新的余额宝年报数据,截至2018年12月底,余额宝规模达到了1.13万亿,仅2018年一年的时间就赚取509亿的收益,平均每天能赚1.39亿,而此时用户更是超过了5.88亿,相当于三分之一的中国人都是余额宝客户。[2]而京东金融的第一款互联网金融产品"京保贝"于2013年12月初正式上线后,在短短两个月的时间里,京东互联网借贷规模就超过10亿元。[3]因此,我们用"野蛮生长"来形容互联网金融发展的"神奇"并不为过。在互联网金融产品持续不断涌现的同时,互联网金融平台同样如雨后春笋般的出现在公众视野之中,阿里小贷、微信理财通、人人贷、京东供应链金融等众多互联网金融企业或平台被"打造"出来。互联网金融已经成为一股绝对不允许我们忽视的力量,它为

---

〔1〕 胡世良:《互联网金融模式与创新》,人民邮电出版社2015年版,第17页。

〔2〕 "天弘余额宝发2018年报:新增客户超1亿 规模1.13万亿",原载《上海证券报》,转引自https://www.cebnet.com.cn/20190327/102562871.html,最后访问日期:2019年4月10日。

〔3〕 李璐莹:"互联网借贷的风险与监管法律问题研究",华东政法大学2014年硕士学位论文。

传统金融带来新理念、注入新活力，成为推动国家经济大发展、大繁荣的一股新生力量。

正是基于互联网金融的强大"魔力"，党和政府高度重视。2014 年李克强总理在十二届全国人大二次会议期间所做的《政府工作报告》中指出，促进互联网金融健康发展，完善金融监管协调机制。互联网金融被首次写入我国中央政府的工作报告，引起了党和国家最高决策层的高度关注。2015 年李克强总理在十二届全国人大三次会议期间所做的《政府工作报告》中再次指出，制定"互联网＋"行动计划，推动移动互联网、云计算、大数据、物联网等与现代制造业结合，促进互联网金融健康发展，引导互联网企业拓展国际市场。连续两年的《政府工作报告》谈"互联网金融"，这充分反映了党和国家最高决策层对促进互联网金融发展的坚定决心和信念。而 2015 年 7 月中国人民银行等十部委又颁布了《关于促进互联网金融健康发展的指导意见》，为鼓励金融创新、支持互联网金融稳步发展提供强有力的政策支持。虽然自 2016 年"互联网金融规范元年"起，中央政府对互联网金融发展政策由"激进"转变为"冷静"，但总体上还是在严格监管、规范发展的基础上给予充分支持。而党的十九大以来，党中央进一步提出坚持以人民为中心，引领中国经济向高质量发展转型；特别是党的十九届五中全会则明确提出"推动经济体系优化升级""加快数字化发展"；国务院办公厅也于 2019 年 8 月颁布了《关于促进平台经济规范健康发展的指导意见》。互联网金融作为平台经济的重要组成部分，如何促进它的健康有序快速发展进一步得到党中央、国务院的高度关注。

互联网金融的迅猛发展，同样引起了学界的高度关注和重视，研究互联网金融的各类评论性文章、学术性文章及著作等也可谓层出不穷，经济学界、管理学界、科技界的研究成果如"汗牛充栋"，但不无遗憾的是，法学界在这方面的研究成果仍然不多，特别是行政法学界几乎是"集体失声"，根据可查到的文献来看，我国行政法学界或以行政法学的研究视角来探析互联网金融的文章数量少之又少。出现这种情况，固然与行政法的研究视域、研究热点及学者们的研究旨趣有一定的关系，但行政法学面对互联网金融的"大潮"也应积极应对，为互联网金融的健康稳健发展贡献行政法学界的智慧和力量理应是"情理之中"的事。

更为重要的是，自 2013 年"互联网金融元年"伊始至今，互联网金融走过的岁月之短让其在充分发挥其"中间成本低、操作更便捷、参与度更高、协作性更好、透明度更强"[1]等优势上不明显，实现跨越式高速发展的过程中也暴露出了一些问题和风险。诸如由于互联网金融违约成本较低导致的恶意骗贷、卷款跑路等风险问题，又如由于互联网扩散速度更快、实时性更强导致的风险扩散频度和范围更大进而危害也更强，同时互联网金融仍然面临着网络安全不容忽视等诸多问题，而这些叠加的风险已经集中爆发，严重影响了互联网金融市场的稳定，侵害了互联网金融消费者的合法权益。虽然自 2016 年以后，中央政府以及金融监管部门对互联网金融的政策已经由单纯鼓励、近似放任发展转变为"规范发展互联网金融"，以及 2017 年又进一步提出"对互联网金融等累积风险要保持高度警惕""加强互联网金融监管，强

---

[1] 胡世良：《互联网金融模式与创新》，人民邮电出版社 2015 年版，第 8 页。

化金融机构防范风险主体责任"等，从实际的监管机制上，也建立了分业监管模式下的互联网金融监管机制，但是目前针对互联网金融的监管仍然较弱，法律法规不够明确，可操作性不够强，许多监管领域处于空白地带，多头监管导致很多事项"无人监管"等诸多问题，这应当引起我们的高度重视。政府面对互联网金融发展中的问题，更应"铁肩担道义"，及时担当起强化监管、挫败"市场失灵"的职责和任务。这恰恰也是对政府法律行为的研究视为主要对象之一的行政法学应当及时跟进互联网金融发展最新形势、及时发现和抓住互联网金融发展中的主要问题和风险点，以期从行政法学视角提出有针对性的监管措施，为完善互联网金融监管行政法治体系作出贡献的重要原因之一。事实上，行政法学在我国改革开放后经过30多年的大发展，已经形成了较为成熟的学科体系，独具行政法学特点的法律问题分析视角和分析方法，运用好行政法学的分析工具来探析互联网金融发展，也一定可以为互联网金融的健康发展提供其他学科可能无法提供的分析策略和解决问题的对策。同时，就行政法学理论自身的发展而言，选取互联网金融这一社会热点问题进行研究，对于丰富行政法学的研究视域、拓展行政法学的研究范围、深化行政法学特别是作为部门行政法之一的经济/金融行政法的理论发展具有极为重要的意义。

二、研究综述

（一）关于互联网金融基本问题的研究

互联网金融作为一种新的金融业态，[1]在学界也引起了

---

〔1〕　吴晓求："互联网金融：成长的逻辑"，载《财贸经济》2015年第2期。

高度关注，学界关于互联网金融基本问题的研究领域亦特别广泛，不同的学者从不同角度对互联网金融开展了深入的研究，基于本研究的需要，重点关注学界关于互联网金融概念与功能、现状及发展原因、理论基础及理论结构、带来的影响、发展趋势等方面的基础研究。

关于互联网金融概念与功能的研究。著名金融学家吴晓求教授曾撰文指出互联网金融应为中国未来很多年金融面临的现实，它给传统金融带来了撞击，并且引发了新的金融业态的出现。吴晓求教授在文中对互联网金融的定义和形态进行了分析，并且对互联网金融的生存逻辑进行了探讨，在吴教授看来，研究互联网向商业领域渗透并进而逐步颠覆传统商业模式的途径和方式是分析互联网向金融渗透的必要前提。吴教授从电子商务的发展、市场空间、金融与互联网在功能上的耦合等三个角度对互联网金融生存的逻辑进行深入分析。同时，更让人欣喜的是，吴教授关于互联网金融的"功能耦合性"的分析是特别深入的，他从优化金融的"资源配置"功能、完善"财富管理（风险配置）"功能、改善金融"提供价格信息"、改善"支付体系"四个角度的分析令从事法学研究的人员耳目一新，可以为本研究接下来进行的互联网金融监管行政法问题的研究，特别是互联网金融监管行政法的功能部分的研究提供可资借鉴的研究角度。[1]在关于互联网金融概念的研究方面，重庆大学的皮天雷、赵铁也进行了深入研究，他们撰文对互联网金融的内涵界定与模式划分进行了探讨，并且以图表的简明形式对作为互联网金融更为

[1] 吴晓求："互联网金融：成长的逻辑"，载《财贸经济》2015年第2期。

细致分类的互联网渠道金融、互联网小微金融、纯互联网金融的界定、特点及典型代表进行了展示，清晰明了，一目了然。[1]还有工业和信息化部特约专家胡世良在其专著中对互联网金融的本质和内涵进行了探讨，并且对与互联网金融相关的一些概念进行了解析和对比，同时从互联网金融发展现实意义的角度对互联网金融发展的功能进行了分析。[2]此外，还有西安工程大学何剑锋副教授指出互联网金融尚未成为一个正式的法律概念，关于互联网金融的内涵到底如何，存在着过多的学术和实务上的争议，如果在法律上不能深入探讨并尽早对互联网金融的概念做出界定，就无法对其外延进行定位，在这个认识的基础上，何剑锋副教授指出，互联网金融的概念包括六个方面：①互联网金融从本质上说仍然是金融；②与传统金融之间，互联网金融形成了有益的竞争，同时也是有益的补充；③互联网基因也深深地嵌入了互联网金融；④互联网信息化技术是互联网金融的重要依托；⑤普惠金融和民主金融的精神已根植于互联网金融，这有利于降低互联网金融交易成本，提升金融效率；⑥互联网金融的具体业务尚没有固定，处于发展变化之中。[3]

　　关于互联网金融现状及发展原因的研究。中国人民银行的陶娅娜撰文对互联网金融的现状进行了评介，她分别介绍了国外互联网金融的发展概况及国内互联网金融的发展概况，

---

[1]　皮天雷、赵铁："互联网金融：范畴、革新与展望"，载《财经科学》2014年第6期。

[2]　胡世良：《互联网金融模式与创新》，人民邮电出版社2015年版，第2~13页。

[3]　何剑锋：《互联网金融监管研究》，法律出版社2019年版，第20~21页。

在介绍国外互联网金融的发展概况时，区分了三类业务类型并分别进行介绍：第三方支付的发展、P2P 平台衍生多种模式及众筹融资的爆发式增长。在介绍国内互联网金融的发展概况时，同样从以上三个业务类型出发，但融入对阿里巴巴发展状况的分析，以个案来解读或窥探互联网金融在国内的发展。[1]重庆大学的皮天雷、赵铁对互联网金融的发展现状也进行了分析，皮天雷、赵铁为我们提供了不同的视角，这两位学者从互联网渠道金融、互联网小微金融、纯互联网金融的角度对互联网金融的发展进行了分析，同时，两位学者在对国内外互联网金融发展比较的基础之上对国内外互联网金融发展差异的原因进行了探析，并就此分析了国内互联网金融发展迅猛的原因。[2]周宇则结合阿里巴巴推出的余额宝将互联网金融推向风口浪尖的情况对互联网金融的崛起进行了剖析，并从互联网金融积蓄的强大发展能量和动力、马云的影响力及其在互联网金融领域的成就等角度对互联网金融大发展的原因进行了分析。[3]刘刚、邹新月等则从金融发展史的角度，对互联网金融的发展进行了重新审视，指出互联网金融处于兴起期，它的发展离不开科技金融的助推，更离不开金融科技的加持。[4]此外，杨天翔、薛誉华、刘亮、胡世良、张晶等一大批学者也都分别撰文对互联网金融的发展

〔1〕 陶娅娜："互联网金融发展研究"，载《金融发展评论》2013 年第 11 期。

〔2〕 皮天雷、赵铁："互联网金融：范畴、革新与展望"，载《财经科学》2014 年第 6 期。

〔3〕 周宇："互联网金融：一场划时代的金融变革"，载《探索与争鸣》2013 年第 9 期。

〔4〕 刘刚、邹新月：《互联网金融乱象及其风险监管》，北京大学出版社 2019 年版，第 27~40 页。

现状及原因进行了研究。

关于互联网金融理论基础及理论结构的研究。吴晓求教授对互联网金融的理论结构进行了细致的分析，吴教授从金融功能理论、"二次脱媒"理论、新信用理论、普惠金融理论、从离散金融到连续金融等角度分析了互联网金融的理论结构，对我们深入理解互联网金融具有重要的参考价值，同时为本研究更深入地研究互联网金融监管行政法问题提供了较好的分析问题的视角，如：吴教授关于金融功能论视角的分析，告诉我们与传统金融相比，互联网金融对金融组织和金融机构的关注并不突出，而是更加关注金融功能的实现，这就很好地提示我们在研究构建互联网金融监管行政法治体系时不应仅关注金融组织和金融机构，还应关注互联网金融监管行政法律制度是否能有效助力互联网金融发挥金融功能，并切实预防发挥金融功能过程中的风险。[1] 田光宇则对互联网金融的理论框架进行了初步设计，他从互联网金融的理论范畴层面、基础要素层面、互联网金融机构和金融市场的形态及属性、互联网金融的宏观经济效应与监管基础等四个角度来对互联网金融的理论框架进行了研究，这个研究较之上述吴晓求教授的研究而言，提供了一个不同的研究视角，但同样为下文研究互联网金融监管行政法治体系的构建提供了一个深入理解互联网金融的框架。[2] 白昌易博士则对作为互联网金融具体业态之一的 P2P 网络借贷的理论基础进行了分

---

〔1〕 吴晓求："互联网金融：成长的逻辑"，载《财贸经济》2015 年第 2 期。
〔2〕 田光宇："互联网金融发展的理论框架与规制约束"，载《宏观经济研究》
　　　2014 年第 12 期。

析，探讨了互联网金融市场之中的信息不对称以及政府消除信息不对称的方法，还分析了政府监管政策的过程及政策制定的原则等，[1]为我们研究互联网金融监管行政法治体系建构提供了可以借鉴的视角。

关于互联网金融发展带来影响的研究。重庆大学的皮天雷、赵铁对互联网金融发展所带来的革新与冲击进行了分析，两位学者认为互联网金融首先带来了渠道和平台的革新和冲击，其次带来了支付和结算的革新和冲击，再次带来了信息渠道和风险管理的革新和冲击，接下来还带来了服务对象和理念的革新和冲击及对现存的金融理论的革新和冲击。[2]中国人民大学的张晶则从互联网金融给我国的金融运行和金融管理带来了巨大挑战的角度对互联网金融的发展所带来的影响进行分析，她对关于互联网金融发展给货币当局带来的宏观调控难度加大、混业经营发展对现行监管体制的挑战及金融消费者权益保护制度缺位的分析都可以为本研究提供很好的借鉴。[3]陶娅娜则从互联网金融对传统金融的影响、对货币政策有效性的影响、对金融监管的影响、对金融消费者权益保护的影响的角度对互联网金融发展所带来的影响和挑战进行了分析，[4]她的分析令我们更清楚地了解到互联网金融发展所影响的具体领域和范围，为研究建构互联网金融监管

---

〔1〕 白昌易："P2P 网络借贷监管政策研究"，东北财经大学 2019 年博士学位论文。

〔2〕 皮天雷、赵铁："互联网金融：范畴、革新与展望"，载《财经科学》2014年第 6 期。

〔3〕 张晶："互联网金融：新兴业态、潜在风险与应对之策"，载《经济问题探索》2014 年第 4 期。

〔4〕 陶娅娜："互联网金融发展研究"，载《金融发展评论》2013 年第 11 期。

行政法律制度时其应施加影响的边界提供了思路。周宇则从互联网金融可能促进金融的快捷化、高效化、大众化和脱媒化、加速传统金融业融入互联网金融、倒逼金融业市场化改革、促进金融监管体制改革的角度对互联网金融发展可能存在的影响进行了分析，这可以说是一种互联网金融可能给未来带来何种变化的视角的研究和探讨。同时，还有一些学者探讨了互联网金融发展对行业发展的影响，如龚映清撰文探讨了互联网金融发展对证券行业的影响，袁博、李永刚、张逸龙则撰文探讨了互联网金融发展对中国商业银行的影响。

关于互联网金融发展趋势的研究。吴晓求教授从互联网金融替代边界的角度对互联网金融的发展趋势进行了分析，吴教授认为互联网金融的发展趋势不可逆，会对传统金融业态特别是银行业带来重大挑战，应看到互联网金融与传统金融是此消彼长的竞争关系，但彼此又难以替代，互联网金融将在其具有明显优势的一些领域获得更大的发展。[1]重庆大学的皮天雷、赵铁则从金融基础设计建设、风险控制、对传统金融机构的回应等角度对互联网金融未来的发展进行了展望和思考。[2]杨天翔、薛誉华、刘亮则从互联网金融[3]对未来社会生态形成的冲击、互联网金融企业未来发展的方向、金融创新环境下的层次关系等角度对互联网金融未来的发展进行了探析。[4]张

---

〔1〕 吴晓求："互联网金融：成长的逻辑"，载《财贸经济》2015 年第 2 期。
〔2〕 皮天雷、赵铁："互联网金融：范畴、革新与展望"，载《财经科学》2014年第 6 期。
〔3〕 杨天翔、薛誉华、刘亮将互联网金融称为网络金融。
〔4〕 杨天翔、薛誉华、刘亮编著：《网络金融》，复旦大学出版社 2015 年版，第 32 ~ 35 页。

圆等人则认为互联网与金融在发展中融合，各自取长补短，实现了互联网金融模式的不断创新，互联网金融未来发展的最为重要的领域包括网上支付、网上融资、网上理财以及移动金融。[1]

（二）关于互联网金融监管问题的非法学研究

关于互联网金融监管问题的研究可以包含法学视角的研究和非法学视角的研究，本部分的文献阅读重点关注非法学视角的研究，为下文研究互联网金融监管行政法律制度提供跨学科的学术养分。事实上，无论是法学路径的研究视角，还是非法学路径的研究视角，在研究互联网金融监管问题时，一般就要首先从研究互联网金融发展存在的风险和问题入手，顺理成章地推演出对互联网金融加强监管的必要性，进而对如何实现互联网金融进行监管的问题进行研究。因此，就本部分关注的非法学视角的互联网金融监管问题而言，关于互联网金融监管问题的非法学研究应重点关注关于互联网金融风险和问题的研究、关于互联网金融监管必要性的研究、关于如何做好互联网金融监管的研究。此外，对于学界部分学者开展的关于互联网金融监管特殊性的研究、关于互联网金融国际监管的问题及关于他国或我国港澳台地区互联网金融监管问题的研究同样要给予高度的关注。

关于互联网金融存在风险和问题的研究。中国人民大学的张晶对互联网金融潜在风险进行了研究，在张晶看来，互

---

[1] 张圆、张婷婷："我国互联网金融的发展现状及展望"，载《现代营销（下旬刊）》2020 年第 2 期。

联网金融的发展是一把"双刃剑"。[1]北京邮电大学的黄海龙以作为互联网金融产品之一的电商金融为视角对互联网金融发展中潜在的风险进行了研究，黄海龙认为，互联网金融主要面临的风险包括技术风险、业务风险和法律风险，同时他还对上述三项风险进行了进一步分类，如他将技术风险进一步分为量化贷款风险、技术安全风险；将业务风险进一步分为操作风险和声誉风险。[2]银监会张晓朴研究员结合对互联网金融功能的分析探讨了互联网金融的风险特征，张晓朴认为，互联网金融因参与的人众多因此带有明显的公众性，进而就比较容易触及法律和监管的红线，甚至引发系统性金融风险。[3]胡世良出版的专著对互联网金融的风险进行了研究，胡世良认为互联网金融作为一个新生事物，在发展过程中必然会暴露一些风险和问题，如以风控弱、监管弱为特征的管理弱、信用风险大、风险容易扩散、网络安全不容乐观等。[4]吴昊认为互联网金融发展中存在的风险和问题主要包括：平台和环境的建设不足以支持互联网金融的发展、以征信体系建设为核心的互联网金融"软硬件"建设落后导致互联网金融更大风险潜藏、互联网金融监管缺乏体系性导致"互联网金融产业进行的服务、推出的产品都存在着监管网络不健全、

---

[1] 张晶："互联网金融：新兴业态、潜在风险与应对之策"，载《经济问题探索》2014年第4期。

[2] 黄海龙："基于以电商平台为核心的互联网金融研究"，载《上海金融》2013年第8期。

[3] 张晓朴："互联网金融监管的原则：探索新金融监管范式"，载《金融监管研究》2014年第2期。

[4] 胡世良：《互联网金融模式与创新》，人民邮电出版社2015年版，第8～9页。

监管平台不完整、监管功能不稳定等一系列问题"[1]周灏、王倪对互联网征信问题进行了分析，周灏、王倪指出中国的征信数据缺失是个比较大的问题，在央行系统里仅有 3 亿人的用户记录，覆盖不到20%的人群。[2]我们从周灏、王倪对互联网征信问题的分析中可以窥探互联网金融存在的风险。中国人民大学吴晓求教授认为，互联网金融建立在社交网络、搜索引擎及电子商务平台等的基础之上，在实现蓬勃发展的同时存在风险和挑战，他进而则从信息不对称风险、道德风险及流动性风险三个方面分析了互联网金融的风险。通过分析，吴教授指出互联网金融风险会加剧金融体系的脆弱性，对金融监管和金融稳定提出了极大的挑战。[3]李东荣等人在研究中国互联网金融驱动模式时对互联网金融的风险进行了分析，李东荣等人认为互联网金融的风险主要体现在法律风险、期限错配和流动性风险、最后贷款人风险及技术风险四个方面。[4]

关于互联网金融监管必要性的研究。中国人民大学吴晓求教授从我国互联网金融监管自身存在的问题出发对加强互联网金融监管必要性的问题进行探讨。吴教授对互联网金融监管自身存在问题的分析主要体现在两个方面：一是认为互

---

[1] 吴昊："互联网金融发展问题及对策研究"，载《黑龙江科学》2020 年第 7 期。

[2] 周灏、王倪："互联网金融风险控制及创新"，载乐天、段永朝、李犁主编：《互联网金融蓝皮书 2015》，电子工业出版社 2015 年版，第 129～137 页。

[3] 吴晓求等：《互联网金融——逻辑与结构》，中国人民大学出版社 2015 年版，第 124～141 页。

[4] 李东荣主编：《中国互联网金融发展报告（2015）》，社会科学文献出版社 2015 年版，第 245～277 页。

联网金融监管缺乏统一的监管机构；二是认为互联网金融监管缺乏具体合理的监管规则。[1]通过对吴教授分析的互联网金融监管自身存在问题的研读，可以更深刻地理解加强互联网金融监管行政法治体系建设的必要性。王海军、赵嘉辉等人对互联网金融发展中面临的众多挑战进行了研究，他们认为"监管与法律风险首当其冲""民间借贷跑路事件频发""社会信用体系尚不健全""信息与技术安全风险暴露""互联网金融人才匮乏"等是互联网金融发展中面临的主要问题，[2]通过他们对互联网金融存在的这些挑战和问题的分析，我们在研究和认识加强互联网金融行政法律体系建设时可以予以借鉴，进而更加充分地认识互联网金融监管行政法治体系建设的必要性。谢平、邹传伟、刘海二以金融市场有效的理想情景为参照点，对互联网金融监管必要性进行了分析，他们认为在互联网金融达到金融市场有效的理想情景之前，仍会存在信息不对称和交易成本等大量非有效因素，进而使得在互联网金融监管中不应也不能采取自由放任的方式，而是应以监管促发展，在一定的负面清单、底线思维及监管红线下，促进互联网金融的发展及创新。[3]梁军峰基于制度经济学的视角，从对互联网金融系统性风险、信用风险、声誉风险、信息不对称风险、信息技术风险以及流动性风险六类

---

〔1〕 吴晓求等：《互联网金融——逻辑与结构》，中国人民大学出版社 2015 年版，第 142～165 页。

〔2〕 王海军、赵嘉辉主编：《"中国式"互联网金融——理论、模式与趋势之辨》，电子工业出版社 2015 年版，第 27～31 页。

〔3〕 谢平、邹传伟、刘海二："互联网金融监管的必要性与核心原则"，载《国际金融研究》2014 年第 8 期。

风险传导路径的分析入手，说明了加强互联网金融监管的必要性。[1]

关于如何做好互联网金融监管的研究。杨涛等人在对虚拟货币、P2P 网络借贷平台、股权众筹、基于互联网的新金融运营方式或产品、新的网络支付手段或模式等的监管现状进行分析的基础之上，从互联网金融监管模式的角度对如何做好互联网金融监管进行了分析，并提出了逐步建立一套"功能监管 + 行业自律"的监管模式的建议，杨涛等人认为该种模式属于他律监管和自律监管结合后形成的混合监管模式，只有这种模式才能保证互联网金融的持续健康长远发展。[2]范文仲等人则将互联网金融区分为网络支付与结算、P2P 网络借贷、众筹融资、网络销售金融产品、比特币等虚拟货币等业务类型，并按照这些互联网金融的不同业务类型分别探讨如何做好互联网金融监管的问题。[3]吴晓求教授则从构建互联网金融监管公平规则的角度对如何做好互联网金融监管进行了分析，吴教授探讨了互联网金融监管的基本目标，并就金融机构的公平交易规则和信用卡监管规则进行了研究。[4]谢平、邹传伟、刘海二则从互联网金融的功能监管、机构监管和监管协调的角度探讨了互联网金融

〔1〕 梁军峰："互联网金融风险与监管研究——基于制度经济学视角"，载《财会通讯》2020 年第 4 期。

〔2〕 杨涛主编：《互联网金融理论与实践》，经济管理出版社 2015 年版，第 256 ~ 275 页。

〔3〕 范文仲等：《互联网金融理论、实践与监管》，中国金融出版社 2014 年版，第 194 ~ 236 页。

〔4〕 吴晓求等：《互联网金融——逻辑与结构》，中国人民大学出版社 2015 年版，第 149 ~ 165 页。

监管，并建议要把握好互联网金融监管的必要性、一般性、特殊性、一致性及差异性。[1]白昌易博士则在选取 50 家 P2P 网贷公司两年面板数据并对其进行统计分析的基础之上，提出了系列监管建议，如：加强对资金存管、信息披露的监管检查力度；健全违约风险的防范和化解机制；细化 P2P 行业分类并提出有针对性的监管政策。[2]虽然白昌易博士的研究是基于 P2P 网贷行业，但该行业作为互联网金融领域极为重要的业态，相关研究成果可以对如何做好互联网监管产生良好的启示作用。

关于互联网金融监管特殊性的研究。谢平、邹传伟、刘海二对互联网金融监管的特殊性进行了研究，他们认为互联网金融监管的特殊性主要表现在两个突出的风险特征，即信息科技风险和"长尾"风险。[3]杨涛等人对互联网金融的特殊风险及其表现形式、主要互联网金融业态的风险识别的分析，有助于我们加深对互联网金融监管特殊性的理解。[4]

关于互联网金融国际监管的问题及关于他国或我国港澳台地区互联网金融监管问题的研究。这部分的研究有助于本研究在探讨如何构建互联网金融监管行政法治体系时更好地融合与借鉴他国或我国港澳台地区的经验。王海军、赵嘉辉就互联网金融风险管理的国际经验与我们进行了分享，他们

---

〔1〕　谢平、邹传伟、刘海二："互联网金融监管的必要性与核心原则"，载《国际金融研究》2014 年第 8 期。

〔2〕　白昌易："P2P 网络借贷监管政策研究"，东北财经大学 2019 年博士学位论文。

〔3〕　谢平、邹传伟、刘海二："互联网金融监管的必要性与核心原则"，载《国际金融研究》2014 年第 8 期。

〔4〕　杨涛主编：《互联网金融理论与实践》，经济管理出版社 2015 年版，第 251～256 页。

有选择性地在文中以列举方式简要介绍了日本、澳大利亚、英国、美国及我国香港特别行政区的互联网监管的局部经验。[1]张晓朴则对互联网金融监管的国际经验进行了总结，包括：一是各国（地区）普遍重视纳入法律框架、强化法律规范和行业自律；二是依据国情采取不同强度的外部监管措施；三是加强对金融消费者和投资者的权益保护，主要采用注册登记制和强制信息披露的手段；四是涉及谁的监管职责就由相关的机构进行监管；五是开始对互联网金融的监管框架进行评估。[2]黄瑞对互联网金融监管领域比较有代表性的美国监管经验进行了分析，在美国并没有专门的互联网金融监管部门，互联网金融监管亦是纳入传统金融监管架构的，由美国证券交易委员会、美国联邦贸易委员会、美国金融消费者保护局以及美国司法部等按照各自的监管权限分别对互联网金融的不同领域进行监管。[3]毕扶摇等对互联网金融监管领域比较有代表性的英国监管经验进行了分析。在英国，侧重于通过英国金融行为监管局实施对互联网金融的行为监管，主要利用监管沙盒的工具加强对互联网金融的监管，不仅保护金融消费者权益，而且保护互联网金融创新。[4]此外，李东荣、杨涛、范文仲、吴晓求等均撰文或专著对境外互联网金融监管的实践和

---

〔1〕 王海军、赵嘉辉主编：《"中国式"互联网金融——理论、模式与趋势之辨》，电子工业出版社 2015 年版，第 144～149 页。

〔2〕 张晓朴："互联网金融监管的原则：探索新金融监管范式"，载《金融监管研究》2014 年第 2 期。

〔3〕 黄瑞："美国互联网金融监管特色及对我国的启示——兼论我国互联网金融标准化建设的必要性"，载《经济师》2019 年第 9 期。

〔4〕 毕扶摇、黄瑞："英国金融监管机制对我国互联网金融市场行为标准化管理的启示"，载《当代经济》2019 年第 8 期。

经验进行了介绍和研究。特别值得一提的是，美国的斯蒂芬·德森纳等人从众筹这一在互联网金融时代发展起来的特定业务类型出发向我们展示了美国众筹领域里的一系列实践和相关制度，从中可以窥视出美国互联网金融监管的"一隅"。[1]

（三）关于互联网金融监管法治体系（含行政法治体系）的研究

鉴于互联网金融本身就是一个新生事物，法学界关于该问题的研究性文章尚达不到"数量可观"的程度，探讨互联网金融监管的文章更是相对少些，这从在广大学者目前最为常用的中国知网中以"互联网金融""互联网金融监管"为关键词同时将搜索范围限定后进行搜索的结果上就可见一斑。而且纵观这些法律类的互联网金融研究成果，大多又都是硕士毕业论文，博士毕业论文就少之又少；同时，从发表论文的作者情况及文章发表的杂志的情况来看，法学界公认的知名学者、学术大家撰写的互联网金融的文章更少，相关文章发表的杂志多数并不是公认的权威期刊或核心期刊。如果再将对互联网金融监管进行研究的搜索范围限定在行政法类，截至笔者检索之日则几乎找不到相关的文献，这不得不令作为行政法学博士研究生的笔者感到非常的震撼，行政法在互联网金融研究方面的缺位不仅与行政法学一贯关注社会热点的学科发展历史不相符合，而且也不利于互联网金融行政法治体系的建设和完善。回顾法学界关于互联网金融监管问题的研究，多数研究成果都体现了鲜明的法学研究特色，他们

---

〔1〕　〔美〕斯蒂芬·德森纳主编：《众筹：互联网融资权威指南》，陈艳译，中国人民大学出版社 2015 年版。

一般从研究互联网金融的发展及概念入手，或在法律框架内探讨互联网金融存在的问题和风险，或探讨互联网金融的合法性问题，进而研究互联网金融监管的必要性，最终把研究的落脚点放在了互联网金融监管法治体系特别是该法治体系依靠的相关法律规范的建设及完善方面。

关于互联网金融发展及概念的法学视角的研究。浙江大学光华法学院的李有星、陈飞、金幼芳探讨了互联网金融的新兴与本质，他们将互联网金融区分为货币支付领域及货币融通领域并进而探讨了互联网金融的发展情况，这三位学者认为互联网和金融，两者在货币支付领域及货币融通领域都在迈向深度融合，并展现出美好前景。更为难得的是，李有星、陈飞、金幼芳在探讨互联网金融发展的基础之上对互联网金融的本质进行了研究，并就此对互联网金融进行了界定，即互联网金融涵盖互联网支付和互联网融资两个方面。[1]中国人民大学的杨东从互联网金融创新的角度简要探析了互联网金融的发展，简要说明了互联网金融发展的原因及其对金融市场竞争带来的极大促进作用，同时，杨东将互联网金融定义为众筹金融，体现法学研究者对于互联网金融独特的思考和研究。[2]高汉则从互联网金融发展的事例出发，介绍了互联网金融的发展，并对互联网金融的界定、类型和特点进行了探讨，该学者将互联网金融的类型区分为支付结算类、融资类和投资理财保险类，从而进一步拓展了互联网金融的

---

〔1〕 李有星、陈飞、金幼芳："互联网金融监管的探析"，载《浙江大学学报（人文社会科学版）》2014 年第 4 期。
〔2〕 杨东："互联网金融风险规制路径"，载《中国法学》2015 年第 3 期。

类型。高汉认为，互联网金融的出现和发展，是对传统金融业务特别是银行业务的挑战和冲击。[1]此外，王娜、贺斌、孙央、朱牧、李璐莹等人则从互联网金融特定领域的发展出发探讨了互联网金融的发展，对于研究互联网金融行政法治体系亦具有重要参考价值。

　　关于互联网金融存在的问题和风险的法学研究。刘宪权、金华捷对互联网金融活动中存在的问题进行了探讨，他们认为互联网金融发展中出现的最主要的问题就是对互联网金融的法律监管方面出现了"真空地带"，同时他们进一步指出如果在互联网金融活动中出现非法集资或洗钱等犯罪活动等现象，对社会产生的危害性是难以估量的。[2]在互联网金融风险和问题的研究方面，高汉认为体现在四个方面：一是互联网金融有可能成为洗钱等违法犯罪的"温床"；二是存在技术风险；三是存在欺诈风险；四是面临市场风险。[3]杨东则从金融消费者保护不足的角度对互联网金融风险的表现形式进行了研究，杨东认为互联网金融是市场主体进行监管套利的结果，之所以产生监管套利的机会就是由于分业监管的模式，这也导致互联网金融监管游离于现行金融法律规制之外。[4]华东政法大学的毛玲玲教授对互联网金融风险的问题进行了研究，她重点关注了互联网金融中投资风险的隐匿性、互联网金融活动社会风险的化解压力

---

〔1〕　高汉："互联网金融的发展及其法制监管"，载《中州学刊》2014 年第 2 期。

〔2〕　刘宪权、金华捷："论互联网金融的行政监管与刑法规制"，载《法学》2014 年第 6 期。

〔3〕　高汉："互联网金融的发展及其法制监管"，载《中州学刊》2014 年第 2 期。

〔4〕　杨东："互联网金融风险规制路径"，载《中国法学》2015 年第 3 期。

及客观存在的技术风险。[1]李海娟等人认为，因法律、监管以及观念等方面的问题给互联网金融带来的高风险，主要包括因互联网金融立法缺失而引起的法律风险、互联网金融高速发展给行业带来的潜在风险、互联网金融还存在较大的技术风险，同时，信息不对称亦加剧了互联网金融的风险。[2]

关于互联网金融合法性问题的探讨。李有星、陈飞、金幼芳对互联网金融合法性进行了分析，他们认为互联网金融的发展并非无法可依，现行的民商法规范、金融监管规范及刑法中的部分有关金融类犯罪的规定都为互联网金融的发展提供了法律制度框架，使得互联网金融的发展具备法律基础和创新空间，同时他们还从第三方支付、P2P借贷、众筹融资等角度对互联网金融的合法性进行了探讨。[3]白洁对互联网金融的合法性问题进行了探讨，她认为互联网金融的本质还是金融，所以这个领域虽然新，但并非"无法可依"。[4]持相似观点的还有最高人民法院审判委员会专职委员杜万华大法官。

关于对互联网金融监管必要性的法学研究。华东政法大学的赵渊、罗培新对互联网金融监管的必要性进行了研究，

---

〔1〕 毛玲玲："发展中的互联网金融法律监管"，载《华东政法大学学报》2014年第5期。

〔2〕 李海娟、佟雪："互联网金融风险及防范的法律对策"，载《对外经贸》2020年第5期。

〔3〕 李有星、陈飞、金幼芳："互联网金融监管的探析"，载《浙江大学学报（人文社会科学版）》2014年第4期。

〔4〕 白洁："打造中国互联网金融法律生态系"，载乐天、段永朝、李犁主编：《互联网金融蓝皮书2015》，电子工业出版社2015年版。

他们从对实际案例的分析入手，借助于成本收益分析法，推衍出投资收益和监督成本之间的差距将带来"集体行动的困难"，同时还从"投资者保护"、互联网技术的"虚拟化"等方面对互联网金融监管的必要性进行了研究。[1]西南政法大学的叶旺春副教授对互联网金融对现行监管规则的挑战进行了研究，从他的分析中可以看出加强互联网金融监管的必要性。[2]李有星、陈飞、金幼芳对互联网金融监管必要性进行了研究，他们认为互联网金融较传统金融的涉众性更强，更具涉众性风险，其风险面更广、传染性更强，因此为防范风险，有必要对互联网金融加强监管。[3]

　　关于互联网金融监管法治体系建设及完善的研究。杨东以信息工具为核心从互联网金融信用风险规制的角度对互联网金融监管法治体系所依靠的相关法律制度的建设和完善进行研究，杨东认为"完善市场准入机制""大数据、信用风险预警及信息披露""投资者保护及融合型规制体系建构"等是加强互联网金融监管法律制度建设和完善的路径。[4]中国人民大学的安邦坤、阮金阳从对金融监管目标的分析出发，提出了"保护互联网金融消费者的合法利益""制定统一的监管规则""契合多重资本市场下证券交易制度的变革"等角度的互联网金融监管法治体系所依靠的相关法律制度的

〔1〕　赵渊、罗培新："论互联网金融监管"，载《法学评论》2014 年第 6 期。
〔2〕　叶旺春："互联网金融与现行监管规则"，载《科技与法律》2014 年第 3 期。
〔3〕　李有星、陈飞、金幼芳："互联网金融监管的探析"，载《浙江大学学报（人文社会科学版）》2014 年第 4 期。
〔4〕　杨东："互联网金融的法律规制——基于信息工具的视角"，载《中国社会科学》2015 年第 4 期。

建设和完善的路径。[1]唐清利则提出了互联网金融应以市场为基础确立相应的合作监管模式的路径。[2]李有星、陈飞、金幼芳则提出了互联网金融监管主体地方化、原则导向监管、"安全港"制度建设的监管法治体系建设和完善路径。[3]此外，陶震从构建完善互联网金融监管体系、修订完善互联网金融监管法律、法规体系、加强互联网金融消费者权益保护的角度提出了监管法治体系建设和完善的建议。[4]中国人民大学法学院姚海放教授从对 P2P 网络借贷监管法律政策变化的分析入手，审视了从"中国互联网金融元年"到"中国互联网金融监管元年"的变迁历程，指出了在未来 P2P 网络借贷监管法律制度上应着力加强备案登记、信息披露和资金存管制度的建设，同时还提出应加强平台建设以及对金融消费者的保护。[5]姚海放教授虽然是从 P2P 网络借贷角度提出的互联网金融监管法治体系发展方向，但其构思对整个互联网金融监管法治体系的建设与完善同样具有重要的借鉴意义。从对法学视角的互联网金融监管法治体系建设及完善的分析来看，学界都特别重视对互联网金融消费者权益的保护，这点值得本研究予以关注。

---

[1] 安邦坤、阮金阳："互联网金融：监管与法律准则"，载《金融监管研究》2014 年第 3 期。

[2] 唐清利："互联网金融监管模式创新研究"，载《社会科学辑刊》2015 年第 2 期。

[3] 李有星、陈飞、金幼芳："互联网金融监管的探析"，载《浙江大学学报（人文社会科学版）》2014 年第 4 期。

[4] 陶震："关于互联网金融法律监管问题的探讨"，载《中国政法大学学报》2014 年第 6 期。

[5] 姚海放："治标和治本：互联网金融监管法律制度新动向的审思"，载《政治与法律》2018 年第 12 期。

（四）关于金融监管问题的研究

自金融业诞生以来，特别是自 20 世纪以来，围绕如何对金融业进行更有效的监管的议题从来就没有停止过，无论是国际组织还是世界各国都对金融监管倾注了"满腔热情"，学界对金融监管的研究也取得了巨大的成就：从研究的领域来看，从过去重综合性研究向金融监管各领域问题拓展；从研究方法上来看，从过去主要进行规范性分析到定性和定量分析转变；从研究队伍上来看，研究队伍已经涵盖了从金融监管部门到金融从业人员再到高等院校、科研机构研究人员的大规模的研究团队。正是由于各界人士对金融监管研究倾注的热情，让对金融监管的研究呈现出一派繁荣的景象。

关于何为金融监管的问题，自这一概念产生开始就是不断被争论的话题，不同的学者也有不同见解。如，郭国有便将金融监管区分为事前监管、事中监管及事后监管，并从金融监管的动态过程对其进行了解读。在郭国有看来，各国金融监管的基本内容主要包括三个方面：一是以开业登记、管理层、业务活动、资本充足性、清偿能力、稽核检查等方面为主要内容的事前监管；二是以金融监管当局担当最后贷款人职责为主要内容的事中监管；三是以存款保险制度建设为主要内容的事后监管。[1]

除了金融监管的概念方面，学界关于金融监管体制的研究是一个热点，同时也是关于金融监管研究的核心议题

---

[1] 郭国有主编：《中央银行监管》，西南财经大学出版社 1997 年版，第 1 页。

之一。张晓朴、卢钊对目前国际上普遍采用的机构型监管、功能型监管、综合型监管及双峰监管等四种模式进行了深入探讨，并梳理出各种模式的代表国家或地区、主要特征、主要优点和缺点（详见下表），这对我们深入结合各相关金融监管模式，特别是在熟悉和深入研究我国金融监管模式的基础之上更好地探讨我国互联网金融监管行政法治体系具有重要意义。

表1　四种金融监管模式的比较[1]

监管模式	代表国家或地区	主要特征	主要优点	主要缺点
机构监管	中国、中国香港特别行政区和墨西哥	根据金融机构的牌照类型和法律属性来划分监管机构	监管机构分工明确、专业化强；有助于防止监管单点失效	对金融机构间的交叉业务易出现无人或过度监管情况；监管不一致问题；监管协调成本较高
功能监管	巴西、法国、意大利和西班牙	根据金融业务的类型来分别设置不同的监管机构	易保持监管一致性和专业化；有助于提高监管效率	难以界定监管机构管辖范围；协调成本大；易造成监管过度竞争问题；监管规则适用性低；难以有效防范系统性风险

---

[1] 张晓朴、卢钊："金融监管体制选择：国际比较、良好原则与借鉴"，载《国际金融研究》2012年第9期。

监管模式	代表国家或地区	主要特征	主要优点	主要缺点
综合监管	加拿大、德国、日本、卡塔尔、新加坡、瑞士和英国	由一家综合性监管机构对整个金融体系进行统一监管，此类监管涵盖防范系统性风险和维护消费者利益两个层面	确保监管的统一性；监管视角更为全面；避免监管机构过度竞争；强化问责制；更有效地配置监管资源	可能产生监管的单点失效；权力过于集中而造成监管效率下降；内部部门沟通困难；监管者易形成"团体思维"
双峰监管	澳大利亚和荷兰	两类监管机构并存：一类主要通过审慎监管确保金融体系的安全稳健，另一类主要通过行为监管维护消费者的权益	缓和监管目标内在矛盾；获得综合监管全部优点；给予消费者充分保护	优先考虑哪个目标主观性强，有时无法两者兼顾；金融机构管理成本上升

　　从张晓朴、卢钊的研究可以看出，我国采取的模式是机构型监管模式，因此，对该种模式我们不妨进行简要说明。按照张晓朴、卢钊的研究，机构型监管模式即是分业监管模式，其与我们通常提到的分业监管模式的概念和内涵基本相同，但因区分的角度不同，因此名称不同。机构型监管是从金融机构领取的是何种类型的牌照及其法律属性的角度对金融监管机构进行的划分，各类监管机构从审慎监管和行为监管两个层面出发对金融市场进行监管。该模式的优点和缺点都很明显，其中优点主要包括：一是各监管机构的分工是非

常明确的，从监管范围上来看一般较少有交叉重叠；二是因为分业监管，因此监管机构的专业化水准会更高，监管更有深度；三是该种模式有效阻却了权力集中所带来的单点失效。该种模式的缺点主要包括：一是监管边界模糊；二是监管不一致；三是监管协调成本普遍较高。[1]

我们知道，行政法的一个重要议题是关于政府权力的配置，因此，在我们研究互联网金融监管的过程中与权力配置有关的议题自然也是以行政法律制度为落脚点的研究所关注的重要方面。中央财经大学的段志国对金融监管权的纵向配置的研究，是法学研究人员对金融监管研究做出的一个重要贡献，值得关注。段志国认为，金融监管体制的核心就是在不同的监管主体之间进行监管权力的分配，不仅包括横向层面的同级部门之间的分配，而且包括权力在中央和地方之间的纵向分配。此外，段志国对金融监管权纵向配置的理论基础、现实基础及制度建构等进行了深入研究。

在关于如何选择金融监管体制的基本原则方面，一些学者也进行了独到而细致的研究。前面提到的张晓朴、卢钊即通过对20世纪以来金融监管体制变革道路的回顾和研究，系统梳理了在金融监管体制选择方面的十项原则。张晓朴、卢钊认为，金融监管体制选择的十项原则包括：一是金融监管能力的提高是关键；二是没有哪种监管模式是最优的；三是监管体制简单有助于提高监管的效率；四是应建立可以无缝对接和全面覆盖的金融监管体制；五是监管人员队伍要专业，

---

[1]　张晓朴、卢钊："金融监管体制选择：国际比较、良好原则与借鉴"，载《国际金融研究》2012年第9期。

以此来克服监管模式中的障碍和缺陷；六是应加强对监管者的约束和问责；七是要加强监管信息的沟通；八是要及时进行监管体制的改革；九是在进行监管体制改革时要自下而上地进行专业的评估；十是监管体制改革涉及多方利益的权衡、协调甚至妥协。[1]

此外，伴随着 2008 年席卷全球的金融危机，很多国家在金融监管方面做出了有益的探索，特别是美国、英国及欧盟在金融监管方面进行了深入的改革，这引起了学界的深入研究和广泛关注。西南财经大学法学院的鲁篱、熊伟对 2008 年席卷全球的金融危机发生后国际金融监管法律规则的变化进行了比较研究。鲁篱、熊伟指出，后危机时代背景下，美国、英国及欧盟等主要经济体先后通过立法方式出台多项金融监管改革措施，对金融监管中存在的漏洞进行了反思，对解决问题的思路进行了探究，这些主要的经济体都在力图建立一种更加灵活的金融监管体制，以防范金融危机的再次发生。[2]田彪博士对次贷危机后美国金融监管改革进行深入研究，田彪博士指出，次贷危机后，美国以于 2010 年 7 月颁布《多德-弗兰克华尔街改革和消费者保护法案》为起点正式开启次贷危机后美国金融监管改革的第一个阶段，之后，又于 2018 年 5 月颁布 S. 2155 号议案《促进经济增长、放松监管要求和保护消费者权益法案》为标志开启了次贷危机后美国金融监管改革的第二个阶段，在这两个阶段，美国针对监管主体（主要指监管体系）以及监管客体（主

---

[1] 张晓朴、卢钊："金融监管体制选择：国际比较、良好原则与借鉴"，载《国际金融研究》2012 年第 9 期。

[2] 鲁篱、熊伟："后危机时代下国际金融监管法律规制比较研究——兼及对我国之启示"，载《现代法学》2010 年第 4 期。

要指大型金融机构）进行了系列改革。[1]这些有益经验值得我们在进行我国互联网金融监管行政法治体系构建时予以参考。

三、研究思路和研究结构

互联网金融凭借其普惠性、速度快、效率高、开放广等优势实现了迅猛发展，"红遍"了大江南北，但其"年轻"的特质也决定了它的"不成熟"，潜藏的风险因素也在逐步暴露，问题也在逐步显现，欲解决好这些问题，化解这些风险，一个重要的途径或手段就是要加强对互联网金融的监管。研究互联网金融监管问题的确可以有多重视角，从不同角度来看待互联网金融监管问题，进而探索或碰撞出不同的智慧火花，但笔者从自己深爱的研究领域出发，期望借助行政法学的视角，运用行政法学的分析工具和分析范式，同时"海纳百川"，充分借鉴和吸收包括公共选择理论（侧重"管制俘获""有限理性"等）、金融监管理论、互联网金融理论以及法律经济学理论等研究工具和研究范式，厘清行政法视域下的互联网金融监管的有关概念框架，回顾互联网金融的发展及其监管现状，摸清互联网金融潜在的风险以及监管中的问题，分析构建互联网金融监管行政法治体系的必要性，探析行政法律在互联网金融监管中的功能定位，最后在理清构建互联网金融监管行政法治体系总体目标的基础之上，结合我国金融监管体制机制建设与运营的实际以及互联网金融发展的需求，尝试建构出有利于促进互联网金融健康发展的互联网金融监管行政法治体系。

---

[1] 田彪："次贷危机后美国金融监管改革研究"，吉林大学 2019 年博士学位论文。

　　根据以上研究思路，确定本研究正文部分具体的研究结构为：第一章为行政法视域下的互联网金融监管相关概念框架，在解析互联网金融、金融监管概念框架的基础之上，探讨了行政法视域下互联网金融监管的内涵以及互联网金融监管行政法治体系的内涵及分类；第二章为我国互联网金融的发展及监管中存在的问题分析，在分析我国互联网金融发展现状的基础之上，分析了我国当前金融监管的现状及其存在的问题，并由此进一步探讨了我国当前互联网金融监管的现状及存在的问题；第三章为互联网金融监管行政法治体系构建的必要性，探索性地将行政相对人与行政主体分别划归至互联网金融监管行政法治体系的"需求方"与"供给方"，探讨他们对互联网金融监管行政法治体系的需求；第四章为互联网金融监管行政法的功能定位及其对互联网金融监管行政法治体系构建的影响，尝试将互联网金融监管行政法的功能定位区分为微观功能和宏观功能，并分别对它们及它们对互联网金融监管行政法治体系构建的影响作出进一步研究；第五章为我国互联网金融监管行政法治体系构建的实现，从对互联网金融监管行政法治体系构建的总体思路进行分析入手，在重构互联网金融监管主体及权力配置的前提下，进一步明确互联网金融监管理念革新方向，力求初步勾勒出互联网金融监管行政法治体系的基本架构。其中前两章旨在提出问题、发现问题和分析问题，为行政法视域下互联网金融监管的研究厘定概念框架，并着重从行政法视域找出我国互联网金融监管中存在的系列问题；而后面三章旨在解决问题，为有效构建我国互联网金融监管行政法治体系提供新思路，最终为解决我国互联网金融监管中存在的系列问题提供行政法上的智慧成果。

四、研究方法和技术路线

（一）研究方法

人们只有在科学的方法论指导下，才能更为容易、更为高效地探索自然和社会，进而"抽丝剥茧"，"看透"隐藏在现象背后的规律，发现研究对象的"奥秘"，逐步实现从感性到理性、从具体到抽象再回到更高层次的具体的科学研究目标。对行政法视域下互联网金融监管的研究，同样要遵循科学的研究方法。一般而言，比较常见的法学研究方法主要包括规范分析的方法、历史分析的方法、比较研究的方法、抽象分析的方法、具体分析的方法、案例研析的方法等，对于这些方法，本研究将在不同的章节中加以妥善的运用，争取最大化法学研究方法的效用。同时，本研究将充分借鉴公共选择理论（侧重"管制俘获""有限理性"等）、金融监管、互联网金融、法律经济学等学科领域内的研究方法，对行政法视域下互联网金融监管的研究采用规范研究和实证研究相结合的研究方法，规范研究强调以法学理论、法律经济学理论为核心展开对行政法视域下互联网金融监管的研究；实证研究强调结合互联网金融发展之中出现的案例，分析互联网金融潜藏的风险等方面的问题。此外，在分析构建互联网金融监管行政法治体系的必要性，分析互联网金融监管行政法功能定位及其对互联网金融监管行政法治体系构建的影响，以及探讨如何实现互联网金融监管行政法治体系构建的过程中，采用了以制度经济学、制度创新理论等为基础的分析方法。本研究在综合运用上述研究方法的基础之上力图建构出符合我国特点的有利于互联网金融创新、健康、稳健发展的互联网金融监管行政法治体系。

（二）技术路线

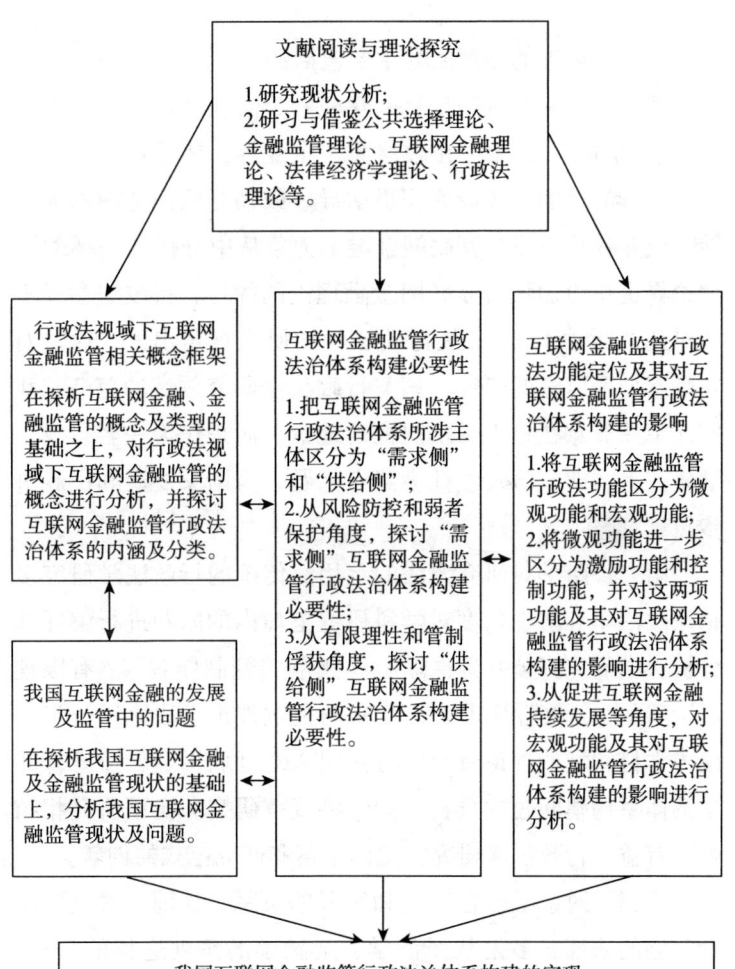

文献阅读与理论探究

1.研究现状分析；
2.研习与借鉴公共选择理论、金融监管理论、互联网金融理论、法律经济学理论、行政法理论等。

行政法视域下互联网金融监管相关概念框架

在探析互联网金融、金融监管的概念及类型的基础之上，对行政法视域下互联网金融监管的概念进行分析，并探讨互联网金融监管行政法治体系的内涵及分类。

我国互联网金融的发展及监管中的问题

在探析我国互联网金融及金融监管现状的基础上，分析我国互联网金融监管现状及问题。

互联网金融监管行政法治体系构建必要性

1.把互联网金融监管行政法治体系所涉主体区分为"需求侧"和"供给侧"；
2.从风险防控和弱者保护角度，探讨"需求侧"互联网金融监管行政法治体系构建必要性；
3.从有限理性和管制俘获角度，探讨"供给侧"互联网金融监管行政法治体系构建必要性。

互联网金融监管行政法功能定位及其对互联网金融监管行政法治体系构建的影响

1.将互联网金融监管行政法功能区分为微观功能和宏观功能；
2.将微观功能进一步区分为激励功能和控制功能，并对这两项功能及其对互联网金融监管行政法治体系构建的影响进行分析；
3.从促进互联网金融持续发展等角度，对宏观功能及其对互联网金融监管行政法治体系构建的影响进行分析。

我国互联网金融监管行政法治体系构建的实现

1.确立总体思路：我国互联网金融监管行政法治体系构建的指引；
2.实现路径之一：我国互联网金融监管行政主体重构及权力配置；
3.实现路径之二：我国互联网金融监管行政法律规范体系的完善。

图 1 互联网金融监管行政法治体系构建研究的技术路线

五、可能的创新

本研究可能的创新之处主要包括:

第一,研究领域的拓展。互联网金融在当前的中国发展地"如火如荼",无论在政府界、企业界,还是理论界都引起了很大的反响,政府界积极引导、鼓励互联网金融的大发展,企业界积极投身互联网金融,力争从中分得"一杯羹",理论界也纷纷加强对互联网金融理论的探讨,行政法学界不能对此"无动于衷"。从行政法学的研究视角出发,通过对互联网金融监管的研究,拓宽行政法学研究领域的范畴,我们此举并非意在抢占学术研究的地盘,而是作为一名行政法学研究者,即应该关注社会热点问题,为国家发展和民族进步贡献智慧。

第二,跨学科研究方法的运用。传统的行政法学研究多是从政治学和法学角度对学科研究范畴内的问题进行解释和分析,本研究将公共选择理论(侧重"管制俘获""有限理性"等)、金融监管理论、互联网金融理论、法律经济学理论等学科领域的理论及研究方法引入对互联网金融监管行政法治体系构建问题的分析,同时将规范研究和实证研究相结合,有益于行政法学研究方法的丰富和研究范式的创新。

第三,对金融监管理论和实践的贡献。当前,对金融监管问题的研究,多是从经济学、金融学的角度进行的分析,同时也存在着部分以经济法学为视角进行的研究,但至今尚缺乏系统的行政法学视角的研究。本研究以对互联网金融监管行政法治体系构建的研究切入,将行政法学的研究方法和研究范式带入对互联网金融监管的研究,本身就有益于金融监管理论的丰富和发展，至少为金融监管理论提供了一个与以往从经济学、金融学角度进行的研究不同的视角，进而有利于为金融监管部门更好地建构互联网金融监管制度、做好互联网金融监管工作提供借鉴，从而促进互联网金融的健康发展。

第一章　行政法视域下互联网金融监管相关概念框架

"互联网金融"作为一个新名词，诞生的时间并不长，而根据在中国知名学术文章发布平台知网的查询显示，从行政法视域探讨互联网金融监管的理论文章并不多见。但互联网金融的蓬勃发展之势却注定从行政法视角出发进行的制度建设必须全程贯穿、系统贯穿互联网金融监管，为更好地开启对互联网金融监管的行政法研究，首先必须尽快建立起行政法视域下互联网金融监管的基本概念体系，为此，本章将对与行政法视域下互联网金融监管紧密相关的互联网金融、金融监管的概念框架进行全面的解析，并在此基础上，对行政法视域下互联网金融监管的内涵进行剖析，以期建立起清晰、完整的行政法视域下互联网金融监管的基本概念框架，为切实做好互联网金融监管的行政法研究奠定基本理论基础。

第一节　互联网金融的概念框架

一、互联网金融的概念

互联网金融是金融的一种新形式，或者通俗地讲就是金融在现代技术条件下的一个"变种",是金融充分借助于互联网的现代技术而发展起来的一种金融形式,它与传统金融有着"不容割舍"的"血缘关系"。目前,在学术界,关于互联网金融的内涵方面,并未形成统一的认识,甚至也很少有人能对该概念作出十分准确的定义,这个原因是多方面的,笔者认为最重要的原因还是在于互联网金融是一种新兴业态,它的迅速发展使得它始终处于一种变动的"不安分"状态,它的内涵和外延都会因为技术的发展和人们无穷的创新力和创造力而得到快速的发展,尽管如此,笔者同样认为"万变不离其宗",互联网金融的核心要素和基本属性应该是相对稳定的,对此,一些学者也认为目前人们对其形成了日渐明朗的认识,比较有代表性的观点包括:

一是"全新金融业态说"。中国人民大学的吴晓求教授认为,所谓互联网金融就是基于互联网平台的金融,互联网平台和金融功能是互联网金融最重要的两个要素。吴晓求教授还指出,关于互联网金融的基本属性方面,互联网金融既不同于商业银行的间接融资,也不同于资本市场的直接融资,属于第三种金融融资模式,因而是一种全新的金融业态,由此,吴晓求教授将互联网金融定义为第三金融业态。[1]

二是"金融业本质说"。重庆大学的皮天雷、赵铁从对金融业本质的分析入手,解析了互联网金融的核心内涵及概念。皮天雷、赵铁认为,金融业的本质就是信息数据,不同的信息数据组合起来就构成了金融产品,同时这些金融数据

---

〔1〕 吴晓求等:《互联网金融——逻辑与结构》,中国人民大学出版社2015年版,第1~2页。

的生成主体并非银行、证券公司及其他金融机构，而是互联网平台。依据皮天雷、赵铁的观点，任何存在数据流动的领域，都可以创造任何金融产品，他们据此认为，互联网金融就是把互联网技术和金融所具有的功能有机结合起来，同时依托于大数据和云计算在开放的互联网平台上形成的功能化金融业态及其相关的服务体系，包括但不限于基于互联网平台的金融市场体系、金融组织体系、金融产品体系、金融服务体系及互联网金融监管体系等，这一互联网金融体系具有明显的相异于传统金融的典型特征，如普惠金融、碎片金融、平台金融和信息金融等。[1]

三是"狭义互联网金融说"。中国社会科学院金融研究所王国刚、张扬认为，从理论上而言，互联网金融就是指依托于互联网技术和渠道等而进行的有关金融交易活动的统称。为更好地厘定互联网金融的内涵，王国刚、张扬还从与网络金融、电子金融等相关概念进行对比的角度对互联网金融做了进一步解析，两位学者认为，互联网金融与网络金融在涵盖的范围、交易主体范围及交易内容等方面均存在较大的不同，相比之下，互联网金融一词局限性较大一些，而且不能代表金融在运用先进技术或网络渠道等方面的总体趋势。而与电子金融相比，互联网金融的范围就更窄了。因此，在两位学者看来，从范畴上而言，电子金融大于网络金融，网络金融又大于互联网金融。[2]

---

〔1〕 皮天雷、赵铁："互联网金融：范畴、革新与展望"，载《财经科学》2014年第6期。

〔2〕 王国刚、张扬："互联网金融之辨析"，载《财贸经济》2015年第1期。

　　四是"多视角说"。中国社会科学院金融研究所杨涛研究员等对互联网金融的概念作出了深入的分析。杨涛研究员等人认为，对互联网金融的概念和内涵进行界定是对互联网金融进行研究的起点，同样也是目前"风风火火"的互联网金融研究热潮中最为缺乏的基础性工作。在杨涛研究员等人看来，关于互联网金融的概念，主要是用来描述互联网技术在金融活动中的运用和创新，但技术革命仅仅只是"触发"条件，而不是主导，互联网金融所带来的是金融体系与理念的转变。之后，杨涛研究员等人从两个方面对互联网金融的概念和内涵进行了解析：首先，杨涛研究员等人从货币经济学角度对互联网金融进行了分析。他们认为，从货币经济学范畴关注的互联网金融形态主要包含了比特币、莱特币、瑞波币等新型的虚拟货币，但因比特币等"去央行化"特征，破坏了货币制度的统一性，遭遇了中国监管层的强力"狙击"，最后也是"黯然离场"。其次，杨涛研究员等人从金融经济学角度对互联网金融进行了分析。他们认为，互联网代表的新技术发展，深刻地改变了金融的资金供求配置、风险管理和分散、提供支付清算服务、发现和提供信息等传统功能，进而构成了互联网金融的具体功能和类型，主要包括：①从资金配置的角度来看，基于互联网的低成本创新和应用大大消减了主流金融机构在资金规模和网点上的优势，金融功能从"求大求强"，转向重视"以小为美"，更加注重居民和小企业的金融需求；②互联网技术水平的发展，逐步提高了现代支付清算体系的效能，电子支付等零售支付融入了人们的生活；③从风险角度来看，在互联网金融模式下，风险对冲需求可能会下降，重点转变为要不断加强对信用风险的控制，单个主体的风险更易被分散，对复杂金融衍生品的需求或许会下降；④互联网环境下的电子商务、社交网络等，能够把全新的信息咨询发掘和聚集起来，而搜索引擎和云计算技术又为低成本地建设金融交易信息基础设施提供了有效保障；⑤互联网金融改变了宏观政策的实施条件，还有效促进了传统金融、传统企业和互联网等新兴技术的结合。在以上分析的基础之上，杨涛研究员等人指出，互联网金融的重点是互联网介入资本市场的形态、资本市场的运营、交易的达成与记录、资产的持有方式、金融中介、资本和资产的供给等方面，并由此给传统金融带来了变化和不同。[1]

笔者认为，以上学者分别从各自的视角对互联网金融进行了深入的分析，虽然角度不同，解析的方法不同，但总体而言，对互联网金融均有着清晰的认识，在他们看来，互联网金融体现的是互联网新技术、新渠道与金融的融合，它不仅创新了金融的形式，而且深刻地改变着传统金融领域。在诸多学者对互联网金融概念进行分析的基础之上，笔者尝试着提出自己的一些观点和看法。笔者认为，互联网金融是将互联网与金融有机结合起来的一种金融形式，按照金融的业态进行区分，互联网金融涵盖了互联网银行、互联网证券、互联网保险、互联网信托等各个金融领域里的业务。欲对互联网金融有很深入的理解，需要在对金融概念有深入理解的基础之上对何谓互联网有清晰的界定。按照全国科学技术名词审定委员会审定的结果，所谓互联网就是指

---

[1] 杨涛主编：《互联网金融理论与实践》，经济管理出版社 2015 年版，第 4 ~ 8 页。

由多个计算机网络相互连接而成，而不论采取何种协议与技术的网络。[1]在此，可以将互联网与因特网的概念做一个区分，仍然按照全国科学技术名词审定委员会审定的结果，所谓因特网就是指在全球范围内，由采用 TCP/IP 协议族的众多计算机网相互连接而成的最大的开放式计算机网络。[2]应该说互联网与因特网是两个不同的概念，因特网的概念更加接近我们平时所接触的网络特征，但相比较而言，显然互联网的涵盖范围更广，而且近些年来，互联网被社会公众更加广泛地使用，所以即便根据最严谨、最科学、最规范的定义，将互联网金融称为因特网金融仍更为恰当，但鉴于约定俗成的公众习惯，加之互联网涵盖范围的广泛性，我们就按照这种约定俗成的习惯继续沿用互联网金融的概念也不失为一种极佳的选择。

二、互联网金融的具体类型

不同的研究人员从不同的角度出发或按照不同标准，对互联网金融的具体类型有不同的分类。李东荣等认为互联网金融呈现多种形态齐头并进的态势，并认为最引人注目的主要包括互联网支付、电商网络小贷、众筹融资、P2P、互联网理财及虚拟货币等。李东荣等又进一步将这些形态区分为以电商网络小贷、P2P 和众筹融资为代表的互联网融资及以

---

〔1〕　杨天翔、薛誉华、刘亮编著：《网络金融》，复旦大学出版社 2015 年版，第 4 页。
〔2〕　杨天翔、薛誉华、刘亮编著：《网络金融》，复旦大学出版社 2015 年版，第 4 页。

互联网支付和互联网理财为代表的互联网金融服务。[1]中国电子商务研究中心曹磊、钱海利则将互联网金融区分为 B2C电商金融、B2B 电商金融、互联网基金、互联网保险、互联网银行、互联网证券、P2P 网贷、移动支付、众筹、虚拟货币等。[2]黄震、邓建鹏等则将互联网金融区分为 P2P 网贷业、众筹、"宝宝类"互联网直销基金、网络虚拟货币、互联网保险、第三方支付等。[3]中国人民银行等十部委联合发布的《关于促进互联网金融健康发展的指导意见》则将互联网金融区分为互联网支付、网络借贷、股权众筹融资、互联网基金销售、互联网保险、互联网信托和互联网消费金融等。上述分类的"民间版本"和"官方版本"既有交叉重合，也有些许不同，相比而言，"民间版本"的分类相对多样，但分类的系统性和科学性有待考证，"官方版本"一般经过专家充分论证，系统性、整合性、科学性都"略胜一筹"，因此，本研究采纳"官方版本"的分类标准对互联网金融的具体类型进行梳理和研究。

（一）关于互联网支付

按照中国人民银行等十部委联合发布的《关于促进互联网金融健康发展的指导意见》的解释，所谓互联网支付就是指银行金融机构和第三方支付等为客户提供的通过计算机、

---

〔1〕 "2015 年互联网金融发展总报告"，载李东荣主编：《中国互联网金融发展报告（2015）》，社会科学文献出版社 2015 年版，第 3 页。

〔2〕 曹磊、钱海利：《互联网 + 普惠金融：新金融时代》，机械工业出版社 2015 年版，第Ⅷ – ⅩⅣ页。

〔3〕 黄震、邓建鹏编著：《互联网金融法律与风险控制》，机械工业出版社 2014 年版，第Ⅺ – ⅩⅢ页。

手机等移动终端，由客户依托互联网发出支付指令后，银行金融机构和第三方支付等转移货币资金的服务。如果对互联网支付再做进一步的细分，可以分为两类：一类是互联网型支付企业，它们捆绑大中型电子商务网站提供在线支付功能和服务，很快地做强做大。这类企业，除前面提到的支付宝外，在互联网金融领域具有一定影响力的第三方支付机构还有财付通、盛付通、网易宝、百付宝、环讯支付等；还有一类是金融型支付企业，把行业需求和开拓行业应用作为发展的侧重。这类企业，主要有银联电子支付、快钱、汇付天下等。截至目前，我国第三方支付已经获得了巨大的发展，其在弥补银行服务功能空白、提升金融交易效率等方面的作用日益凸显。根据《2015－2020 年中国第三方支付产业市场前瞻与投资战略规划分析报告前瞻》的研究，第三方支付份额最大的应用领域乃是网络购物，通常第三方支付均以网络购物领域作为开展相关业务的切入点。今后，第三方支付在生活缴费、信用卡还款、网上金融及其他创新支付业务等其他细分领域的市场份额也将会不断扩大，总体来看互联网支付行业发展前景广阔。[1]

（二）关于网络借贷

按照中国人民银行等十部委联合发布的《关于促进互联网金融健康发展的指导意见》的解释，网络借贷包括个体网络借贷（即通常所说的 P2P 网络借贷）和网络小额借贷。P2P 网络借贷是指不同的个体之间直接通过互联网平台这一媒介实现的借贷。网络小额借贷是指互联网企业通过其旗下

---

〔1〕 载 http://baike. so. com/doc/1632011－1725281. html，最后访问日期：2015年10月10日。

控制的小额借贷公司，利用互联网这一媒介向广大客户提供的小额贷款。就网络借贷而言，该行业在中国的发展具有自身独特的特点。在美国，网络借贷的门槛很高，因此行业集中度自然就高，相关市场份额基本上被 Lending Club 和 Prosper 垄断。然而，在中国，网络借贷市场非常分散，截至 2019 年 12 月底，全国网络借贷正常运营平台数量为 343 家，全国成交额达到 9649.11 亿元，其中北京、上海、广东、浙江等地发展最为迅猛。[1] 此外，截至目前，网络借贷也衍生出了四种主要的业务模式：①以拍拍贷为代表的纯中介线上模式；②以安心贷为代表的复合中介型线上模式；③以合力贷为代表的线下认证模式；④以宜信为代表的非典型网络贷款模式。[2] 网络借贷的发展为那些无法通过传统渠道获得资金的个人和企业提供了良好的平台。

（三）关于股权众筹融资

按照中国人民银行等十部委联合发布的《关于促进互联网金融健康发展的指导意见》的解释，所谓股权众筹主要是指通过互联网媒介公开进行小额股权融资的活动。2014 年被称为我国的众筹元年，自 2014 年起，众筹在我国亦呈现快速增长的态势，截至 2019 年 12 月底，实际运营众筹平台数目已达到 67 家。[3] 在众筹的过程中，完全依赖于互联网平台，

---

〔1〕 网贷之家："2019 中国网络借贷行业年报"，载 http://osscdn. wdzj. com/up-
load/2019wangdainianbao. pdf，最后访问日期：2020 年 6 月 13 日。
〔2〕 王海军、赵嘉辉主编：《"中国式"互联网金融——理论、模式与趋势之辨》，电子工业出版社 2015 年版，第 83 页。
〔3〕 载 http://www. zhongchoujia. com/data/32391. html，最后访问日期：2020 年
6 月 13 日。

利用互联网向社会公众筹集资金，并且在筹资宣传和推广中，不向公众许诺任何收益或回报，大多都是通过实物或服务等来回馈投资人。众筹之所以能取得较快的发展，原因就在于它所独具的融资效率高、客户参与感强、充分利用了社交网络强大的传播能力等优势，如果众筹在我国今后再能得到法律和政策上的支持，必能"如虎添翼"，取得更好的发展。

（四）关于互联网基金销售

中国人民银行等十部委联合发布的《关于促进互联网金融健康发展的指导意见》并未对互联网基金销售作出明确的界定，仅以"基金销售机构与其他机构通过互联网合作销售基金等理财产品"来简单地加以界定。事实上，互联网基金销售的概念也并不复杂，部分学者认为，所谓互联网基金销售是指通过互联网对基金进行的销售活动，它的整个销售过程是通过电子商务技术对互联网销售基金从售前到售中再到售后各个链条和环节进行跟踪服务的一系列整体过程。[1]通常认为，互联网销售基金的销售市场空间比较巨大，在整个利益链条上，它包含"IT 系统服务商费用""基金销售平台和支付平台费用"及"基金公司销售基金的管理费用"等三个层次。自 2013 年 7 月以来，我国出现了一批互联网销售基金，这批基金不仅通过互联网直接销售，而且门槛极低、一元钱即可起购、风险不大、自由赎回，并且每天都可以查看收益情况，这类基金被人们昵称为"宝宝"类基金，比如大家最为熟悉的基金之一"余额宝"，即为该类货币市场基金。此外，还有腾讯的理财通（涵

---

〔1〕　曹磊、钱海利：《互联网＋普惠金融：新金融时代》，机械工业出版社2015 年版，第 54 页。

盖汇添富基金推出的全额宝和华夏基金推出的财富宝），天天基金网的"活期宝"、苏宁集团的"零钱宝"等。

（五）关于互联网保险

中国人民银行等十部委联合发布的《关于促进互联网金融健康发展的指导意见》亦未对互联网保险作出明确的界定。保险业界一般认为，所谓互联网保险即是指保险公司或保险中介机构等依托互联网媒介为客户提供产品和服务信息，实现网上投保、承保、核保、保全和理赔等保险业务，完成对保险产品的线上销售和全流程服务，并通过第三方机构实现保险等相关费用的线上支付等的经营管理活动。[1]按照互联网保险的销售和服务渠道，大致可以区分为四大类：一是保险公司官网的自有网站模式，该类模式以中国人寿、中国平安、中国太保、新华保险、太平人寿、泰康保险等代表；二是专业中介网站模式，该类模式以优保网、慧择网、捷保网、e家保险网、金保盟等为代表；三是电商平台模式，该类模式以淘宝、京东商城、苏宁易购、网易、拍拍网等为代表；四是专业互联网保险公司模式，该类模式以易安财产保险股份有限公司、众安在线财产保险股份有限公司、泰康在线财产保险股份有限公司、安心财产保险有限责任公司等具有保险牌照的专业互联网保险公司为代表。[2]近些年，互联网保险发展规模迅猛，截至 2014 年，互联网保险保费收入总

---

〔1〕 李东荣主编：《中国互联网金融发展报告（2015）》，社会科学文献出版社 2015 年版，第 303 页。

〔2〕 李东荣主编：《中国互联网金融发展报告（2015）》，社会科学文献出版社 2015 年版，第 305～308 页。

额就达到了 858.9 亿元，而开展互联网保险业务的保险公司就达到了 85 家，相关官网访问量突破 18 亿人次，备受市场和社会关注。[1] 截至 2017 年底时，互联网保险保费收入总额猛增到了 1835 亿元，[2] 短短三年，增长了近 1000 亿元。

（六）关于互联网信托和互联网消费金融

互联网信托和互联网消费金融本属两类不同的业务，但被中国人民银行等十部委联合发布的《关于促进互联网金融健康发展的指导意见》归纳在了一起，为了与政府颁布的相关规定保持一致，笔者亦将互联网信托和互联网消费金融放在一起进行阐释。

先来谈一谈互联网信托，近些年，由于受到法律、法规及政策的限制，并加之信托自身的性质，信托业在互联网发展方面相比于其他金融领域而言相对稳健，一方面，信托机构加强了对互联网技术的应用和相应平台的开发，如：外贸信托启动的微信订阅号"五行财富"，中融信托、东莞信托等 7 家公司在移动端推出的手机应用程序；另一方面，稳步推出互联网信托产品，如"信托 100""雪山贷""信托宝""中信宝"等。[3]

再来谈一谈互联网消费金融，所谓互联网消费金融，就是通过互联网这一技术手段，将传统消费金融领域的各环节、各流程电子化、信息化、网络化，进而向各个层级的消费者

---

〔1〕 李东荣主编：《中国互联网金融发展报告（2015）》，社会科学文献出版社 2015 年版，第 315 页。

〔2〕 中国互联网金融协会编著：《中国互联网金融年报（2018）》，中国金融出版社 2018 年版，第 55 页。

〔3〕 李东荣主编：《中国互联网金融发展报告（2015）》，社会科学文献出版社 2015 年版，第 74~75 页。

提供包括消费贷款等在内的各类金融服务，从本质上而言，它仍属于消费金融，但由于它借助于互联网技术，因此极大地提升了互联网金融的效率。一般而言，互联网消费金融大致包括以下十类：①综合性电商消费金融；②3C 产品消费金融；③租房消费分期；④二手车消费分期市场；⑤大学生消费分期市场；⑥蓝领消费分期市场；⑦装修消费分期市场；⑧旅游消费分期市场；⑨教育消费分期市场；⑩农业消费分期市场。我国最早于 2009 年出现了消费金融公司的概念，当时，原中国银监会发布了《消费金融公司试点管理办法》，此后，北京银行、成都银行、中国银行和外资 PPF 集团分别发起成立了北银、锦程、中银和捷信等四家消费金融公司，并获准营业，但由于政策的限制及当时大家对消费金融的争议，导致当时消费金融公司发展遭遇尴尬，直至中国人民银行等十部委联合发布《关于促进互联网金融健康发展的指导意见》之后，互联网消费金融才得到了较快的发展。按照部分互联网金融专家的分析，互联网消费金融会成为下一个比较重要的爆发点或者增长点，给消费金融行业带来新的商业模式和观念。[1]

第二节　金融监管的概念框架

一、金融监管的内涵

什么是金融监管，不同的学者、不同的监管者会给出不

---

〔1〕　载 http://www.chinanews.com/fortune/2015/12 – 10/7664872.shtml，最后访问日期：2015 年 12 月 12 日。

同的定义，但通常而言，金融监管是把金融监督和金融管制结合在一起而形成的概念，可以将其拆分为金融监督和金融管制两个层面，金融监管也因此而具有了金融监督和金融管制的复合含义。所谓监督就是指持续监察和督促被监管者及其业务活动是否遵循一定的法令、规章、政策和标准。[1]所谓管制，通常又被称为规制，一般指的是依据一定的规则对构成特定社会因素的个人以及对于构成特定经济主体因素的企业、公司等的一系列活动进行限制的行为。[2]在这个通行的关于金融监管的概念框架体系内，有学者指出，金融监管就是指一个国家或地区之中的中央银行或承担中央银行职责的机构或其他履行金融监管职责的金融监督管理机构依据国家法律法规的授权，对金融业实施的监管和管理。[3]关于金融监管的概念，还存在狭义的金融监管概念和广义的金融监管概念的区分。从狭义的角度而言，金融监管即是政府或其他行政组织依据法律赋予的职权，利用经济手段、行政手段、法律手段等，对金融机构进行监督和管理；而从广义上而言，除了狭义的金融监管定义中所包含的作为监管对象的金融机构之外，其监督和管理的对象还向金融同业自律组织和从事金融业务的社会中介组织等进行延伸，除了对这些组织进行宏观管理之外，监督和管理的触角也涉及了这些泛金融组织的内部控制和稽核。

　　具体而言，金融监管的内容是十分庞杂的，从行业区分

[1]　宋玮主编：《银行监管学》，清华大学出版社2017年版，第1页。
[2]　宋玮主编：《银行监管学》，清华大学出版社2017年版，第1页。
[3]　郭田勇主编：《金融监管学》，中国金融出版社2014年版，第3页。

的角度而言，金融监管包括了对银行业的监督和管理、对证券业的监督和管理、对保险业的监督和管理、对信托业的监督和管理、对金融资产管理业的监管和管理，等等。而从宏观的角度而言，则包括了对货币发行的监督和管理、对通货膨胀和通货紧缩的监督和管理、对金融市场的监督和管理，比如市场上要发行多少货币、汇率要如何管控、金融市场的准入标准如何、市场利率要稳定在什么程度、市场融资要如何规范、市场规则要如何制定，等等。而从微观的角度而言，则包括对金融机构的市场融资行为的监管、对金融机构投资行为的监管、对金融机构经营过程中风险控制管理的监管、对金融机构主要是银行业资本充足率的监管、对金融机构流动性管理的监管、对金融机构存款投保情况的监管等方面。

　　国家在进行金融监管时，是需要投入大量的人力、物力的，很多时候国家为了做好金融监管甚至付出了很大的代价，那么，对于一个国家而言，在金融监管方面付出如此巨大的努力又是为了什么呢？有学者认为，金融监管的目的就是通过搭建尽可能完善的制度体系，以此尽可能避免在金融监管领域里的市场失灵和政府失灵。[1]还有学者则总结地更为细致，将金融监管的目的区分为两个层面：一是从宏观上而言，是为了保证金融体系的稳定；二是从微观上而言，是为了保护存款人、投资者的利益，[2]在此，笔者认为应该加上"金

〔1〕　冯科编著：《金融监管学》，北京大学出版社2015年版，第3页。
〔2〕　丁邦开、周仲飞主编：《金融监管学原理》，北京大学出版社2004年版，第2页。

融消费者",即是为了保护存款人、投资者和金融消费者的利益。

二、金融监管的类型

从金融监管的类型而言,学者们同样也进行了较为深入的研究,一般认为,金融监管包括以下三种类型:一是系统性监管;二是审慎性监管;三是业务发展方式的监管。那么这几种类型的监管到底有什么区别呢?

其一,系统性监管更加关注整个金融系统,监管的目的在于维护整个金融系统的稳定,如果有个别能够对整个金融系统产生冲击的机构倒闭或陷入危机或发生同等程度的事件及发生其他可能较大程度上影响金融稳定的事件时,监管部门会重点防范这类事件,确保整个金融系统的健康和稳定。系统性监管职能一般都是由一个国家的中央银行承担的,在中国是由中国人民银行承担的,因为这类银行有国家机器的强力支撑,在调控宏观经济、防范系统性危机及保护金融市场方面都有着其他金融机构或政府机关所没有的独特优势。

其二,审慎性监管关注的重点在于个别金融机构,监管的目的主要是确保个别金融机构能够健康持续地发展,为此,监管部门一般都会对个别金融机构设定一些监管指标,比如分析和监管金融机构的资产负债表以确保金融机构的负债率不超标,比如分析和监管金融机构的资本充足率以确保资本充足率可以达标,比如分析和监管金融机构的信贷情况以确保不发生信贷风险等,除了以上列举中的指标之外,在审慎性监管方面还有很多指标,这些指标都被统称为审慎性指标。除此之外,监管机构还会对金融机构经营者的履职情况进行督导，对金融机构内部风险管理体系建设、合规体系建设等进行检查和分析，对金融机构的信息披露情况进行督导，对金融机构的公司治理体系完善程度进行监督检查，还会要求金融机构定期或不定期地接受外部机构的监督，等等。

其三，业务发展方式的监管，监管的目的主要是确保金融机构能够依法合规、稳健有序地开展业务，侧重于对金融机构如何开展业务、业务发展情况、业务合规情况等方面的监督和管理，通过对金融机构业务发展方式的监管，还希冀达到保护金融消费者合法权益的目的，为此，国家的金融监管机构或依法被赋予金融监管职权的第三方机构会制定一系列有关金融机构业务发展方式的规则和指南，而且国家金融监管机构或依法被赋予金融监管职权的第三方机构会通过各种方式尽最大努力地来确保这些由他们制定的有关金融机构业务发展方式的规则和指南的正确性，同时，这些国家金融监管机构或依法被赋予金融监管职权的第三方机构在履行对金融机构的监管职责时，会与在实施系统性监管和审慎性监管时有着截然不同的对金融机构的关注点，他们在实施业务发展方式的监管时，会更加注重对金融机构业务实践的关注、督查、规范和指引等。

当前，伴随着金融市场的发展，金融业逐步向混业经营转型的趋势，甚至源于金融危机的刺激，各国金融监管部门也纷纷加强金融监管，创新金融监管方式，因此，除了以上对金融监管类型的分类外，还存在其他多种分类方式，比如将金融监管分为审慎监管、行为监管，或者区分为功能监管、机构监管。在本研究对互联网金融监管行政法视角的研究中，这些监管方式和监管思想中很大一部分的精华都将成为汲取养分的对象，因此，在此有必要对他们之中的部分监管方式和监管理念进行简要的分析。

　　一是关于行为监管。所谓行为监管就是指金融监管机构从有效保护金融消费者的利益这一目标出发，一方面对金融机构在市场运营中的经营行为进行动态监管，另一方面对金融消费者在与金融机构进行交易及后续使用其所购买的金融产品的消费行为进行的动态化监管。这一监管方式根植于由英国经济学家迈克尔·泰勒（Michael Tayor）于1995年提出的"双峰理论"，这一理论认为监管的目标包括确保系统稳定和保障消费者权益这样两大目标，这两大目标紧密联系但又应该彼此分开，交由不同的监管者加以执行。因为根植于"双峰理论"这样的理论基础，自然也就决定了"行为监管"的着眼点是立足于整个金融系统的稳定运行、立足于整个金融市场的有效运转，由此也决定了奉行"行为监管"理念的金融监管者必然是更倾向于主动出击、主动干预金融市场，也因此更加注重金融市场的信息透明，以便于监管及维护金融消费者权益。由于理论基础的决定，必然也进一步决定了行为监管与前文提到的审慎监管有着巨大的差异，两者的侧重点有着很大的不同，前面提到的审慎监管更加侧重保护金融机构的安全、稳健运营，而行为监管则更多地把侧重点放在了对金融消费者权益的保护上。但是也应该看到，这两个不同的侧重点并非截然对立的两大监管目标，而是相辅相成的，彼此相依的，金融机构持续的安全、稳健运营不可能建立在对金融消费者利益的漠视上，只有珍视金融消费者权益的金融机构才能换来金融消费者的青睐，也才能增强金融消费者的客户粘性，维护一个长期稳定的金融消费者团队，并且这些金融消费者必然也会因为金融机构对他们权益的珍视而"口口相传",增强金融机构的美誉度,进一步吸引更多的金融消费者,扩大金融机构客户群体。随着金融消费者客户粘性的增强和客户群体的扩大,金融机构的盈利能力必然日益增强,而盈利能力的日益增强,必然进一步带动金融机构安全稳健运营能力的不断强大。同样的,对金融消费者权益的保护,也不能漠视了金融机构的安全稳健运营,比如在一些特殊时期,如果因为一味强调金融消费者权益保护,不惜以金融机构特别是系统重要性金融机构的"关张大吉"为代价,则很可能引发的并非只是一个金融机构的关门那么简单,很可能带来区域性甚至更大范围的金融危机,则就不能只是单纯地为了保护金融消费者而保护金融消费者,此时,如果一味地、不顾一切地为了保护金融消费者而不惜一切代价,最终引发了金融危机,则金融消费者的权益不但没有得到有效保护,反而是遭受了极大破坏,所以此时最正确的做法是找到维护金融机构安全稳健运营和保护金融消费者权益的平衡点,达到金融机构安全稳健运营和金融消费者权益保护的最佳和谐状态,实现金融机构和金融消费者的"双赢"。

二是关于功能监管。功能监管的金融监管方式和监管理念主要来自于著名金融学家莫顿和博迪的理论,源自有关金融体系的"功能观点"学说,这一学说的主要的核心观点包括:金融功能的稳定性是强于金融机构的,而金融功能也优于金融组织结构;一般而言,金融机构的形式是随着金融功能的变化而变化的,也就是说金融机构之间的不断的竞争和创新,会促进金融系统执行各项金融功能效率的不断提升。

有学者认为，金融功能观较大地拓展了金融监管理论的视野，进而把金融监管理论的研究推向了一个更高的水平。功能监管的金融监管方式和监管理念确实较其他金融监管方式和监管理念更胜一筹：首先，功能监管更加注重对未来为实现金融功能的变革而随之进行的组织结构变革，也就是说，功能监管更加注重金融功能的变化，这一理论会对金融功能进行预测，而在预测功能如何变化之后，因为在功能监管论看来，金融系统的组织结构也会随之进行一些调整，于是他们进一步依据对金融功能变革的预测对下一步金融系统组织结构的变化进行预测，在此基础之上，政府履行金融监管职责的机构便可以进行有针对性的金融监管政策设计和金融监管方案调整，这样提前布局的金融监管政策和金融监管方案必然更具前瞻性，在预防金融风险方面具有重要意义；其次，伴随着越来越多的金融创新，我们看到在金融市场上出现了越来越多层出不穷的形形色色的金融产品，这些金融产品形态各异，特别是一些金融衍生品，似乎更是让人眼花缭乱、难以捉摸，但无论金融产品如何变化形式和样态，在金融观功能下，这些金融产品都遵循着基本的内在规律和逻辑体系，也就是说它们的本质都是一样的，都是万变不离其宗的，因此，按照功能监管的金融监管方式和金融监管理念来制定法律亦或执行法律，都会更加稳定，效果上也会更好；第三，从功能监管的金融监管方式和金融监管理念出发，即使金融机构进行一定的调整，但隐藏在金融机构后面的金融功能的不变，也会使得不必随金融机构的调整而必须调整金融监管机构的设置，金融监管政策也因此会更加具有稳定性。功能监管的金融监管方式和金融监管理念对美国金融监管立法产生了较大的影响，美国国会于 1999 年通过了《金融服务现代化法案》以取代《格拉斯 – 斯蒂格尔法案》就是最好的例证。

第三节　行政法视域下互联网金融监管的概念框架

如上文所述，金融监管并非一个新概念，但当其与互联网金融相结合，特别是又放在行政法视域下对互联网金融监管问题进行研究的时候，互联网金融监管必然成为一个"全新"或者具有行政法"烙印"的概念，那么何谓行政法视域下互联网金融监管呢？

在以上对互联网金融、金融监管概念框架予以解析的基础之上，笔者尝试着对行政法视域下的互联网金融监管概念作出分析。笔者认为，所谓行政法视域下的互联网金融监管，自然是从行政法的角度来看待互联网金融监管，这一概念给定了研究互联网金融监管的框架，即我们应从行政法角度来审视互联网金融监管，而不是从经济学、社会学、政治学等角度来看待互联网金融监管，亦不是从民商法、经济法等角度来看待互联网金融监管，虽然学科交叉研究和发展的趋势要求我们必须学会并善于运用多学科的视角并借鉴多学科的知识来研究互联网金融监管，但行政法视域下的互联网金融监管这一命题本身即告诉我们，审视互联网金融监管的侧重角度主要应该是行政法视角的。由此，行政法视域下的互联网金融监管，即是指在行政法的理论架构和知识体系内，并在借鉴其他如经济学、政治学、公共政策学等跨学科知识以及法学范围内其他二级学科知识的基础上，来对互联网金融监管进行的研究。那么行政法视域下的互联网金融监管到底又具有的怎样的含义呢？笔者认为，行政法视域下的互联网金融监管就是负有互联网金融监管职责的行政主体依据法律的授权，在充分发挥市场机制以及行业自律作用的基础之上，利用行政手段、经济手段、法律手段等，对互联网金融市场失灵进行矫正，对互联网金融机构进行监督和管理，对互联网金融消费者进行保护。

行政法视域下的互联网金融监管这一概念又是与互联网金融监管行政法治体系紧密关联的概念，所谓互联网金融监管行政法治体系，即是指以互联网金融监管行政权为规范对象，并存在于、适用于互联网金融监管行政之中的，用于调整互联网金融监管行政主体、互联网金融机构、互联网金融消费者以及他们相互之间的关系，有效解决互联网金融监管中的问题的法律规范体系、法治实施体系、法治监督体系、法治保障体系的总称。互联网金融监管行政法治体系包含了以下四个方面的法律制度集合：其一，关于互联网金融监管的行政法律规范体系，比如关于互联网金融监管行政许可、互联网金融监管行政指导、互联网金融监管行政处罚等方面法律制度的集合；其二，关于互联网金融监管的行政法治实施体系，比如关于互联网金融监管行政主体如何设置、权力如何配置等方面的法律制度的集合；其三，关于对互联网金融监管的行政法治监督体系；其四，关于互联网金融监管的行政法治保障体系，比如关于互联网金融监管行政复议、互联网金融监管行政诉讼等方面的法律制度的集合。其中第一个方面"互联网金融监管的行政法律规范体系"是互联网金融监管行政法治体系的根基与核心内容，更加侧重从静态意义上来审视互联网金融监管行政法治体系，其所要解决的是互联网金融监管需要什么样的行政法律规范、需要哪些行政法律规范等的问题；而后三者则更加侧重从动态意义上来审视互联网金融监管行政法治体系，其所要解决的是互联网金融监管如何运转等的问题，而这三者作用的切实发挥是以互联网金融监管行政法律规范体系的完善为基础的，因为只有有了静态意义上相对完善的行政法律规范，才能更好地运转互联网金融监管，而就当前我国互联网金融监管的实际而言，在后三者之中，最为紧要也是最为关键的是互联网金融监管行政法实施体系之中关于互联网金融监管行政主体设置和权力如何配置等方面的法律制度的构建问题。此外，如果按照互联网金融的官方分类对互联网金融监管行政法治体系做出分类，则互联网金融监管行政法治体系包含了以下六个方面的法律制度集合：其一，互联网支付监管行政法治体系；其二，网络借贷监管行政法治体系；其三，股权众筹融资监管行政法治体系；其四，互联网基金销售监管行政法治体系；其五，互联网保险监管行政法治体系；其六，互联网信托和互联网消费金融监管行政法治体系。本研究采纳前一种分类方式。

鉴于互联网金融监管行政法治体系的庞大，本研究不可能对其中每一个制度体系详加论述，甚至不可能面面俱到地提及每一项具体的互联网金融监管行政法治体系，我们只能择要而述，抓住当前及未来一段时间内在互联网金融监管方面急需推进的制度体系加以研究。笔者认为，当前及未来一段时间内最为紧要的当属互联网金融监管法律规范体系的建设以及互联网金融监管行政主体及其权力配置的法律制度建设，后者是与互联网金融监管法律规范体系建设具有极为密切关系的，且是互联网金融监管法治实施体系之中最核心的组成部分。同时，从互联网金融监管行政法治体系所包含的法律制度集合来看，显然相较于互联网金融监管的法治监督体系以及互联网金融监管的法治保障体系而言，基于互联网金融相较于传统金融的巨大差异，互联网金融监管法律规范体系以及互联网金融监管法治实施体系相对于其上位法的独立性更强，个性化特点更为鲜明，相关制度构建的迫切性也因此更强，在研究方面理应被同步优先考虑。此外，必须要再次强调的是，行政法视域下的互联网金融监管与互联网金融监管行政法治体系是具有紧密联系的概念，必须要把两者有机结合起来分析，才能更好地理解行政法视域下的互联网金融监管的内涵。

第二章　我国互联网金融的发展
及监管中的问题分析

为更好地开启对行政法视域下互联网金融监管的研究，首先必须对互联网金融的发展现状有清醒的认识，并对互联网金融监管现状及其存在的问题有深入的分析。为此，本章将从对当前我国金融发展概况的分析入手，继而对当前我国互联网金融的发展现状进行剖析，之后，在对当前我国金融监管现状及存在的问题进行研究的基础之上，着重从互联网金融监管行政主体、互联网金融监管行政相对人以及互联网金融监管主要行政法律规范依据进行分析的角度，对互联网金融监管现状进行分析，进而对互联网金融监管存在的问题进行研究，为后续切实做好互联网金融监管行政法治体系构建的研究奠定基础。

第一节　我国互联网金融的发展现状分析

笔者认为，互联网金融的创新性即使再强，也不可能跳脱出金融的框架，毕竟"互联网金融"这一概念之中含有"金融"这一概念。因此，对互联网金融发展现状的探讨也应建立在对我国当前金融发展概况进行分析的基础之上，唯有如此，方能对互联网金融的发展理出更清晰的脉络，亦能为行政法视域下互联网金融监管的现状梳理奠定较好的基础。

一、当前我国金融发展概况分析

在漫漫的历史长河之中，经济与金融始终"不离不弃"，共同发展。在我国也概莫能外。自改革开放以来，我国经济取得了长足的发展，始终保持快速增长，总量不断提升，综合国力不断增强，改革开放 40 年里年均经济增速高达 9.5%，实现了由低收入国家向中等收入国家的成功突破。伴随着我国经济的高度发展，金融也得到了快速的发展，成功地跨过了金融市场发展的初级阶段，迈出了向金融现代化发展的矫健步伐。

（一）金融机构蓬勃发展，金融产品极大丰富

一般而言，金融的发展包括两种主要类型，一种类型是需求尾随型的金融发展，另一种类型则是供给引导型的金融发展。所谓需求尾随型的金融发展，即是指实体经济的发展带动着金融的发展，实体经济领域的不断扩张，对更加高效地分散风险以及更好地把控交易成本产生了强烈需求，由此也就进一步催生着对新的金融产品种类以及新的金融服务样态的强烈需求，在这种类型的金融发展之中，金融发展纯粹就只是实体经济部门对金融需求的被动反应。而供给引导型金融发展，则是指在实体经济部门对金融产品和金融服务产生需求之前，金融组织为了赚取更多的利润，赢得更多的客户资源，就已经开始进行金融创新，创造更多的金融产品，甚至创造更多样化的金融组织形态，以便率先能够降低或分散实体经济部门的风险，以及降低交易成本，这对实体经济

的发展显然起到了非常积极的作用。[1]

改革开放之后的中国金融的发展，应该说是上述两种类型的金融发展类型"并存共生"的历史。在中国经济市场化的最初的时期里，资本市场尚未形成，但经济发展、工农业发展的旺盛需求，人民物质财富的不断丰富，我国产生了建设和发展资本市场的强烈需求，于是在 20 世纪 90 年代初期，我国即正式建立了大陆地区第一家证券交易所——上海证券交易所，大力发展股票市场成为普遍共识，各种规模的证券公司也不断设立。如果说在这之前，我国的金融发展更加倾向于需求尾随型的金融发展，那么在这之后，金融发展便具有了更多的主动性，开始走在实体经济发展的前端，希冀引导实体经济的快速发展和腾飞。除了传统的银行业金融机构之外，其他诸如信托公司、证券公司、金融租赁公司、期货公司等各种类型的金融机构如"雨后春笋"般不断涌现，特别是近些年来，一批具有新型特征的商业银行以及非银行金融机构得到了大力发展，这些金融机构具有或综合性，或细分性，或互联网特征，比如招商银行、微众银行、P2P 网络借贷平台以及村镇银行、消费金融公司、财务公司、资产管理公司、农村资金互助机构、融资担保公司等。根据中国人民银行（以下简称"央行"）、中国银行保险监督管理委员会（以下简称"银保监会"）、中国证券监督管理委员会（以下简称"证监会"）以及中国社会科学院金融研究所等权威官方以及学术团体的统计，中国的银行业、证券业、期货业以及保险业的机构数量和资产

---

〔1〕　彭兴韵：《金融学原理》，格致出版社、上海人民出版社 2013 年版，第446 页。

规模都达到了历史新高。[1]

在金融机构得到蓬勃发展的同时，金融产品的种类和数量也得到了迅速提升。一般而言，经济的快速发展，必然会催生出一批富有人群，还会产生一批流动性充裕甚至过剩的企业，这些群体的收入和财富达到某个临界值，就会产生利用金融中介机构和金融市场的旺盛需求，金融机构为迎合或者引领这些群体的需求，自觉或不自觉地就会大力推进金融创新，金融市场上的金融产品自然就会越来越丰富。当前，我国无论是在传统的银行借贷领域，还是新兴的 P2P 借贷领域，都

---

[1] 在银行业领域，截至 2018 年底，全国共有 4588 家银行业金融机构，其中国有大型商业银行 6 家，股份制商业银行 12 家，民营商业银行 17 家，城市商业银行 134 家，农村商业银行 1427 家，农村信用社 812 家，村镇银行 1616 家，同时，非银行金融机构亦是发展迅猛，比如金融资产管理公司，现存的全国性的金融资产管理公司已有 4 家，地方性金融资产管理公司已发展到 58 家，据可靠信息，国内龙头金融机构有意筹建第五家全国性金融资产管理公司，且已得到有关方面认可。银行业金融机构的资产总规模达到 268 万亿元。在证券业领域，截至 2018 年底，证券公司数量已从改革开放之初的"难觅其踪"发展至超过 130 家，证券公司自有总资产规模已突破 6 万亿元，为全国大大小小的企业与个人提供着各式各样的资本市场领域里的金融服务。在沪深两市上市的公司亦是达到 3584 家，总市值已高达 48.73 万亿元；而"新三板"的迅猛发展，不仅扩大了中小企业、正在成长期的高新技术企业等的融资渠道，也催生培育了一批极具市场潜力的挂牌公司。而在极具专业性的期货领域，截至 2018 年底，期货公司数量已超过了 150 家，涌现了一批以中信期货、中信建投期货、银河期货、招商期货、国泰君安期货等为代表的证券公司系期货公司；而期货品种也不断创新，成交额再创新高，仅 2018 年一年就高达 211 万亿元，较上年增长了 12.2%。在保险业领域，截至 2018 年底，除了传统的中国人寿、中国人保、中国太平、中国进出口保险以及中国再保险等大型保险机构之外，还有大量的诸如财产保险公司、人身险保险公司、养老金保险公司、再保险公司、资产管理公司等；同时，保险业资产规模得到进一步增长，截至 2018 年底，保险业总资产即已达到 18.3 万亿元，较 2017 年底增长了 9.5%。

产生了琳琅满目的借贷产品，而其他的金融品种，如股票、债券、黄金、期货、外汇、证券基金等，更是不胜枚举。特别是金融衍生工具的运用，更是打破了银行、证券以及保险等传统金融产品之间的界限，一系列跨市场、跨行业的金融产品层出不穷，当前金融产品的复杂程度超乎一般人的想象。

（二）金融混业经营不断扩展

如上所述，在改革开放之初，由于中国金融事业处于休整之后的重新起步发展阶段，各类金融机构都不健全，而在事实上，证券业根本就不存在，银行业、保险业等各类金融业的运营都处于分业状态，各自发展，"相安无事"。从中国政府对金融业的一贯态度而言，也长期鼓励银行业、保险业、证券业分业经营。一般而言，分业经营包括三个层次的分业：第一个层次的分业即是指金融业与非金融业的分离；第二个层次是指银行业、保险业、证券业三者的相互分离；而第三个层次则是指在银行业、保险业、证券业各自内部子行业的进一步分离。显然，中国政府所要求的是第二个层次的分业。中国政府关于金融业分业经营的这种理念与政策影响了中国金融业的基本格局，也造就了当下中国金融体系的基本框架以及金融机构的基本样态。

但伴随着全球范围内金融业混业经营的大趋势，不仅美国于 1999 年颁布《GLB 法》（即：《金融改革服务法案》）对金融业联合经营的既定事实从法律上加以认定，进而宣告正式结束金融业分业经营制度，而且之前实施分业经营的日本、韩国等国家也陆陆续续开始立法废除金融业分业经营。在这种金融业混业经营趋势的影响下，中国也开始了金融业混业经营的探索，迈出了混业经营的步伐。早在 2008 年，中国政府即颁布了《金融业发展和改革"十一五"规划》，明确提出要"稳定推进金融业综合经营试点",该规划的颁布标志着"综合经营"理念的正式出台。在"综合经营"的机构形式上,国家大力鼓励金融机构设立金融控股公司;在"综合经营"的实现手段上,国家大力鼓励金融机构之间通过交叉销售、相互代理等多种形式开展业务合作;在"综合经营"的业务层面上,则积极鼓励跨市场、跨机构、跨产品类别的金融业务的开发。通过开展和大力推进"综合经营",国家希望借此将各类金融机构的协同优势予以充分发挥,以期打破不同金融市场之间的"藩篱",让资金实现跨金融市场的"无障碍"流动,进而提升市场在配置金融资源方面的效率。在这项利好政策的鼓励和支持之下,一批以中信集团、光大集团、招商集团以及平安集团等为代表的大型金融控股集团迈上"合法化"发展之路,通过旗下证券、银行、保险、基金、期货、信托等机构,在集团公司的统筹安排下,在实施严格的"风险隔离"的前提下,开始在一个集团内部开展各类金融业务,正式开启了金融混业经营的"新时代"。金融业的混业经营不仅表现在金融机构形式的变化上,而且表现在金融交叉业务的涌现上。此时,很多银行、证券公司和保险公司纷纷设立了自己的资产管理部门或资产管理子公司,推出性质上非常相似的理财产品等资产管理产品;彼此之间相互代理金融产品,开展业务合作,金融活跃度自此上了一个新高度。

二、当前我国互联网金融发展现状分析

上文已经对互联网金融的概念进行了厘定,在此不再赘述。但对作为互联网金融监管行政法律制度调整对象的互联网金融而言,我们只对其概念进行分析还远远不够,笔者认

为，欲对任何现象进行深入的分析，只有厘清其发展脉络，探析其发展原因，并利用科学的理论从恰当的视角出发对其进行审视，方能真正识透、看懂该现象，并在此基础之上探索出隐藏在现象背后的科学规律。对互联网金融的研究也概莫能外。因此，为更好地为下文识透、看懂互联网金融并探索出隐藏在其背后的规律，发现潜在的问题并提出恰当的举措做铺垫，我们有必要先对互联网金融的发展现状进行分析，并探究互联网金融获得大发展的"动力源"。

（一）互联网金融的发展[1]

笔者认为，无论是在自然领域，还是在社会领域，事物

———————

[1] 很多对互联网金融的研究都是在厘定概念的基础之上，便开启了对互联网金融发展脉络的梳理，因此，学界关于互联网金融发展历程的研究资料虽算不上"汗牛充栋"，但也为数不少。不同的学者从不同的视角出发，对互联网金融进行了寻根探源，只是遗憾的是，多数学者是按照"以时间为轴，以事实为脉"的方式，对互联网金融发展的历程进行描述式的研究，如乐天、段永朝、李犁等人就对互联网金融的发展进行了梳理，他们采取的就是"以时间为轴，以事实为脉"的方式，他们详细列举了余额宝横空出世、第三方支付牌照增加新浪、百度为新成员、互联网金融引起中国人民银行高度关注、民生电商成立、"微信支付"功能发布、互联网金融首个试点在北京市石景山区成立、百度开启互联网金融征程、互联网保险众安开业、互联网征信首张牌照、互联网行业自律机构成立、京东涉足互联网金融、小米进军互联网金融、阿里巴巴成立蚂蚁金服等一系列标志性事件，并以此详细回顾了互联网金融发展的脉络。这种"以时间为轴，以事实为脉"的描述式研究方式，从优点上而言，可以说主要体现了简单、明了的特点，但这种方式也难免让人产生罗列事实的枯燥和乏味感，而且极容易让人产生研究人员"偷懒"的"错觉"，似乎互联网金融研究人员不假思索，从新闻资料"照抄照搬"一些东西而已，不仅如此，从科学研究的角度而言，对事实材料进行必要的归纳、整理、分析还是非常必要的，因此，笔者认为，对互联网金融发展历程的分析，事关我们对互联网金融发展现状以及未来趋势的认识，进一步关系到如何才能构建出一个符合互联网金融发展特点及趋势的互联网金融监管行政法治体系，因此仍然有必要加以认真对待，并利用事实材料进行科学归纳。

的发展都有其一定的规律，一般都是要遵照从萌芽到发展再到成熟的一般性成长规律，互联网金融的发展概莫能外，亦应按照这样三个层次逐步递进，这个有关事物成长的一般性规律对笔者梳理互联网金融发展历程具有启示意义。由此，笔者进一步认为，互联网金融发展的阶段亦可分为以下三个时期：①互联网金融的萌芽期。在这个时期，"互联网"和"金融"两方各自基于自身的比较优势在各自的强势领域开展相应的业务，他们的产品类型和客户重合度较低，互联网企业在这个阶段中主要发挥他们的成本优势，而且优势发挥得非常明显，主要表现为基于成本优势的虚拟渠道的大幅扩张；②"互联网"与"金融"的形式融合期（蓬勃发展期）。在这个时期，"互联网"和"金融"两方的业务开始融合，主要表现为部分核心业务开始产生交叉，互联网企业开始利用数据资产进行风险定价，如银行等传统的金融行业开始逐步地掌握批量处理技术，开始以产品创新的方式由过去的被动防御转向主动防御，主要把中小客户作为彼此竞争和争夺的重点；③"互联网"与"金融"的实质融合期（走向成熟和稳健期）。在这个时期，进入更高阶段的从形式到实质的融合，这一阶段，互联网金融商业模式不断优化、创新，开始出现一些新的商业模式，"互联网"和"金融"两方都已熟悉、掌握了对方相对核心的技术，互联网金融平台搭建完毕，两方都开始利用平台的数据资产对现有的商业模式进行改造，对他们而言，获得发展成功的关键已经由争夺中小型客户转变为平台的用户数量、用户粘度和数据的有效性。[1]笔

---

〔1〕 乐天、段永朝、李犁主编：《互联网金融蓝皮书 2015》，电子工业出版社 2015 年版，第 9~10 页。

者认为，截至目前，互联网金融发展已经进入了第二个时期，并有向第三个时期"跨越"的"苗头"，但第三个时期尚未真正到来，当然这也许是"仁者见仁、智者见智"的问题，但笔者认为从目前"互联网"与"金融"发展的融合度来看，第三个时期的真正到来、全面到来仍尚需时日，因此，下面仅对互联网金融发展的前两个时期进行梳理，以期提高研究质效，更好地为构建符合我国互联网金融发展特点和阶段并带有一定前瞻性的互联网金融监管行政法治体系做好准备。

1. 第一阶段：互联网金融的萌芽期

一般认为，互联网金融模式包含三大主要的核心要素，即：支付方式、信息处理和资源配置。[1]其中支付方式是互联网金融的基础，通过支付方式的互联网化，个人、企业等各类主体的金融资产支付和转移都可以通过互联网进行，各类主体都可以在号称"超级网银"的中央银行的支付中心开账户，实现支付方式的电子化、网络化。笔者认为，支付方式的互联网化是互联网金融的"最基石"，它的启动同样也是互联网金融萌芽的开始。由此，虽然中国学界、业界普遍认为2013年是我国互联网金融的"元年"，但事实上，如果以支付方式互联网化作为互联网金融萌芽的标志，那么在我国，互联网金融的真正开始时间就会更早，笔者认为甚至可以追溯到2002年中国银联成立之前，因为在此之前，我国的第三方支付产业已经出现，事实上很多人应该听说过北京的

---

〔1〕 曹磊、钱海利：《互联网＋普惠金融：新金融时代》，机械工业出版社2015年版，第2页。

"首信"，作为二级结算模式，它是中国在线支付的首创，远
远早于支付宝和微信，但由于其业务主要局限在北京地区，
并且它属于半官方机构，缺乏足够的商业运作能力，最终导
致"首信"未能"全国开花"。

　　中国第三方支付的大发展真正开始于 2005 年，当年第
三方支付实现了飞跃式发展，规模达到了 152 亿元人民币
之多。[1]著名的"支付宝"也大致是在这个时期诞生、成长
和发展起来的。支付宝由阿里巴巴集团创办，目前已经发展
成为全球领先的第三方支付平台。[2]2013 年 6 月，支付宝又
携手天弘基金联合推出余额宝，这是一款典型的互联网金融
产品，由于此款产品改变了过去单纯的支付模式，具备了
"理财功能"，因此在"余额宝"诞生后，其用户数和资金规
模出现了爆发式增长，由此，业界普遍认为此举开启了中国
互联网金融的"元年"。正因为余额宝获得了如此快速且巨
大的发展，同样也"刺激"着越来越多的银行、基金公司和
互联网公司投身到互联网金融理财市场，以致市场上了出现
了越来越多的"某某宝"，如"零钱宝""现金宝""话费
宝"等。[3]

2. 第二阶段："互联网"与"金融"的形式融合期（蓬勃发展期）

　　北京中关村创新研修学院张国庆副院长曾对互联网金融

---

〔1〕　王海军、赵嘉辉主编：《"中国式"互联网金融——理论、模式与趋势之
　　　辨》，电子工业出版社 2015 年版，第 6 页。
〔2〕　载 http://baike. so. com/doc/2520776 – 2663409. html，最后访问日期：2015
　　　年 10 月 8 日。
〔3〕　胡世良：《互联网金融模式与创新》，人民邮电出版社 2015 年版，第 17 页。

做了一个较为形象的描述。张国庆认为，互联网金融是继"金属代替贝壳充当货币的第一次金融革命"及"纸币代替金属充当货币的第二次金融革命"之后的"第三次金融革命"，互联网金融具有明显的"鲶鱼效应"，这一效应将在实体经济出现下滑时为经济的发展乃至腾飞带来新的机遇和希望。[1]也许正是基于互联网金融对国家经济发展的重要作用，同时加之互联网金融作为一种全新的商业模式，其自身具有强劲的"吸金"功能，因此无论是政府还是互联网企业、金融机构都非常重视互联网金融的发展，甚至一些与互联网和金融都没有什么"牵连"的企业都在设想挤进互联网金融行业，力图在这个行业里"掘金"。

一是传统金融机构加速进军互联网金融市场。在这个时期，越来越多的银行、证券公司、信托公司等金融机构对金融产业这场极其强劲、"势如破竹"的互联网金融革命有了更加充分的认识，他们再也无法满足于只是生产传统的金融产品，开始探索走向金融产业链的前端，他们或与国内外知名的运营商合作，或依靠自身强大的实力，打造自己的互联网金融平台，构建属于自己的自由互联网金融渠道。如：2013年10月，正值各大媒体对一些P2P网贷公司遭遇挤兑及"跑路"事件进行广泛报道之际，招商银行在其官网上，"默默地"发布了一款名为"小企业e家"的互联网金融产品，打造属于自己的P2P网贷平台，这款"小企业e家"产品从开始即做到了可以直接从17种银行的借记卡划账进行投

---

[1] 曹磊、钱海利：《互联网＋普惠金融：新金融时代》，机械工业出版社2015年版，第2页。

资，在便利性上大大地超越了目前的其他所有的 P2P 网贷平台。[1]又如：2013 年年底，平安银行与南方基金开展合作，推出了"平安盈"，以对抗余额宝。广发银行则与易方达基金合作推出了"智能金"业务，之后，广发银行还与多家货币基金合作推出"快溢通"等。此外，工商银行也"不甘示弱"，于 2014 年年初，与工银瑞新货币基金合作，在浙江地区推出"天天益"产品。[2]

二是互联网企业竞相抢占互联网金融市场份额。同样在这个时期，互联网企业更加迅速地崛起，似乎"开足马力"不断向传统的金融业发起冲击，互联网巨头日益占据金融市场，抢占互联网金融"大棋盘"里的关键"棋局"。仅就第三方支付市场而言，截至 2015 年 9 月，我国获得第三方支付牌照的企业就多达 269 家，[3]阿里巴巴、网易、腾讯、新浪、百度等互联网巨头均在其列。同时，互联网企业不断加强创新，推出的互联网金融产品可谓"琳琅满目"。比如新浪发布的"微银行"，腾讯微信与"财付通"实现互联。腾讯更是于 2013 年 9 月宣布成立"微众银行"，后于 2014 年 7 月正式拿到民营银行牌照，该银行成立后以互联网金融为主攻方向，成为深圳前海致力构建"互联网金融生态圈"的核心力量。[4]百度公司亦"不甘示弱"，推出类银行机构"百度有

---

〔1〕 载 http://finance.ifeng.com/a/20131018/10886922 _ 0.shtml，最后访问日期：2015 年 10 月 9 日。

〔2〕 胡世良：《互联网金融模式与创新》，人民邮电出版社 2015 年版，第 19 页。

〔3〕 载 http://baike.so.com/doc/6787806 - 7004413.html，最后访问日期：2015 年 10 月 9 日。

〔4〕 载 http://baike.so.com/doc/7491372 - 7762431.html，最后访问日期：2015 年 10 月 9 日。

钱花"，该互联网金融平台，致力于为每一个用户提供个人消费金融服务。[1]

三是传统信息产业向互联网金融市场进军。值得关注的还有，电信运营商"嗅到了"互联网金融的巨大商机，开始涉足互联网金融服务，在这个方面，电信运营商具备天然的"通道"优势，因此发展也非常迅猛。中国移动曾以398亿元人民币购买了浦发银行20%的股权，成为浦发银行的第二大股东。中国移动、中国联通、中国电信纷纷成立子公司，涉足互联网第三方支付行业，通过不断发展，中国移动旗下"和包"、中国电信旗下"翼支付"、中国联通旗下"沃支付"均取得了较快的发展。同时，三大电信运营商还不断推出了金融理财产品，甚至拓展供应链金融，为上下游企业提供贷款服务，如中国电信的"添益宝"和"天翼贷"、中国联通的"话费宝"和"易购金融"等等，互联网金融因为电信运营商的加入而变得更加多元化。

（二）互联网金融获得大发展的"动力源"

互联网金融获得大发展的"动力源"是对互联网金融获得巨大发展原因的形象比喻，这就好比研究"高铁"为什么能比一般火车跑得更快的原因一样，就是要找到隐藏在互联网金融发展背后的"动力源"。笔者认为，探讨互联网金融获得巨大发展的原因是全面理解互联网金融的重要

---

〔1〕 载 http://baike.baidu.com/link？url＝5vh-U-U_1NV9uIWCOH50vTfbJRzMJsiNRdHEqxt1rR4_wZHVyfWL1jx2mIFzrF4kkAwOmaMS9RPjNDqxLBlXmGH1Fu0KwzNrw42NhDVgTQkzlna4PY-ool6a-JxYKTTk，最后访问日期：2015年10月9日。

一环，通过对互联网金融获得巨大发展原因的探讨，可以
为后文更好地找出互联网金融潜在的风险点及对互联网金
融监管行政法治体系的"刚需"进行更加深入的分析打好
基础。因此，接下来我们来探讨到底是哪些因素推动了互
联网金融获得了巨大发展。笔者认为，主要的因素包括以
下四个方面：

　　首先，国家和地方法律与政策的强力支持是互联网金融
得以实现"飞跃式发展"的基础条件。从 2006 年联合国呼
吁各国将普惠金融（inclusive financial）作为重要的工作目标
开始，全球主要国家范围内掀起了一场普惠金融的浪潮，不
仅在 2009 年由 G20 国家领导人在匹兹堡峰会上发起成立了
"普惠金融专家组"，而且在 2010 年由 G20 国家领导人在多
伦多峰会上一致通过了"创新型普惠金融"的九条原则。我
国对普惠金融也高度重视。2013 年，中国共产党十八届三中
全会上审议并通过的《中共中央关于全面深化改革若干重大
问题的决定》提出要"发展普惠金融。鼓励金融创新，丰富
金融市场层次和产品"。同时，正如前文所言，2014 年李克
强总理在十二届全国人大二次会议期间所做的《政府工作报
告》中指出："促进互联网金融健康发展，完善金融监管协
调机制，密切监测跨境资本流动，守住不发生系统性和区域
性金融风险的底线。让金融成为一池活水，更好地浇灌小微
企业、'三农'等实体经济之树。"这是以官方正式文件形式
对互联网金融进行了肯定，对互联网金融的大发展无疑具有非
常重要的导向作用。[1]同时，中国人民银行行长周小川等人

---

〔1〕　胡世良：《互联网金融模式与创新》，人民邮电出版社 2015 年版，第 25 页。

亦在不同场合对互联网金融表示了支持发展的肯定态度。[1]
更为重要的是，如前文所言，为促进互联网金融的健康规范
发展，中国人民银行等十部委于 2015 年 7 月又颁布了《关于
促进互联网金融健康发展的指导意见》，积极鼓励创新并支
持互联网金融稳步发展。在此前后，全国许多地方政府纷纷
出台相关政策法规或采取各类措施等以鼓励、支持互联网金
融的创新和发展，比较有代表性的，如：深圳出台的《关于
支持促进互联网金融创新发展的指导意见》、天津开发区出
台的《推进互联网金融产业发展行动方案》、南京成立互联
网金融中心并设立互联网金融产业发展专项基金、广州则对
互联网金融企业实施奖励政策，等等。[2]

其次，互联网技术的发展与进步为互联网金融发展提供
了强有力的技术支持。互联网金融是依托于大数据、云计算、
移动互联和社交网络发展起来的新兴金融业态，互联网金融
借助于支付技术、现代网络通信技术及云计算等手段，实现
了"细分市场"：①就移动支付而言，目前比较典型的包括
手机炒股、手机购物支付等，不久的将来信用卡很可能被手
机和掌上电脑全面取代；②就网络和通信技术而言，中国
WiFi 及 4G、5G 技术已经得到了巨大的发展，互联网和移动
通信网络的融合趋势已经非常明显，将来随着技术的进步，
有线电话网络及广播电视网络也会逐渐地融合进来，形成统
一的网络，这有利于较好地满足客户个性化的需求，实现互

---

〔1〕 曹磊、钱海利：《互联网＋普惠金融：新金融时代》，机械工业出版社
2015 年版，第 3 页。

〔2〕 "2015 年互联网金融发展总报告"，载李东荣主编：《中国互联网金融发展
报告》，社会科学文献出版社 2015 年版，第 36～38 页。

联网金融的"私人订制";③就大数据和云计算而言,大数据有利于大幅提升风险定价和风险管理的效率,云计算则顺利完成了存储和计算从手机终端向云计算服务器的转移,较大地减轻了手机等终端设备的负担。[1]

再次,金融生态圈的形成为互联网金融的发展提供了良好的环境支持。互联网金融的发展需要一个特定的金融生态圈,它的蓬勃发展与当前社交网络、电子商务圈和个性化消费需求的形成具有非常紧密的联系:①腾讯、微信、微博等社交网络的兴起极大地改变了人们的交流方式,信息传递方式更是因此发生了较大的变化,这些社交网络推动了小众化、圈子化和个性化的信息群体的大量出现,而这些信息群体一般具备较强的用户粘性、扩散性和影响力,互联网金融可以借助社交网络来实现信息的更快扩散,大家在短时间内即可实现共享共用,网络的这种效用可以让那些在前期已经积累起大量客户的互联网商业平台借助自身优势发展互联网金融,将互联网金融功能植入互联网商业平台,即可实现金融版图的迅速扩张;②电子商务圈的大发展为互联网金融提供了很好的平台。一方面,电商平台积累了海量的客户资源,形成的网络社区相对闭环且极具粘性。另一方面,支付宝、余额宝等支付工具的广泛使用使得金融业务逐步渗透到电子商务中,同时也推动了互联网金融的发展;③消费需求日益呈现个性化特征。2014年年底中央召开的经济工作会议指出,目前我国国民的模仿型排浪式消费阶段已基本结束,消费的模

---

〔1〕 王海军、赵嘉辉主编:《"中国式"互联网金融——理论、模式与趋势之辨》,电子工业出版社2015年版,第20~22页。

式已逐渐呈现出个性化、多样性的特征。人们通过互联网消费的发展来源于上述消费特征的改变，同时也为这种消费需求特征的形成和发展提供了最佳途径。[1]

最后，金融创新力的不断提升为互联网金融的发展提供了内在动力。金融创新是一个古老而又常说常新的话题，所谓金融创新就是开发新的金融工具、技术、机构和市场，像其他技术一样，金融创新涉及的领域亦是相当广泛，包括新的金融产品和服务的研发、检视、推广和应用。[2]金融创新不仅在丰富金融工具、促进资金融通、繁荣金融市场的微观领域发挥了重要作用，而且在推动社会进步、经济发展乃至政治发展方面亦发挥了不可小觑的作用。资本的逐利性必然推动金融工具的改良、金融渠道的扩展，以尽可能地提升资本运作效率。近年来，我国实体经济出现了较大的发展，实体经济的发展必然衍生出许多新的金融需求，为金融创新提供了"需求侧"的革新动力。与此同时，互联网和移动终端的广泛普及、数据搜索技术的发展、云计算技术的日渐成熟、金融和互联网机构的技术平台的创新发展，则为金融创新提供了"供给侧"的革新动力。"需求侧"与"供给侧"动力的叠加，让新时代的金融创新"呼之欲出"，最终实现了"互联网"与"金融"的完美结合，互联网金融"横空而出"。而互联网金融面世后，亦不负众望，它凭借自身优势，充分发挥互联网"开放、平等、协作、分享"的特点，针对

---

[1] 王海军、赵嘉辉主编：《"中国式"互联网金融——理论、模式与趋势之辨》，电子工业出版社2015年版，第23～24页。

[2] ［美］富兰克林·艾伦、格伦·雅戈：《金融创新力》，牛红军译，中国人民大学出版社2015年版，第9页。

广大客户的具体需求、个性化需求进行创新，通过市场细分和客户群细分，为不同区域、不同层次、不同消费倾向、不同资金需求倾向的群体提供多样化的金融产品，让客户根据自身需要进行更加灵活、更加便捷的选择，不仅充分发挥了现代信息技术在金融创新之中的"供给之美"，而且也满足了广大社会群体对金融创新的"需求之急"，这反过来又进一步促进了互联网金融自身的大发展。

第二节　当前我国金融监管现状及存在的问题分析

笔者认为，在任何一个国家，互联网金融监管都是国家整个金融监管体系之中不可或缺的重要组成部分，不可能离开金融监管体系来谈互联网金融监管，金融监管的既有框架决定了互联网金融监管以及与之紧密相关的行政法律体系的轮廓，金融监管"向何处去"也直接决定了互联网金融监管以及与之紧密相关的行政法律制度会面临怎样的未来。为此，我们尚有必要在结合对当前我国金融监管现状及存在的问题进行分析的前提之下，进一步阐释我国互联网金融监管现状及存在的问题，以期待为下一步基于行政法视域来研究互联网金融监管的未来奠定更好的基础。

一、我国现有金融监管体系简述

纵观迄今为止的全球范围内的金融监管体系，并不是只有一个整齐划一的模式，让一个国家或地区在选择构建自己的金融监管体系模式时予以因循，或者让一个国家或地区在推动金融监管体系变迁时予以依赖。一个国家或地区究竟选择怎样的金融监管体系，完全是由这个国家的经济发展情况以及金融运行所处的内外部环境所决定的。我们国家在改革开放以后，根据国民经济发展所处的阶段以及金融运行的实际情况选择构建了符合国情的金融监管体系，并对此不断做出了适时调整。

1978 年以后，理论界掀起了思想解放的新高潮，这其中不乏对金融监管体系的重新探讨，至 1983 年，理论界对中国人民银行的性质、职能以及定位等有了新的认识，并基本达成了统一。在此基础之上，国务院于 1983 年 9 月颁布了《关于中国人民银行专门行使中央银行职能的决定》，此后，中国人民银行承担起了专门行使中央银行职能的职责。1986 年 1 月，国务院又颁布了《中华人民共和国银行管理暂行条例》，这是新中国历史上第一部对金融管理作出专门性规定的行政法规，标志着我国央行体制的初步构建。1995 年 3 月，全国人大颁布了《中华人民共和国中国人民银行法》，中国人民银行的央行地位得到法律的确认。

中国人民银行长期肩负着对我国的银行业、证券业、保险业等各类金融行业的金融市场以及金融机构进行集中监管的职责，直至 1992 年 10 月，国务院证券委员会以及中国证券监督管理委员会成立，分担了中国人民银行对证券市场的部分监管职能，证券业领域开启了"双头监管"的新时代。之后，中央对金融监管组织体系进行了调整，在 1998 年 4 月，国务院证券委员会以及中国证券监督管理委员会合并为新的中国证券监督管理委员会。1998 年 6 月，中国人民银行把对证券业监管的全部职能统一划转给中国证券监督管理委员会,结束了证券业领域"双头监管"的时代。1998 年 11 月,中央又成立了中国保险监督管理委员会,负责对我国的保险市场进行监管。2003 年 4 月,中央成立中国银行业监督管理委员会,负责对我国的银行业进行监管。自此,我国形成了以"一行三会"为主体的机构监管框架结构。2018 年 3 月,依据由全国人大审议通过的国务院机构改革方案,原中国银行业监督管理委员会与中国保险监督管理委员会合并,重新组建中国银行保险监督管理委员会,依据法律法规负责对我国银行业和保险业实施统一监管。此举为"分业监管"向"综合监管"的转变迈出的探索性的重要一步。

二、我国现有金融监管体系存在的问题

(一) 现有金融监管体系对金融创新的监管显得力不从心

金融创新是把双刃剑。自 20 世纪 60 年代起,金融创新逐步成为席卷全球的时髦事物,银行业、保险业、证券业、信托业以及金融业各个领域都掀起了金融创新的高潮。客观上说,金融创新激发了金融的活力,也给实体经济注入了发展的动力,推动了全球范围几十年的经济金融大发展。但是,金融创新是把"双刃剑"。正如前面提到的,过度的金融创新,由于未能受到严格监管,金融风险管理被"利欲熏心"的金融机构和金融业高管们所忽视,积累的危机因素越来越多,最终于 2008 年爆发了起始于美国,席卷全球,持续数年的金融危机。

近些年来,我们国家的金融创新也不断涌现,各类新型金融机构、新的金融工具、新的金融样态等逐步呈现,特别是与金融科技相伴而生的互联网金融的膨胀式发展,更是给现有的金融监管体系带来了挑战。一则,金融创新往往创造

新的金融工具，在既有的法律法规中甚至找不到对其进行监管的依据，难以做到"执法有据"；二则，金融创新的效果如何，是好是坏，不是"一朝一夕"就能显现出来的，如果过早地加以阻止，势必影响金融发展的活力，而等到风险暴露之时再加以规制，又往往有"亡羊补牢"之惑；三则，大多数金融创新，是金融产品层面的创新，一时无法上升到影响金融系统性风险的程度，但实施不当，确实可能给众多金融消费者带来巨大的利益损害，也可能会给个别的金融机构经营带来极大的负面影响，然而，在现有的金融监管架构下，并没有将金融产品创新的风险管理纳入政府金融直接监管的范围，存在监管漏洞。

（二）金融监管法治建设问题突出

经过改革开放后四十年的法治建设，中国特色社会主义法治事业取得了巨大成就。在金融监管领域，也形成了以《中华人民共和国中国人民银行法》《中华人民共和国商业银行法》《中华人民共和国保险法》以及《中华人民共和国证券法》为引领的多层次的金融监管法律制度体系，为促进金融监管法治化道路的良好运行提供了坚实保障。然而，我们也并不能否认我国的金融监管法治建设还存在着一系列的问题，这些问题有的已经暴露，有的还隐而未发，总的来看，主要存在以下问题：一是金融监管法治化所依靠的现有的大多数金融监管法律法规立足于宏观，多为原则性规范，缺乏可操作性，彼此之间的衔接性也比较差，导致金融监管执法准确性与执法力度受到影响；二是金融监管法治化所依靠的法律规范立改严重落后于金融发展的需要，无法全面涵盖金融市场上的业务活动，无法全面及时地保护金融消费者的合法权益；三是重复立法现象较多，由于对不同类型金融机构采取不同归口部门进行监管的方式，而不同监管机构之间的横向联系并不及时，部级联席会机制并不顺畅，针对同样的事项，很多部门立法予以规制，但所采取的标准不同，监管目的不同，不仅造成了"一事多法"，而且在客观上导致了针对不同的金融机构"同事不同法"的情况发生，有违立法公平性原则之嫌。

（三）分业监管体制在应对混业经营的实际情况时存在严重的监管真空

在当前中国，金融控股公司已经并不鲜见，中国金融混业经营的格局已经初步形成，并且有进一步发展的趋势。事实上，我国的金融混业经营也主要是通过金融控股公司的形式加以实现的，目前我国的金融控股公司大致包括两种类型：一种是经营型的金融控股公司，比如一些商业银行或金融资产管理公司，通过控股或全资持有的方式设立银行、证券、保险、信托、金融租赁以及期货等子公司，将各类金融牌照一并囊括，比如中国工商银行、中国建设银行、中国信达资产管理股份有限公司、中国华融资产管理股份有限公司等；还有一种是纯粹型金融控股公司，其集团公司可能并不持有金融牌照，并非完全意义上的金融机构，也并不实际开展金融业务，但在这个集团公司旗下囊括银行、证券、保险、信托、金融租赁以及期货等形式多样的金融机构作为其附属机构或者子公司，比如中信集团、平安集团、招商集团等。[1]

---

[1] 曹凤岐："改革和完善中国金融监管体系"，载《北京大学学报（哲学社会科学版）》2009 年第 4 期。

正如前文所述，虽然我国已经重新组建了中国银行保险监督管理委员会，统合了我国银行业和保险业的监管，但据笔者了解，目前这种统合还是停留在表面的，只是机构形式上的整合，但监管方式、监管体制机制、监管工具的采用、监管的协调等，距离真正的融合还有很多的工作要做，并非一蹴而就的，可以说，银行业和保险业的统一监管还没有实现，与证券业的统合监管目前还没有迈出任何有价值的步伐，当前的中国金融监管体制仍然是银行业、保险业和证券业的分业监管模式。而以金融控股公司发展为代表的金融混业经营的实际，无疑加剧了金融机构法人结构复杂化、内部管理层级多重化以及金融业务交叉化，加剧了监管的难度，造成了金融监管的真空。同时，分业监管本身所无法避免的各金融监管机构之间难以有效协调的监管困境，无疑进一步扩大了对以金融控股公司发展为代表的金融混业经营监管的盲区。

第三节　当前我国互联网金融监管现状及存在的问题分析

从行政法的角度对互联网金融监管的现状进行分析，亦应体现出行政法学科的特点，选取行政法学研究中侧重的领域、侧重的视角，关切诸如经济学、公共行政学等其他学科领域着力不足的领域，或者其他学科领域虽然对此进行了研究但着力点明显不同的领域。笔者拟着重从互联网金融监管行政主体现状、互联网金融监管行政相对人现状以及互联网金融监管主要行政法律规范依据进行解读的角度，对当前我国互联网金融监管现状及存在的问题进行分析。

一、互联网金融监管行政主体现状分析

一般而言，行政法律关系的主体亦称行政法主体或者行政法律关系当事人，即是指在行政法律关系之中享有权利及承担义务的各类组织和个人，一般包括行政主体、公务员、行政相对人及监督行政主体。[1]对行政法视域下互联网金融监管行政主体的研究，自然是在行政法律关系主体概念框架内开展的，因此，与行政法律关系主体所包含的范围相对应，互联网金融监管行政法律关系的主体就包含了互联网金融监管框架下的行政主体、公务员及监督行政主体等。但鉴于本研究的研究需要，尚无必要对上述全部主体进行研究，笔者认为只要抓住其中最重要的行政主体就可以为后文开展的互联网金融监管行政法治体系的建构及完善奠定坚实的基石。

（一）行政主体的内涵及分类

1. 行政主体的内涵

著名行政法学家、北京大学教授罗豪才先生指出，行政主体是一种组织，这种组织享有国家行政权，能够以自己的名义行使行政权，还能够以自己的名义独立地承担因为自己行使行政权而产生的相应的法律责任。[2]中国政法大学终身教授应松年先生也对什么是行政主体提出了自己的看法，应

---

〔1〕　方世荣、石佑启主编：《行政法与行政诉讼法》，北京大学出版社 2015 年版，第 28 页。

〔2〕　罗豪才主编：《行政法学》，北京大学出版社 1996 年版，第 48 页。

松年教授指出，所谓行政主体就是指依法享有国家行政职权，代表国家独立进行管理，并独自参加行政诉讼的组织。[1]其他学者中还有北京大学教授姜明安先生对行政主体也提出了见解，姜明安教授在对行政法主体进行分析的基础之上，利用行政法主体与行政主体相比较的方式，对行政主体进行了阐释。姜明安教授认为，行政主体是行政法主体当中的一种，在各种行政法律关系中，都可能会找到行政主体的身影，但在这各种各样的行政法律关系之中，行政主体虽然经常出现，但仍然只是行政法律关系之中的一方当事人，作为一方当事人自然是与另一方当事人相对应而存在。姜明安教授为了进一步说明行政主体，还进一步举例说，比如在行政管理关系之中，行政法律关系的主体就包括行政主体，还包括行政相对人；再比如在行政法制监督关系之中，行政主体的地位也与行政管理关系之中行政主体所处的地位有特别大的不同，此时在行政法制监督关系中，行政主体处于监督对象地位。[2]中共中央党校（国家行政学院）教授胡建淼先生指出，在我们国家，首先要承认的是行政主体这一概念并非是一个法律概念，而是一个法学概念，所谓行政主体就是"指依法拥有独立的行政职权，能代表国家，以自己的名义行使行政职权以及独立参加行政诉讼，并能独立承受行政行为效果与行政诉讼效果的组织。"[3]

从国内上述著名行政法学家们关于行政主体的定义中，可以看出，广大学者越来越强调一个组织之所以成为行政主

〔1〕 应松年主编：《行政法学新论》，中国方正出版社1998年版，第90页。
〔2〕 姜明安：《行政法》，北京大学出版社2017年版，第156～158页。
〔3〕 胡建淼：《行政法学》，法律出版社2015年版，第66页。

体，其必须享有国家赋予的行政职权，并能以自己的名义行使国家赋予的行政职权，还要能够独立地承担由于以自己名义行使国家赋予的行政职权时所可能产生的法律责任，部分学者还特别强调了以自己名义独立参加行政诉讼并承受行政诉讼效果的这一特征。

2. 行政主体的类型

在本研究中，述及行政主体的类型具有非常重要的价值，一方面是因为行政主体的类型本身就是行政主体理论之中不可或缺的重要组成部分；另一方面是因为在明确行政主体的类型之后，对互联网金融监管行政主体的论述与研究才更加便利，毕竟互联网金融监管行政主体与行政主体之间是"种"与"属"的关系，在把握好作为"属"的行政主体类型之后，就能更加细致、更加微观、更加具体、更加专业地研究作为下级"种"的互联网监管行政主体类型。在行政法学界，不同的学者根据不同的标准，对行政主体类型进行了不同的分类，比如：根据行政主体管辖范围的不同，将行政主体区分为中央行政主体与地方行政主体；根据行政主体实施行政职权时所针对的对象的不同，将行政主体区分为地域行政主体与公务行政主体；根据行政主体实施行政职权的范围的不同，将行政主体区分为内部行政主体和外部行政主体；还有根据法律法规的规定直接进行的未加任何修饰的白描式分类方法，依据该方法可以将行政主体区分为国务院、国务院组成部门、国务院直属机构、国务院部委管理的国家局、经国务院授权的办事机构、地方各级人民政府、地方各级人民政府的职能部门等十类行政主体。但多数行政法学者认可的最具行政法学上代表性的分类则是根据行政主体的权力来源的不同，将行政主体分为享有固有职权的行政主体以及授权行政主体，顾名思义，所谓享有固有职权的行政主体，即职权行政主体，就是指其权力来源于宪法或特定组织法律的直接规定，是宪法或特定组织法律根据行政主体的具体性质赋予其行使特定范围内的职权，往往因为行政主体的设立而产生，也因为行政主体的消灭而消灭；所谓授权行政主体自然就是指根据法律法规的特别授权才行使某些行政职权的行政主体，比如承办某些特定事项的行政机构的内设机构或外派机构、企业单位、事业单位以及社会团体等。下面关于互联网金融行政主体类型的论述就采纳该种分类方式。

（二）互联网金融监管行政主体

如上文所述，一般认为，所谓行政主体即是指依法或依授权享有行政职权，能够以自己的名义从事行政活动及独立参加诉讼，并能够独立承担相应法律责任的组织。[1] 在此基础上，笔者对互联网金融监管行政主体作出界定，所谓互联网金融监管行政主体就是指依法或依授权享有互联网金融监督管理职权，能够以自己的名义从事互联网金融监管活动，并能够独立承担法律责任的组织。从一些由国务院或其组成部门发布的"红头文件"，比如《互联网金融风险专项整治工作实施方案》等规范性文件来看，这类组织主要包括中国人民银行（亦称"央行"）等金融类国务院组成部门以及中国银行保险监督管理委员会、中国证券监督管理会等金融类

---

[1] 石佑启："论公共行政之发展与行政主体多元化"，载《法学评论》2003年第4期。

国务院直属事业单位、对互联网负有监管职责的工业和信息化部（以下简称"工信部"）及中国银行业协会（以下简称"中银协"）、中国证券业协会（以下简称"中证协"）、中国保险行业协会（以下简称"中保协"）、中国信托业协会（以下简称"信托业协会"）、中国期货业协会（以下简称"期货业协会"）、中国互联网金融协会（以下简称"互金协"）、上海证券交易所（以下简称"上交所"）、深圳证券交易所（以下简称"深交所"）、全国中小企业股份转让系统（俗称"新三板"）等"半官方机构"。如上文所述，行政法学界将行政主体进一步区分为国家行政机关，法律、法规授权的组织和行政机关委托的组织，当然最近也有学者从不同角度出发将行政主体（公务主体）区分为公法人、行政署、承担公务的私人和私法形式的公务组织。[1] 就本研究而言，仍采用传统分类，由此，央行、工信部等可以被归入国家行政机关的"种属"；银保监会、证监会等则属于法律、法规授权的组织，如果考虑到银保监会、证监会在金融监管领域里的特殊重要性及其作为国务院直属事业单位的法律地位，则可将银保监会、证监会等称为法律、法规授权的国务院直属事业单位；而上述"半官方机构"则可以被归入法律、法规授权的组织或行政机关委托的组织。对于为什么上述"半官方机构"可以被归入法律、法规授权的组织或行政机关委托的组织，秉持对专家不同意见及建议的尊重，在下文予以详细分析：

---

［1］　李洪雷：《行政法释义学：行政法学理的更新》，中国人民大学出版社
　　　2014 年版，第 169 ~ 170 页。

1. 国家行政机关：互联网金融监管职责的"首席担当者"

所谓国家行政机关即是指依照宪法或行政组织法的规定所设置的履行国家行政职能的国家机关。[1]国家行政机关一般具有以下五大特征：一是行使国家行政职权，管理国家行政事务；二是具有法律从属性和执行性；三是相对的独立性；四是通常是主动地、经常地且是不间断地行使行政职权；五是最经常、最直接、最广泛地面向个人及组织开展活动。[2]国家行政机关又可以被进一步区分为中央行政机关、地方行政机关及行政机构。对于中央行政机关及地方行政机关无需多言，从字面即可理解其含义和范围，而对于何谓行政机构，则需要做一简单说明，所谓行政机构即是指具有行政主体资格的各级人民政府及其职能部门根据行政管理活动及工作的需要在单位内部设立的具体处理和承办各项行政事务的内部职能机构。[3]行政机构包括如专利局设立的专利复审委员会等依法经授权的行政机关内部机构、工商所等政府职能部门的派出机构、综合执法机构等。[4]在金融行政领域，2018年国务院机构改革之前，央行、银监会、保监会、证监会等（俗称"一行三会"）是承担国家金融行政职责的最主要的国务院组成部门或国务院直属事业单位；而2018年国务院机构改革之后，鉴于银监会、保监会合并为中国银行保险监督管

---

〔1〕 刘玉平编著：《行政法学研究》，东北财经大学出版社2016年版，第16页。
〔2〕 刘玉平编著：《行政法学研究》，东北财经大学出版社2016年版，第17~18页。
〔3〕 方世荣、石佑启主编：《行政法与行政诉讼法》，北京大学出版社2015年版，第59页。
〔4〕 方世荣、石佑启主编：《行政法与行政诉讼法》，北京大学出版社2015年版，第60~61页。

理委员会（简称"银保监会"），则改由央行、银保监会、证监会等（可称之为"一行两会"）成为承担国家金融行政职责的最主要的国务院组成部门或国务院直属事业单位。具体到互联网金融监管领域，"一行两会"自然亦是国家互联网金融监管领域里最具分量的"导演"，由于银保监会、证监会属于国务院直属事业单位，并非法律意义上的行政机关，因此在下一部分对它们再做分析。此外，鉴于互联网金融的技术性及借助互联网平台的特点，正如上文所提及的，工信部亦是承担部分监管职责的重要力量之一。

（1）关于央行。央行是中国人民银行的简称。新中国的中国人民银行是于1948年12月以华北银行为基础合并北海银行、西北农民银行成立的。多年来，央行已经形成了相对成熟的组织架构，就领导机构而言，央行的领导机构是其决策机构，也是其执行机构，按照有关法律的规定，设行长一人，副行长若干人。就总、分支机构而言，央行除了设有总部机构，还设有一系列的分支机构，主要包括天津、上海、沈阳、济南、南京、武汉、成都、广州、西安9个分行，还设立了中国人民银行重庆营业管理部、20个省会城市中心支行、5个副省级城市中心支行、305个地市中心支行、1778个县市支行，这些机构作为央行的分支机构，承担着维护区域金融稳定、承办相关金融管理职责的任务。此外，央行还设立了驻北美洲代表处、驻欧洲（伦敦）代表处、驻法兰克福代表处、驻加勒比开发银行代表处、驻非洲代表处、驻东京代表处、驻南太平洋代表处等驻外机构。[1]就内设机构而

---

[1] 朱大旗：《金融法》，中国人民大学出版社2015年版，第76~77页。

言，设有办公厅、条法司、货币政策司、金融市场司、金融稳定司等 18 个职能司（局、厅）。就咨询机构而言，央行设立了货币政策委员会，作为其制定货币政策的咨询议事机构。[1]根据《中国人民银行法》[2]第 2 条、第 4 条等的规定，央行是在国务院领导下制定和执行货币政策、防范和化解金融风险及维护金融稳定的行政机关，承担着"发布与履行其职责有关的命令和规章""监督管理银行间同业拆借市场和银行间债券市场""实施外汇管理，监督管理银行间外汇市场""监督管理黄金市场""持有、管理、经营国家外汇储备、黄金储备"等 13 项职能。总结这些职能，笔者认为可以将其总括为金融监督管理权。同时结合《中国人民银行法》第五章关于"金融监督管理"的规定，央行的金融监督管理权具体包括：一是监测、调控金融市场；二是直接检查监督；三是建议检查监督；四是特定情况下的全面检查监督权；五是获取有关报表、资料及进行处罚的权力；六是编制和公布全国金融统计数据权。[3]央行在金融领域形成的历史地位及其所承担的广泛的金融监管职能，决定了其在互联网金融监管中将发挥极为重要的作用，成为承担相应职责的最重要行政机关之一。

（2）关于工信部。工信部在工业和信息化方面承担着许多重要职责，属于国务院组成部门。目前，工信部设有办公厅、政法司、信息化和软件服务业司、信息通信管理

---

〔1〕 朱大旗：《金融法》，中国人民大学出版社 2015 年版，第 78 页。

〔2〕 即《中华人民共和国中国人民银行法》，为表述方便，本书中涉及我国法律无特指时，使用省去"中华人民共和国"字样的简称。

〔3〕 朱大旗：《金融法》，中国人民大学出版社 2015 年版，第 84~85 页。

局、网络安全管理局等 26 个司局及国防科工局、国家烟草专卖局等 4 个部管局。工信部承担的职责相当广泛，其中涉及信息化方面的职责主要包括"依法对电信和互联网等信息通信服务实行监管，承担互联网行业管理""拟订市场准入、监管政策、标准并组织实施""承担市场秩序、设备进网、服务质量、用户权益和个人信息保护等监管工作""指导电信和互联网相关行业自律和相关行业组织发展""承担建立电信网、互联网新技术新业务安全评估制度并组织实施"等，[1]工信部在国家信息化建设和发展过程中承担着极为重要的角色。本来工信部并非金融事业的监管单位，但基于互联网金融天然的与"互联网"的紧密联系，工信部也必将在对互联网金融的监管中发挥重要作用，这也可以说是互联网金融不同于传统金融的重要特点之一。

2. 法律、法规授权的国务院直属事业单位及其地方分支机构：互联网金融监管的核心与专业力量

法律、法规授权的组织是指依据法律、法规授权而行使特定行政职能的非国家行政机关。[2]法律、法规授权的组织一般包括：一是工会、共青团、妇联、律师协会等社会团体，法律、法规会授权一些社会团体行使某些行政职能办理一些行政事务；二是大学、全国专业性公司等事业和企业组织；三是街道办事处、居民委员会、村民委员会等基层群众自治组织；

―――――――――

〔1〕　中央编办："中央编办关于工业和信息化部有关职责和机构调整的通知"，中央编办发〔2015〕17 号，载 http://www.miit.gov.cn/n1146285/c3722500/content.html，最后访问日期：2015 年 12 月 13 日。

〔2〕　姜明安：《行政法》，北京大学出版社 2017 年版，第 185 页。

四是一些具备专门知识及技能的机构。[1]这些被法律、法规授权的组织在行使法律、法规所授予的行政权时，是行政主体，具备相应的法律地位，能够独立承担法律责任，但在进行法律、法规授权之外的活动时，则不享有行政权，不具备行政主体的地位。根据《国务院组织法》第 11 条的规定："国务院可以根据工作需要和精简的原则，设立若干直属机构主管各项专门业务，设立若干办事机构协助总理办理专门事项。"银保监会、证监会即是国务院为加强金融监管工作的需要而设置的国务院直属事业单位，在性质上它们不属于行政机关，[2]其定位为依照《商业银行法》《银行业监督管理法》《保险法》以及《证券法》等授权而行使相应领域监管职权的行政主体。

（1）关于银保监会。提及银保监会，就不得不述及其前身银监会和保监会。银监会成立于 2003 年 4 月，回溯银监会的成立历史，主要得益于两个重要的文件，即 2003 年 3 月第十届全国人大第一次会议通过的《关于国务院机构改革方案的决定》及同年 4 月第十届全国人大常委会第二次会议通过的《关于中国银行业监督管理委员会履行原由中国人民银行履行的监督管理职责的决定》。国家为了确保银监会顺利、有效履行监管职责，同时也为规范银监会监管行为，制定并于 2004 年 2 月开始实施了《银行业监督管理法》，根据该法规定，银监会负责对全国银行业金融机构及其业务活动进行

---

〔1〕 刘玉平编著：《行政法学研究》，东北财经大学出版社 2016 年版，第 22 ~ 23 页。
〔2〕 章剑生：《现代行政法总论》，法律出版社 2019 年版，第 112 页。

监督管理的工作。根据《银行业监督管理法》《反洗钱法》及银监会"三定方案"的规定，银监会主要承担"依照法律、行政法规制定并发布对银行业金融机构及其业务活动监督管理的规章、规则"、对银行业金融机构的业务活动及其风险状况进行非现场监管、现场检查、并表监督管理等16项职能。此外，《银行业监督管理法》对银监会在实施监管时可以采取的措施、银行业市场准入监管、业务合规监管与风险监管等均作出了明确的规定，为银监会有效开展银行业监督管理工作提供了"方法论"和工具。在互联网金融领域，因涉及的相关业务不可避免地涉及银行业，银监会在其中所发挥的维护金融稳定的作用是极其重要的，在我国现行监管体系和监管框架下其也必将担负起对互联网金融监管的重要职能。而保监会成立于1998年11月，是国务院直属机构，根据国务院授权，保监会履行依照法律、法规等对保险市场进行统一监督和管理的职责。目前，保监会内设办公厅、发展改革部、财产保险监管部（再保险监管部）、人身保险监管部、法规部、稽查局等16个职能机构和2个事业单位，并在全国各省、自治区、直辖市、计划单列市设有36个保监局，在苏州、烟台、汕头、温州、唐山市设有5个保监分局。[1]根据保监会网站显示的信息，目前，保监会承担着"拟定保险业发展的方针政策，制定行业发展战略和规划""起草保险业监管的法律、法规；制定业内规章""审批保险公司及其分支机构、保险集团公司、保险控股公司的设立""审查、

---

〔1〕 载 http://www.circ.gov.cn/web/site0/tab5170/，最后访问日期：2015年12月13日。

认定各类保险机构高级管理人员的任职资格""对政策性保险和强制保险进行业务监管"等十大类数十项职能，以此维护保险业的合法、稳健运行。此外，根据《保险法》的规定，保监会被赋予的行政职权主要包括进行现场检查、调查取证、询问、要求有关单位或个人作出说明、查阅、复制与被调查事件有关的财产权登记资料等。保监会在互联网金融监管领域中所应发挥的重要作用亦是不容小觑的。在 2018 年国务院机构改革时，按照"精简高效"的原则，中央政府组建了中国银行保险监督管理委员会，新组建的银保监会将原中国银监会和中国保监会的职责整合，作为国务院直属事业单位，除将原来归属于中国银监会和中国保监会的"拟订银行业、保险业重要法律法规草案和审慎监管基本制度"的职责划归中国人民银行外，其他职责归入新成立的银保监会。

（2）关于证监会。证监会成立于 1992 年 10 月，是国务院直属机构，负责全国证券期货市场监管工作。在机构设置方面，证监会设有办公厅、发行监管部、市场监管部、上市公司监管部、法律部（首席律师办公室）等多个职能部门，同时为提高证券监管的效能，加强与地方政府的协同配合，自 2004 年 3 月起，证监会改变了过去九大区办的模式，转而在全国各省、自治区、直辖市设立监管局。根据《证券法》的规定，证监会承担着"依法制定有关证券市场监督管理的规章、规则，并依法进行审批、核准、注册，办理备案""依法对证券的发行、上市、交易、登记、存管、结算，进行监督管理""依法对证券发行人、证券公司、证券服务机构、证券交易场所、证券登记结算机构的证券业务活动，进行监督管理""依法制定从事证券业务人员的行为准则，并监督实施"等 10 项基本职责，以对证券市场实行监督管理，维护证券市场秩序，保障证券市场合法运行。总结起来，证监会被赋予的行政职权主要包括调查取证权、询问权、查阅、复制及封存权、银行账户、证券账户查询权等。证监会在证券期货领域所承担的重要职责及其重要作用亦决定了其在互联网金融监管方面将承担重任。

3. 法律、法规授权及行政机关委托的组织：互联网金融监管的协同力量

上面已经对法律、法规授权组织的内涵以及类别等进行了简要分析。而所谓行政机关委托的组织则是指接受行政机关委托而行使特定行政职能的非国家机关。[1]就行政机关委托的组织而言，即使在行使行政机关委托的职责时，亦不能以自己的名义进行，而要以委托其行使职权的行政机关的名义进行活动并由委托机关对外承担法律责任。

在金融行政领域，中银协、中证协、中保协、互金协、信托业协会、期货业协会、上交所、深交所、新三板等在相应法律、法规授权或银保监会、证监会等委托行使监管职权范围内，在各自对应的金融领域承担着部分金融监管职责，成为通过制定、实施行业自律规范对金融机构和金融市场进行自律监管的重要力量。目前，仍有行政法学专家对它们在金融监管领域的行政主体地位提出质疑，并指出如果认为这些组织属于金融监管行政主体，则应予以论证。笔者认为，该行政法学专家的疑问非常值得重视和尊重，为消除该种疑

---

〔1〕　刘玉平编著：《行政法学研究》，东北财经大学出版社 2016 年版，第 22 ~ 23 页。

问，对这些组织是否属于金融监管行政主体需要加以论证，更进一步说，是对这些组织是否属于法律、法规授权的组织和行政机关委托的组织需要加以论证。从上述关于法律、法规授权的组织和行政机关委托的组织的定义来看，一个组织是否属于该类行政主体，关键是要看它是否因法律、法规授权或行政机关委托而行使某项或多项行政职能，换言之，是要看它是否因法律、法规授权或行政机关委托而享有并能够行使或至少能够行使某项或多项行政权力。事实上，中银协、中证协等组织基本都因为法律、法规授权或行政机关委托而行使一项重要的权力，即：自律管理权。那么，判定上述这些组织是否属于法律、法规授权的组织和行政机关委托的组织的问题就转换为判断"自律管理权"是否为行政权力的问题。按照通说，所谓行政权即是指国家政权的一个组成部分，是与立法权、司法权并立的三权之一，它由宪法以及法律赋予国家有关主体予以实施以加强对国家及社会公共事务进行管理的权力。一般而言，行政权具有执行性、法律性、强制性、优益性和不可分性等五个特征。那么，自律管理权是否属于行政权就要看其是否符合行政权的五个特征，如果不符合，则自律管理权当然不是行政权，但如果符合上述五个特征，则应当认为自律管理权属于行政权，或至少不应再轻易否认自律管理权属于行政权：①自律管理权是否具有可执行性？自律管理权作为法律、法规授权给特定组织或有权行政主体委托给某个组织的一项权力，当然也就意味着享有该项权力的组织可以按照自己的意思行使该项权力。②自律管理权是否具有法律性？自律管理权是法律、法规赋予有关主体的，或者由行政主体在法律允许范围内委托有关主体的，从权力的来源上看，自律管理权天生具有了法律属性。而至于后续有关主体行使该项权力则更应受到法律法规的各种约束。③自律管理权是否具有强制性？自律管理权的强制性表现在凡是行业内相关主体都必须加入相应的行业协会，否则不得从事相关金融业务，如果在经营过程中不履行各子行业的自律管理规范，就会受到纪律处分，这些都显示出自律管理权所具有的强制性。④自律管理权是否具有优益性？行政权的优益权包括职务上的行政优先权和物质上的行使受益权。对于物质上的行使受益权很好理解，就是指有关机关或组织的办公经费、必要的办公条件等由国家提供的资源，显然中银协、中证协、中保协等上述这些组织的办公经费、人员薪酬等除一部分来自会员会费外，其余多数还是由国家财政予以支持，这类组织的办公条件亦由国家予以保障。而对于行政优先权，则又包括推定有效权、获得社会协助权以及先行处置权。显然对于上述这些组织因实施自律管理权而做出的各类决定，都是被推定有效的；当其实施自律管理权，对违反行业协会自律管理规约的公司开展调查等时，相关组织有权要求有关主体予以协助；在发生诸如危及金融安全的事件时，上述这些组织应当被认为依据自律管理权以及相应行业协会自律管理规约等的规定具有先行处置的权力。⑤自律管理权是否具有不可分性？所谓行政权的不可分性就是指行政主体对享有的某项行政权不得因任何非法的理由而放弃，也不得在法律未予准许的情况下转授他人或其他组织。自律管理权是法律赋予各个行业协会的，享有相关权力的行业协会当然不能放弃行使职权，更不能将该项职权转授给其他主体，自律管理权具有典型的不可分性。从以上分析可以看出，自律管理权完全符合行政权的五个特征，我们有理由确认自律管理权属于行政权，由此，我们可以得出结论：上述这些组织应当被视为在金融监管领域享有特定职权的法律、法规授权的组织或行政机关委托的组织。同时，行政权的开放性特征也决定了行政权是一个不断发展而非固步自封的体系，当前已有不少学者开始认可"社会行政权"的概念，认为社会行政权是与国家行政权相对应的"存在于社会自我管理领域里的公行政权"，而该类享有社会行政权的社会主体一般为非政府组织，它们从事社会公共事务管理的依据就是该组织的自治规约。与国家行政权具有同样要求的是社会行政权也必须受到行政法律法规的约束。[1]此外，我们还可以从与相似组织的类比中得出中银协、中证协、中保协等组织是否属于在金融监管领域享有特定职权的法律、法规授权的组织和行政机关委托的组织的结论，我相信对律师协会、法律人都是相对更为熟悉的，律师协会经《律师法》等授权，负责对辖区内执业的律师进行管理，可以"进行律师职业道德和执业纪律的教育、检查和监督"，享有根据有关法律法规以及协会章程对律师进行奖励和处分的权力。[2]目

---

[1] 江必新、邵长茂："社会治理新模式与行政法的第三形态"，载《法学研究》2010年第6期。
[2] 《律师法》第46条："律师协会应当履行下列职责：（一）保障律师依法执业，维护律师的合法权益；（二）总结、交流律师工作经验；（三）制定行业规范和惩戒规则；（四）组织律师业务培训和职业道德、执业纪律教育，对律师的执业活动进行考核；（五）组织管理申请律师执业人员的实习活动，对实习人员进行考核；（六）对律师、律师事务所实施奖励和惩戒；（七）受理对律师的投诉或者举报，调解律师执业活动中发生的纠纷，受理律师的申诉；（八）法律、行政法规、规章以及律师协会章程规定的其他职责。律师协会制定的行业规范和惩戒规则，不得与有关法律、行政法规、规章相抵触。"

前多数学者已经认可了律师协会在律师管理方面的行政主体地位，认为律师协会应当属于行政主体之中法律、法规授权的组织。那么，通过该种类比，对中银协、中证协、中保协、互金协以及上交所等上述组织属于在金融监管领域享有特定职权的法律、法规授权的组织或行政机关委托的组织予以认可，应当是符合逻辑的。

鉴于这些组织在互联网金融监管方面所发挥的重要作用，为进一步说明他们各自作为互联网金融监管领域不可缺少的力量所发挥的作用以及各自的监管领域，在此选取以下几个组织作为互联网金融监管领域法律、法规授权及行政机关委托的组织的代表继续进行进一步的简要分析：

（1）关于中银协。中银协是银行业自律组织，该组织依据《中国人民银行法》《商业银行法》《银行业监督管理法》等法律法规的规定，"以促进会员单位实现共同利益为宗旨，履行自律、维权、协调、服务职能，维护银行业合法权益，维护银行业市场秩序，提高银行业从业人员素质，提高为会员单位服务的水平，促进银行业的健康发展。"[1]，同时根据《中国银行业协会章程》第 7 条的规定，中银协承担"组织会员签订自律公约及其实施细则，建立自律公约执行情况检查和披露制度，受理会员单位和社会公众的投诉，采取自律惩戒措施，督促会员依法合规经营，共同维护公平竞争的市场环境""依据章程或行规行约，组织制定行业标准和业务规范，推动实施并监督会员执行，提高行业服务水平""建立健全银行业诚信制度以及银行机构和从业人员信用信

---

[1] 吴弘、李有星：《金融法》，高等教育出版社 2013 年版，第 31 页。

息体系，加强诚信监督，协助推进银行业信用体系建设"
"制定从业人员道德和行为准则，对银行从业人员进行自律
管理，组织银行从业人员资格考试和相关培训，提高从业
人员素质"以及"对于违反银行业协会章程、自律公约、
管理制度等致使行业利益受损的会员，可按有关规定实施
自律性处罚，并及时告知中国银监会"等自律监管职责，
这就相当于赋予了中银协在银行业监管领域里的立法权与
执法权，中银协不仅可以制定行业标准、业务规范，而且
在针对会员的自律管理方面，中银协"对于违反银行业协
会章程、自律公约、管理制度等致使行业利益受损的会员，
可按有关规定实施自律性处罚"。由此，虽然中银协的上述
自律监管职权并非来自法律法规的直接授予，但考虑到
《中国银行业协会章程》的颁布与实施均应得到中银协上级
主管单位即中国银保监会的审查与同意，因此，即使中银
协在履行银行业自律监管的特定领域里不能被视为得到了
法律、法规授权，但至少可以将该协会视为受中国银保监
会等行政主体委托而行使银行业特定环节、特定领域里的
特定监管行政职能的非国家机关。在成员的接收方面，分
为会员单位和观察员单位，会员单位主要是包括经过中国
银监会批准成立、具备独立法人资格的银行及非银行金融
机构和各省银行业协会，而观察员单位则包括依法设立的
非法人外资银行分行和在华代表处。中银协在作为互联网
金融重要领域之一的互联网银行业自律监管方面也将发挥
重要作用。

（2）关于中证协。2020 年 3 月起实施的《证券法》设
专章对证券业协会的定位和职能等做出明确的规定，该法第

164 条明确规定："证券业协会是证券业的自律性组织……"同时根据《中国证券业协会章程》的规定，中证协是保护证券交易公平合法地进行，依法维护会员单位的正当权益；对会员进行监管，确保会员行为的合法性，促进整个证券业的健康、稳定、持续发展的证券业自律性组织。[1]此外，根据《证券法》第 166 条的规定，证券业协会履行"教育和组织会员及其从业人员遵守证券法律、行政法规""制定和实施证券行业自律规则""监督、检查会员及其从业人员行为""对违反法律、行政法规、自律规则或者协会章程的，按照规定给予纪律处分或者实施其他自律管理措施"以及"对会员之间、会员与客户之间发生的证券业务纠纷进行调解"等自律监管职责，[2]这就相当于赋予了中证协在证券业监管领域里的立法权与执法权，中证协不仅可以制定行业自律规则，而且在针对会员的自律管理方面，中证协"对违反法律、行政法规、自律规则或者协会章程的"可"按照规定给予纪律处分或者实施其他自律管理措施"。由此，中

---

〔1〕　吴弘、李有星：《金融法》，高等教育出版社 2013 年版，第 32 页。

〔2〕　《证券法》第 166 条："证券业协会履行下列职责：（一）教育和组织会员及其从业人员遵守证券法律、行政法规，组织开展证券行业诚信建设，督促证券行业履行社会责任；（二）依法维护会员的合法权益，向证券监督管理机构反映会员的建议和要求；（三）督促会员开展投资者教育和保护活动，维护投资者合法权益；（四）制定和实施证券行业自律规则，监督、检查会员及其从业人员行为，对违反法律、行政法规、自律规则或者协会章程的，按照规定给予纪律处分或者实施其他自律管理措施；（五）制定证券行业业务规范，组织从业人员的业务培训；（六）组织会员就证券行业的发展、运作及有关内容进行研究，收集整理、发布证券相关信息，提供会员服务，组织行业交流，引导行业创新发展；（七）对会员之间、会员与客户之间发生的证券业务纠纷进行调解；（八）证券业协会章程规定的其他职责。"

证协应被视为依据法律、法规授权而行使证券业特定环节、特定领域里的特定监管行政职能的非国家机关。该协会在成员方面，分为团体会员和个人会员，中证协主要为团体成员，依法成立的证券公司、证券交易所、从事证券咨询、投资信托等业务的公司等均可以加入证券业协会，同时还有一些个人会员，主要为管理部门的领导和从事证券研究、证券业务的专家、学者等。中证协在作为互联网金融重要领域之一的互联网证券行业的自律监管方面的作用不可低估。

（3）关于中保协。中保协成立于 2001 年 2 月，是一家目前拥有约 350 家会员单位的中国保险业的全国性自律组织。中保协致力于"配合保险监管部门督促会员自律，维护行业利益，促进行业发展，为会员提供服务，促进市场公开、公平、公正，全面提高保险业服务社会主义和谐社会的能力"。[1]根据《保险法》第 180 条的规定，"保险公司应当加入保险行业协会""保险行业协会是保险业的自律性组织"。同时根据《中国保险行业协会章程》第 6 条的规定，中保协承担"督促依法合规经营""经政府有关部门授权，组织制定行业标准""推进信用体系建设"以及"开展会员自律管理"等自律监管职责，这就相当于赋予了中保协在保险业监管领域里的立法权与执法权，中保协不仅可以制定行业标准，而且在针对会员的自律管理方面，中保协"可按章程、自律公约和自律规则的有关规定进行处理"，对"涉嫌违法的可提请监管部门或其他执法部门予以

---

[1] 载 http://www.iachina.cn/about/，最后访问日期：2016 年 3 月 15 日。

处理"。[1]由此，虽然中保协的上述自律监管职权并非来自法律法规的直接授予，但考虑到《中国保险行业协会章程》的颁布与实施均应得到中保协上级主管单位即中国银保监会的审查与同意，因此，即使中保协在履行保险行业自律监管的特定领域里不能被视为得到了法律、法规授权，但至少可以将该协会视为受中国银保监会等行政主体委托而行使保险行业特定环节、特定领域里的特定监管行政职能的非国家机关。在成员单位上，中保协广泛吸收保险公司、保险代理人、保险经纪人、保险公估机构等加入保险行业协会，目前已设置办公室（党委办公室、人事部）、财产险工作部、人身险工作部、法律合规工作部等 11 个常设办事机构，并设立了会员大会作为中保协的最高权力机构。中保协在作为互联网金融重要领域之一的互联网保险业监管方面亦将发挥重要作用。

（4）关于互金协。互金协是按照前述《关于促进互联网金融健康发展的指导意见》的要求，由央行会同原银监会、原保监会、证监会等国家部委组织建立起来的国家级互联网金融行业自律组织，该组织于 2016 年 3 月在上海正式挂牌，

---

[1]《中国保险行业协会章程》第 6 条："行业自律：（一）督促依法合规经营。组织会员签订自律公约，制定自律规则，约束不正当竞争行为，维护公平有序的市场环境；（二）经政府有关部门授权，组织制定行业标准。依据有关法律法规和保险业发展情况，组织制定行业标准、技术和服务规范、行规行约；（三）推进信用体系建设。建立健全保险业诚信制度、保险机构及从业人员信用信息体系，探索建立行业信用评价体系；（四）开展会员自律管理。对于违反本协会章程、自律公约、自律规则和管理制度，损害投保人和被保险人合法权益，参与不正当竞争等致使行业利益和行业形象受损的会员，可按章程、自律公约和自律规则的有关规定进行处理，涉嫌违法的可提请监管部门或其他执法部门予以处理；（五）其他与行业自律有关的事项。"

是我国行业协会实施脱钩改革之后第一个承担行业自律管理重要职能的全国性行业协会。互金协的成立，旨在"通过自律管理和会员服务，规范从业机构市场行为，保护行业合法权益，推动从业机构更好地服务社会经济发展，引导行业规范健康运行"。[1]根据《中国互联网金融协会章程》的规定，互金协承担着"组织、督促会员贯彻国家关于互联网金融的相关法律、法规、规章和政策方针，规范其经营行为""制定并组织会员签订、履行行业自律公约，提倡公平竞争，维护行业利益""协助主管部门落实有关政策、措施，发挥桥梁纽带作用""组织开展行业情况调查，协助政府有关部门制定行业标准、业务规范""调解会员纠纷、检查会员业务行为"等一系列重要职责。[2]特别值得一提的是在 2016 年 8 月，由原银监会、工业和信息化部、公安部、国家互联网信息办公室等四部委联合发布的《网络借贷信息中介机构业务活动管理暂行办法》，在网络借贷这个互联网金融细分领域，进一步明确了互金协的行业定位和应承担的互联网金融行业自律管理职能。由于不像银行业、证券业以及保险业在各自领域里已经颁布了相应的《商业银行法》《证券法》以及《保险法》等，互联网金融行业尚未颁布统一的《互联网金融法》，因此截至目前，尚未有法律法规层面的立法赋予互金协监管职权，但从前述分析已经可以看出，互金协应被视为受央行、银保监会、证监会等行政主体委托而行使互联网

〔1〕 载 http://baike. so. com/doc/7572942 - 7847036. html，最后访问日期：2016 年 5 月 1 日。
〔2〕 载 http://baike. so. com/doc/7572942 - 7847036. html，最后访问日期：2016 年 5 月 1 日。

金融行业特定环节、特定领域里的特定监管行政职能的非国家机关。在会员单位方面，互金协"包括银行、证券、保险、基金、期货、信托、资产管理、消费金融、征信服务以及互联网支付、投资、理财、借贷等机构，还包括一些承担金融基础设施和金融研究教育职能的机构，基本覆盖了互联网金融的主流业态和新兴业态"，[1]该协会成立伊始会员单位就多达425家。仅从互金协的名称及成立的背景即可知晓该协会在未来互联网金融持续健康发展方面将要承担的重要职责，仅就互联网金融的发展与监管而言，互金协承担的有关职责和将要发挥的作用将是其他金融类行业协会组织所无法比肩的。

（5）关于上交所、深交所、新三板。2020年3月起实施的《证券法》设专章对证券交易场所的定位和职能等做出明确的规定，该法第96条第1款明确规定："证券交易所、国务院批准的其他全国性证券交易场所为证券集中交易提供场所和设施，组织和监督证券交易，实行自律管理，依法登记，取得法人资格。"其中上交所、深交所作为证券交易所，担负着组织和监督在本所上市及交易证券的上市公司等进行证券交易并进行自律管理的重要职责，由此，上交所、深交所均应被视为依据法律、法规授权而行使证券业特定环节、特定领域里的特定监管行政职能的非国家机关。上交所、深交所作为我国早期的证券交易所，均成立于我国全面开始"试水"资本市场建设的1990年，这两家证券交易所的"规格"

---

[1]　载 http://baike. so. com/doc/7572942 - 7847036. html，最后访问日期：2016年5月1日。

都很高，从实际情况来看，其党委书记、总经理均由党中央、国务院任命，在行政上，直接隶属于证监会管理。在具体职能方面，上交所、深交所颇为相似，均主要承担着"提供证券交易的场所和设施""接受上市申请，安排证券上市""制定证券交易所的业务规则""管理和公布市场信息""对会员、上市公司进行监管"等多项具体职能。而新三板作为一种新型的证券交易所，亦应被视为依据法律、法规授权而行使证券业特定环节、特定领域里的特定监管行政职能的非国家机关。新三板在中国证监会领导下，则更加凸显其作为"公司"的经营职能，更多的是通过加强市场服务来完善市场功能、维护市场秩序、推动场外交易市场健康发展，其在改善中小企业金融环境、积极推动我国多层次资本市场健康、稳定、持续发展方面发挥着重要作用。上交所、深交所、新三板在互联网金融监管方面均将通过对在各自平台进行证券交易的组织进行监督和管理的方式发挥重要作用。

二、互联网金融监管行政相对人现状分析

（一）行政相对人的内涵

所谓行政相对人即是指在行政管理的法律关系之中与行政主体相对应的一方当事人，是行政主体实施行政行为时其权益可能受到影响的个人及组织。[1]按照浙江大学光华法学院章剑生教授的观点，我们可以从三个方面对行政相对人的

---

[1] 姜明安主编：《行政法与行政诉讼法》，北京大学出版社 2011 年版，第137 页。

概念进行更深入的认识：一是从文义上来理解的话，行政相对人就是"与行政主体相对应的另一方当事人"，在规范意义上可以表述为"公民、法人或者其他组织"；二是就内容而言，行政相对人与行政主体之间具有行政法上的权利和义务关系，行政法律预先设定的这种权利义务关系具有抽象性，要通过行政主体基于个案行使行政权的方式，将抽象变为具体，同时，章剑生教授认为应该改变过去认为行政相对人与行政主体之间的行政法上的权利义务具有"不对等性"的特征的观点，增添"服务性"的特征的理念；三是基于逻辑推导，可以将行政相对人分为抽象意义上的行政相对人和具体意义上的行政相对人，前者是指行政法规范上的行政相对人，后者则是指个案中的行政相对人。[1]不得不承认的是，现代行政法是以规范行政行为、行政权为其核心开展的相应法律体系，这也注定了行政主体在行政法律实践及行政法学研究中占据更为重要、更为核心的位置，行政相对人的位置则显得有些许的逊色，但这并不意味着对行政相对人的研究就可以被抛之脑后，更何况，不仅在二十几年前就有学者明确指出"传统行政法理论，在主体研究上限于对行政主体的研究，相对人被冷落一旁；在行为上，同样只囿于对行政行为的研究，相对人的行为被行政法学拒之门外"[2]暴露了传统行政法研究的不足，而且保护行政相对人的权利作为现代行政法的价值目的也日益凸显，因此，加强对行政相对人的研究是非常必要的。

---

[1]　章剑生：《现代行政法基本理论》，法律出版社 2014 年版，第 201 ~ 203 页。
[2]　张焕光、胡建淼：《行政法学原理》，劳动人事出版社 1989 年版，第 317 页。

（二）互联网金融监管行政相对人

在对行政法视域下的互联网金融监管的研究中，对行政相对人的研究同样应被置于非常重要的位置，在此毋庸赘言。在认识到了行政相对人在互联网金融监管行政法治体系研究中的重要性后，我们最重要的就是框定行政法视域下的互联网金融监管中的行政相对人的范围，厘清究竟谁才是行政法视域下的互联网金融监管中的行政相对人。根据章剑生教授的梳理，就行政相对人的认定标准方面而言，存在以下三种主要的观点：一是相互对应说。按照这一观点，行政相对人简称相对人，指在具体的行政法律关系中与行政主体相对应的另一方当事人，一般为处于被管理地位的个人和组织。[1]二是权利义务说。按照这一观点，所谓行政相对人，即是指参与行政法律关系，对行政主体享有权利或承担义务的公民、法人或其他组织。[2]该观点还认为，行政法上的法律关系存在法定的权利义务关系（又称实质的权利义务关系）和本质上非法但可以实际存续的权利义务关系（又称形式的或事实的权利义务关系）两种基本表现形态。[3]三是相互对应加利害关系说。按照这一观点，行政相对人指在行政法律关系之中，不具有行政权或者不行使行政权，与行政主体相对应的

---

[1] 胡建淼：《行政法学》，法律出版社 2010 年版，第 102 页，转引自章剑生：《现代行政法基本理论》，法律出版社 2014 年版，第 204 页。

[2] 方世荣：《论行政相对人》，中国政法大学出版社 2000 年版，第 16 页，转引自章剑生：《现代行政法基本理论》，法律出版社 2014 年版，第 205 页。

[3] 方世荣：《论行政相对人》，中国政法大学出版社 2000 年版，第 19 页，转引自章剑生：《现代行政法基本理论》，法律出版社 2014 年版，第 205 ~ 206 页。

另一方包括公民、法人或其他组织在内的一系列主体，可以将其简称为相对人，包括狭义的相对人和广义的相对人，其中狭义的相对人是指行政决定所针对的特定的公民、法人或者其他组织，或者说行政法律关系之中的行政决定的受领人。而广义的相对人，除了狭义的相对人外，还包括在行政法律关系之中与行政决定有法律上利害关系的第三人。[1]章剑生教授分析认为，上述三种观点中的"相互对应说"没有考虑到行政决定效力及于第三人的情况，由此所确定的相对人的范围较窄；而"权利义务说"无法解释行政决定无效情况下如何认定相对人的问题；而"相互对应加利害关系说"则更具科学性。[2]笔者认同章剑生教授的观点，在如何认定相对人的问题方面采纳"相互对应加利害关系说"，但笔者同时认为从第三种观点的分析来看其主要是针对个案而言的，即前述的具体意义上的相对人，至于抽象意义上的相对人则似未纳入其视域，因此笔者结合上述第三种观点并按照自己的认识对行政法视域下的互联网金融监管中的行政相对人的范围进行剖析。

结合上述分析，笔者认为，行政法视域下的互联网金融监管中的行政相对人既包括抽象意义上的相对人，也包括具体意义上的相对人。就抽象意义上的相对人而言，其为理论范畴上的或是立法层面的，应涵盖一切从事互联网金融业务并可能成为互联网金融监管对象的公民、法人或其他组织；

---

〔1〕　叶必丰：《行政法学》，武汉大学出版社2003年版，第154~155页，转引自章剑生：《现代行政法基本理论》，法律出版社2014年版，第206页。

〔2〕　章剑生：《现代行政法基本理论》，法律出版社2014年版，第207页。

而就具体意义上的相对人而言，根据上述第三种理论，可以
将该类相对人区分为行政法视域下的互联网金融监管中的行
政对象人和行政相关人。其中行政法视域下的互联网金融监
管中的行政对象人是指担负互联网金融监管职责的行政主体
在实施互联网金融监管行政行为时所直接指向的行政相对人；
而行政法视域下的互联网金融监管中的行政相关人是指与担
负互联网金融监管职责的行政主体所实施互联网金融监管行
政行为有法律上利害关系的行政相对人。具体意义上的行政
相对人，需要在对个案的探讨中方能将所谓的行政相对人予
以确定，但一般而言，具体意义上的行政相对人应是在抽象
意义的相对人范畴内划定的，毕竟随着行政法理论的不断繁
荣，对抽象意义上行政相对人的总结成果已可以涵盖当前行
政实践中的全部具体意义上的行政相对人，因此脱离抽象意
义上行政相对人的层面而仅存在于具体意义上的行政相对人
的范畴之内的相对人的可能性不大，即使随着行政实践的发
展，在具体意义层面出现了新型的相对人，也会很快地被敏
锐的行政法学者所"捕捉"到，并很快纳入行政法理论视野
甚至会很快进入立法层面，进而不断完善抽象意义上的相对
人范畴，在互联网金融监管行政法律制度中的行政相对人亦
是如此。因此，为探讨的简便，我们不妨假定抽象意义上的
行政相对人可以涵盖当前全部的具体意义上的行政相对人，
并以此为基础，对行政法视域下的互联网金融监管中的行政
相对人的范围进行探讨，即笔者暂只对行政法视域下的互联
网金融监管中的抽象意义上的行政相对人进行探讨，而我们
只需将抽象意义上的行政相对人放在具体个案中即可探视具
体意义上的行政相对人的全貌。

继续按照以上的逻辑推衍，行政法视域下的互联网金融监管中的行政相对人涵盖了从事互联网金融业务的全部法人或其他组织，在某些情况下，甚至可能将个人涵盖其中。按照不同的分类标准，可以对行政法视域下的互联网金融监管中的行政相对人作出不同的分类，在此，我们不妨同时按照涉足互联网金融行业的组织原本是否存续及原本所属行业这样两个标准对行政法视域下的互联网金融监管中的行政相对人进行分类：

1. 传统金融行业中的法人或其他组织

随着互联网金融不断发展的态势，传统金融行业自然不愿放弃这块"肥肉"，纷纷"摩拳擦掌"，以积极和主动的姿态，向互联网金融业务进军，谋求传统金融与互联网的深度融合。在银行领域，如中国工商银行、中国银行、招商银行、广发银行等在互联网支付、投资、融资、个人消费信贷、小微企业服务等领域进行深度布局；在证券领域，如中信证券等61家券商在2014年就积极争取并获批从事互联网证券业务；在保险领域，中国人寿、中国太保、中国太平等国内大型综合保险集团公司纷纷向互联网保险领域进军，打造网络销售平台，布局互联网保险业务。这些传统金融机构向互联网金融领域进军的过程中，亦逐步成为互联网金融业务的深度参与者，在互联网金融监管层面，自然成为被监管对象，这些机构本身亦应成为行政法视域下的互联网金融监管中行政相对人的重要组成部分之一。比如：原中国保监会2015年7月颁布的《互联网保险业务监管暂行办法》第1条规定："本办法所称保险机构，是指经保险监督管理机构批准设立，并依法登记注册的保险公司和保险专业中介机构。"该条还规定："本办法所称自营网络平台，是指保险机构依法设立的网络平台。"由这个规定可以看出，传统的保险机构运用互联网的渠道开展保险产品的销售，已经为保险监督管理机构所关注，并将这类机构所从事的互联网金融业务纳入监管视野，进而使得该类传统金融机构在互联网金融这个特定领域中成为互联网金融监管行政相对人的"一分子"。

2. 传统实体特别是高技术行业中的法人或其他组织

正如前文所述，互联网金融不仅牵动了传统金融机构的"神经"，而且也吸引了大批传统实体特别是高技术行业中的法人或其他组织加盟，其实准确地说，互联网金融的这股浪潮更多的是由传统实体行业拉动的。如阿里巴巴、苏宁、京东均借助其发展电商所建立起来的强大网络打造网络支付平台、针对供应商和相关商家、第三方合作伙伴等提供低成本、无担保的融资服务，此外，很多信息技术服务公司、网络服务公司纷纷利用自己的技术优势开展互联网金融服务，这些企业在开展与互联网金融相关的业务时，就成为行政法视域下的互联网金融监管中的行政相对人，受到相关行政主体的监管。比如，中国人民银行于 2010 年 6 月颁布实施、2020 年修正的《非金融机构支付服务管理办法》第 3 条第 1 款、第 2 款明确规定："非金融机构提供支付服务，应当依据本办法规定取得《支付业务许可证》，成为支付机构。支付机构依法接受中国人民银行的监督管理。"事实上，阿里巴巴、京东等这类非金融机构在不同主体之间从事资金的转移支付业务，即兴起于互联网金融勃兴的时期，中国人民银行审时度势，以立法的形式将从事该类业务的非金融机构纳入监管范畴，也就出此将这些机构纳入到了作为行政法视域下的互联网金融监管子领域的支付监管行政相对人的范畴之中。

3. 新设的法人或其他组织

自互联网金融在我国落地生根起，陆续成立了许多专注于互联网金融的专业公司。如于 2011 年 10 月上线的国内最早一批专注于提供网贷行业资讯服务的网贷之家、致力于为中小微企业和个人消费者提供金融产品的搜索、推荐等方面服务的国内领先的创新型互联网金融企业融 360、致力于提供线上金融产品导购和销售的新型互联网金融企业 91 金融超市以及格上理财、定位于运用互联网平台为个人及小微企业提供贷款等金融服务的宜信、致力于打造"有担保的线上模式"的 P2P 平台的红岭创投等。上述这些企业仅仅只是蓬勃发展的众多的互联网金融企业中的"缩影"，他们共同构成了行政法视域下的互联网金融监管中行政相对人不可分割的组成部分。比如：原中国银监会等多个部委办于 2016 年 8 月发布的《网络借贷信息中介机构业务活动管理暂行办法》第 2 条规定："网络借贷信息中介机构是指依法设立，专门从事网络借贷信息中介业务活动的金融信息中介公司。"另第 4 条规定："国务院银行业监督管理机构及其派出机构负责制定网络借贷信息中介机构业务活动监督管理制度，并实施行为监管。"从互联网金融发展的历史来看，目前从事网络借贷信息中介业务的机构多是互联网金融兴起之后新设的机构，有关负有监管职责的行政机构已通过立法形式将这类新兴机构纳入到了行政法视域下的互联网金融监管中的行政相对人的范畴。

三、互联网金融监管主要行政法律规范依据

对金融创新的鼓励，产生了许多对社会进步、经济发展、人民生活具有重要价值的新型金融工具，互联网金融恰恰就是这其中最伟大的创新之一。互联网金融极大地提升了金融服务的效率，同时也对互联网金融监管提出了挑战，更是对整个金融监管体系的发展与转型提出了不容忽视的"互联网＋"的重大时代命题。正如前文所言，自 2014 年 3 月互联网金融被写入政府工作报告，至 2015 年李克强总理用"互联网金融异军突起"来形容互联网金融的发展，互联网金融得到了国家层面的强力支持，与之相伴的是，互联网金融监管的探索式跟进，这一跟进既表现出国家在顶层制度设计层面对互联网金融发展的认可与支持，也在关乎互联网金融的发展方向上给出了指引。2015 年 7 月，中国人民银行等十部委联合发布了《关于促进互联网金融健康发展的指导意见》，该意见虽然不是传统视角下的"法律"，但一直被视为互联网金融领域的"基本法"，对互联网金融的不同业态进行了相对合理的分类，并针对不同业态的监管机构进行了明确规定。在此前后，国家颁布实施了一系列法律法规、部门规章等，梳理这些制度，对全面把握分析互联网金融监管的发展具有重要价值，也更能从中观察到我国现有互联网金融监管的概貌。

事实上，在互联网金融于 2014 年 3 月被写入政府工作报告之前，党的十八届三中全会作出的《中共中央关于全面深化改革若干重大问题的决定》就提出了"发展普惠金融。鼓励金融创新，丰富金融市场层次和产品"的重大决定，这被认为是中央决策层首次正式关注互联网金融。之后于 2014 年

3 月，中国人民银行颁布实施了《关于手机支付业务发展的指导意见（征求意见稿)》《支付机构网络支付业务管理办法（征求意见稿)》，这是针对作为互联网金融重要业态的之一的第三方支付业务作出的重要规定，这两部规定明确禁止了部分手机支付业务，并对第三方支付转账、消费等作出了限制。未过一个月，即 2014 年 4 月，中国人民银行又发布了《关于暂停支付宝公司线下条码（二维码）支付等业务意见的函》；而中国人民银行与原银监会又联合颁布实施了《关于加强商业银行与第三方支付机构合作业务管理的通知》，对单笔支付限额以及每日累计的支付限额等限额交易作出了明确规定。之后，针对 P2P 网贷、互联网金融中介机构治理等，原银监会也颁布了为数较多的规章制度。

同时，在互联网金融的不同领域之中，比如互联网保险，原保监会于 2014 年 4 月颁布了《关于规范人身保险公司经营互联网保险有关问题的通知（征求意见稿)》，提出打破保险公司分支机构互联网保险销售的区域限制；之后原保监会又于 2014 年 12 月颁布了《互联网保险业务监管暂行办法（征求意见稿)》，要求发展互联网保险业务必须统一由保险公司总公司来进行集中统筹、管理以及运营，不得授权下面的分支机构经营互联网保险业务，同时要求对互联网保险消费者"一视同仁"，给予他们不低于通过其他渠道获得保险服务的消费者所获得的保险服务。同样，在众筹这一互联网金融的又一重要领域，中国证券业协会也颁布了《私募股权众筹融资管理办法（试行）（征求意见稿)》，明确规定了股权众筹的备案登记和确认、平台准入、发行方式以及发行范围、投资者要求等。

截至目前，我国的互联网金融监管已形成了中国人民银行、银保监会、证监会针对不同的互联网金融业态进行分类监管、协同监管、依法监管的初步格局，相关监管法规也在逐步完善。

为了更加深入全面地分析当前互联网金融监管行政法律规范依据建设的现况，下面选择在互联网金融监管领域较为重要的部分行政法律规范依据进行简要解析，以便为更好地建构和完善相关法律体系找准方向、把好脉门：

（一）中国人民银行等十部委联合发布的《关于促进互联网金融健康发展的指导意见》

关于由国家部委等行政主体发布的"指导意见"一类是否能纳入部门规章这一层级的行政法律法规在学界是存在较大争议的，有学者仅认可"指导意见"一类为行政规定或政府发布的政策性文件（行政政策）。但是随着行政法学研究的不断发展，行政法的渊源早已突破了"宪法、法律、行政法规、部门规章、地方性法规及地方政府规章"这样几类，有不少学者已经将"行政规定""社团章程"甚至"村规民约"等纳入行政法渊源的范畴，[1]还有学者将行政法的渊源区分为正式渊源和非正式渊源，并将"行政政策"视为行政法的非正式渊源。[2]由此，无论是将"指导意见"一类视为部门规章、行政规定或政府发布的政策性文件（行政政策）中的哪一类，根据当前学界关于行政法渊源的认识，"指导意见"一类均获得了行政法渊源的地位。我们将中国人民银

---

〔1〕 章剑生：《现代行政法总论》，法律出版社 2019 年版，第 64～68 页。
〔2〕 关保英：《行政法学》，法律出版社 2017 年版，第 148～149 页。

行等十部委联合发布的《关于促进互联网金融健康发展的指导意见》（银发〔2015〕221 号，简称"《指导意见》"）纳入互联网金融监管行政法律规范依据的范畴进行研究也就获得了行政法学理上的"合法性"。此外，正如前文所言，该《指导意见》在互联网金融监管领域具有极为重要的地位，自其颁布之后，就成为我国互联网金融监管领域的"基本法"，包括原银监会等四部委发布《网络借贷信息中介机构业务活动管理暂行办法》等均以该《指导意见》为依据，因此，我们就更有必要对该《指导意见》进行研究。

该《指导意见》由中国人民银行、工业和信息化部、公安部、财政部、工商总局、法制办、银监会、证监会、保监会、国家互联网信息办公室十部委于 2015 年 7 月正式发布。该《指导意见》比较全面地分析了互联网金融发展的形势，并从"鼓励创新，支持互联网金融稳步发展""分类指导，明确互联网金融监管责任"以及"健全制度，规范互联网金融市场秩序"等三个方面对如何促进互联网金融健康发展提出了指导性意见，《指导意见》共计二十个条文，即使将其纳入部门规章考察，效力层级仍较低。

1. 强调鼓励创新

《指导意见》指出，互联网金融体现了互联网与金融相互融合的这个大趋势，未来对促进小微企业发展、提升就业水平等方面将发挥目前的金融机构所不能发挥的重大作用，对金融产品、金融业务、金融组织以及金融服务都将产生非常广泛而且深刻的影响。因此，《指导意见》鼓励银行、保险、证券等各类型的金融机构充分利用好互联网技术，推出更多的互联网金融新产品以及互联网金融新服务，推进金融业务与服务的不断转型升级。同时,《指导意见》还鼓励互联网企业与金融机构之间开展广泛而深入的合作,目的在于建立健康良好的互联网金融发展环境。《指导意见》更是落在实处,把鼓励社会资本参与互联网金融发展作为一项重要的行政手段,同时,提出各个金融监管部门简政放权,为互联网金融发展提供优质的政府服务,配套落实好财税政策。

2. 要求分类指导

《指导意见》指出,互联网金融在本质上是没有改变金融的属性的,金融本身潜在的风险隐蔽性、传染性、广泛性以及突发性特点在互联网金融身上依然体现得非常明显。《指导意见》要求对互联网金融要适度监管,为互联网金融的创新留下空间,并以鼓励创新和加强监管的相互支撑来促进互联网金融的健康发展。为此,正如上文所言,《指导意见》将互联网金融分为互联网支付、网络借贷、股权众筹、互联网基金、互联网保险、互联网信托和互联网消费金融等类型,并针对不同的类型提出了各有特点、各有针对性的互联网金融监管举措,勾勒了一个"依法监管、适度监管、分类监管、协同监管、创新监管"的互联网金融监管框架,有利于明确风险边界,大力打击互联网金融经营之中的违规违法行为。

3. 要求健全制度

《指导意见》非常明确发展互联网金融的市场导向以及总体目标,紧紧围绕构建良好的互联网金融竞争秩序、维护互联网金融消费者合法权益而设计法律制度。《指导意见》在以下几个方面对互联网金融监管法律制度进行了细化:①互联网行业管理方面;②强调客户资金第三方存管制度;

③建立互联网金融监管领域的信息披露、风险提示和合格投资者制度；④制定互联网金融消费者权益保护措施；⑤构筑互联网金融网络与信息安全网；⑥加强反洗钱和防范金融犯罪；⑦加强互联网金融行业自律；⑧强调监管协调与数据统计监测。

（二）国务院办公厅发布的《互联网金融风险专项整治工作实施方案》

国务院办公厅于2016年4月发布了《互联网金融风险专项整治工作实施方案》（国办发〔2016〕21号，简称"《实施方案》"），该方案是在中国人民银行等十个部委在发布《关于促进互联网金融健康发展的指导意见》的基础之上，制定的旨在进一步规范互联网金融发展、提升互联网金融普惠性的规范性文件，对于打击互联网金融风险案件，切实保护具有价值和真正意义的互联网金融创新，促进国家创新驱动发展战略落实，以及促进"大众创业，万众创新"都具有特别重要的意义。

1. 强调"穿透式监管"

"穿透式监管"并非正式的法律用语，《实施方案》提出"穿透式监管"在2016年的中国金融行政领域尚属"新鲜事物"。所谓"穿透式监管"是指打破金融产品身份标签，按照"实质重于形式"的原则，从金融业务的本质入手，通过把金融业务的资金来源、交易结构各个环节以及最终的资金投向联系起来、综合考察与分析，看清金融产品的业务实质，之后结合其业务实质以及法律属性确定应当采取的监管规则。《实施方案》明确要求："按照部门职责、《指导意见》明确的分工和本方案要求，采取'穿透式'监管方法，根据业务实质明确责任。"《实施方案》对通过互联网跨界从事金融业务以及开展资产管理业务实施"穿透式监管",禁止未取得金融业务许可的互联网企业开展任何形式的与实质不相符合的业务,禁止在没有经过有关部门批准的情况下通过打包、分拆等形式将私募方式发行的金融产品向公众销售,禁止金融机构依托互联网规避金融监管,通过嵌套方式开展资产管理业务,禁止取得多种金融许可的同一集团内部开展关联交易。

2. 强调综合治理

《实施方案》着眼于综合治理,强调行政许可、行政奖励、行政处罚等多种行政措施综合运用。首先,《实施方案》要求加强准入管理,对于拟从事金融业务的,必须经过有关部门的批准,未经金融监管部门同意,擅自从事金融活动的,要坚决予以取缔;其次,实施举报与"重奖重罚"制度。在中国互联网金融协会设立举报平台,鼓励多种渠道对互联网金融领域的违法违规行为进行举报,同时,按照"重奖重罚"原则,对违法违规者实施严厉的处罚,对举报者实施奖励,奖励资金从各级财政预算中列支;再次,大力打击不正当竞争行为,严厉打击互联网金融从业机构通过或显性或隐性的任何方式为客户提供显失合理性的具有过高回报率的不正当竞争行为;最后,加强行政检查,对所辖金融机构与互联网企业开展合作的情况进行分领域、分区治理,并清理整顿。

3. 强调合作治理

合作治理是近年来在新行政法领域兴起的一个热点话题,合作治理是面对社会发展、经济转型、技术进步等系列复杂挑战时，为了更好地实现公共利益，由各级各类政府及其部门以及非政府组织等各类行政法律关系主体彼此之间进行合作，彼此分享权力，共同管理公共事务的过程，也是由上述各类主体构成的法治网络。一般认为，合作治理包括"跨政府部门合作""政府及其部门与社会组织合作"以及"政府资本与社会资本合作"等三个方面。《实施方案》强调合作治理特别是其中的"跨政府部门合作"，充分体现了新行政法发展的最新趋势和新行政法的指导思想。《实施方案》要求成立由中国人民银行负责同志担任组长的互联网金融整治工作领导小组，推进互联网金融风险整治工作，对互联网金融风险整治工作长效机制建设提出建议。《实施方案》还要求工商总局（目前已依据 2018 年国务院机构改革方案改组为国家市场监督管理总局）、工业和信息化部、住房城乡建设部、中央宣传部、国家互联网信息办公室、公安部、国家信访局、中央维稳办等机构在互联网金融风险整治过程之中积极配合好金融监管部门的有关工作，从各自管理领域入手协同做好互联网金融风险治理与化解。《实施方案》还规定，在各个省级政府，也要成立由分管金融的负责同志做组长的互联网金融风险整治方案领导小组，负责本地区内的互联网金融风险整治工作，并对此做出具体规定。上述规定很好地体现了中央以及地方各有关部门之间在互联网金融风险治理领域开展作为合作治理三个方面之一的"跨政府部门合作"的新行政法治理念。

（三）原银监会等四部委发布《网络借贷信息中介机构业务活动管理暂行办法》

原银监会、工业和信息化部、公安部、国家互联网信息办公室等四部委于 2016 年 8 月联合发布了《网络借贷信息中介机构业务活动管理暂行办法》（2016 年第 1 号，以下简称"《网贷暂行办法》"）。该《网贷暂行办法》全文共计八章，四十七个条文，对如何规范网络借贷行业发展、促进和保护网络借贷相关当事人的合法权益进行了较为详尽的规定。

1. 强调加强备案管理

《网贷暂行办法》要求，对于从事网络借贷信息中介服务的机构及其分支机构，除了应该领取相应的营业执照，还必须要在领取执照后向办理工商登记注册地的金融监管部门办理备案登记，并且在时间上做出了领取营业执照后 10 个工作日内必须办理的规定。为了更好地对从事网络借贷信息中介服务的机构及其分支机构进行管理，《网贷暂行办法》还赋予了地方金融监管部门对从事网络借贷信息中介服务的机构及其分支机构进行分类评估并将有关结果在官方网站予以公布的监管权力。对于从事网络借贷信息中介服务的机构及其分支机构，除应当领取营业执照、办理备案之外，还应当领取电信业务经营许可，这一道"行政许可"门槛的设置对强化互联网金融安全稳健运营具有非常重要的意义。《网贷暂行办法》还设置了备案注销制度，对终止相关业务、依法解散或依法宣告破产的有关从事网络借贷信息中介服务的机构及其分支机构，应由备案地的地方金融监管部门对备案进行注销。

2. 强调风险管理

第一，将网络借贷法律关系主体区分为网络借贷信息中介机构、借款人以及出借人，并分别从以上三个角度对他们应当履行的义务、禁止的行为进行了全面的规定；第二，建立实名注册制，要求网络借贷信息中介机构对参与网络借贷的借款人以及出借人进行实名核实，并实施实名注册；第三，设置募集期制度，网络借贷信息中介机构对单一融资项目设置最长不超过 20 个工作日的募集期；第四，设立借款本金、利息与佣金屏障制度，对网络信息中介机构需要收取的佣金及其标准和支付方式，与借款人向出借人支付的本金、利息，采取分别约定的方式，以此建立防火墙；第五，加强对金融信用信息基础数据库的合作管理；第六，要求对所使用的第三方数字认证系统进行定期安全评估，确保有关认证的安全性、独立性；第七，设置借贷合同最短保存期制度，对网络借贷业务过程中所产生的借贷合同，要求保管到借贷合同到期后不少于 5 年；第八，对网络借贷信息中介机构暂停、终止有关业务规定了严格的提前公布、财产区分制度。

3. 强调对出借人以及借款人的保护

第一，禁止在未经过出借人授权的情况下，网络借贷信息中介机构以任何形式代出借人进行任何形式的决策；第二，建立风险提示制度以及出借人分级管理制度；第三，建立对借款人以及出借人的信息采集、处理以及使用的全面管理机制；第四，建立对出借人和借款人的资金隔离管理制度，选择合适的银行负责对出借人以及借款人的资金进行存管；第五，建立多元化的纠纷解决机制，对网络信息中介机构与出借人之间、网络信息中介机构与借款人之间或者借款人与出借人之间等发生的纠纷通过自行和解、请求专门组织调解、申请仲裁以及诉讼等多种方式予以解决。

4. 强调信息披露

第一，在不违反国家关于国家秘密、商业秘密以及个人隐私等有关规定的前提下，要在网络借贷信息中介机构自己的官方网站上对项目基本信息、借款人信息等有关情况进行充分披露；第二，要建立信息披露专栏，一方面披露经营过程中撮合的借贷项目，另一方面披露与网络借贷相关的法律法规、监管规定、年度报告等；第三，引入第三方中介机构如会计师事务所进行审计，再如律师事务所以及信息系统安全评价机构对合规运营情况以及信息系统安全情况等进行评估；第四，对网络借贷信息中介机构的董、监、高提出忠实勤勉义务，要求披露信息应真实准确完整等，不能有虚假、误导、重大遗漏。

5. 强调监督管理

第一，明确各级银行业监督管理部门在对网络借贷信息中介机构进行管理之中的监管职责，并明确建立跨部门跨地区的监管协调机制；第二，授予中国互联网金融协会对网络借贷行业进行自律管理的职责，要求组织法律法规教育培训、提供法律咨询、信息服务、调解纠纷，进行自律检查，并要成立网络借贷专业委员会；第三，建立资金存管制度，资金存管机构负责对出借人以及借款人的资金进行监管，可以进行存管、划付、核算和监督等；第四，实施重大事项报告制度，当发生"因经营不善等原因出现重大经营风险"以及机构本身或其董监高实施重大违法违规行为等情况时，网络借贷信息中介机构应立即采取紧急措施，并向机构注册地的金融监管部门报告相关情况；第五，实施年度审计并将审计报告于上一会计年度结束后4个月内向机构注册地的金融监管部门报告的制度。

6. 强化法律责任

第一，对地方金融监管部门存在的失职行为，实施严厉制裁，对相关负责人依法给予行政处分，构成犯罪的，依法追究刑事责任；第二，对网络借贷信息中介机构违反监管规定等的行为，给予监管谈话、警示、责令改正、警告、罚款等处罚，对从事非法集资活动或欺诈构成犯罪的，依法追究刑事责任；第三，对出借人以及借款人实施的违法违规行为同样给予严格监管，给予行政处罚，构成犯罪，同样追究刑事责任。

（四）央行、银保监会、证监会、中央宣传部、公安部等 17 个部门联合发布《关于进一步做好互联网金融风险专项整治清理整顿工作的通知》

在国务院办公厅于 2016 年 4 月发布《互联网金融风险专项整治工作实施方案》（国办发〔2016〕21 号）的基础之上，为确保实施效果，2017 年 5 月，央行、中央宣传部、原银监会、原保监会、证监会等 17 个部门联合发布了《关于进一步做好互联网金融风险专项整治清理整顿工作的通知》（银发〔2017〕119 号，以下简称"《专项整治方案》"），该《专项整治方案》有利于确保《互联网金融风险专项整治工作实施方案》的进一步落实，有利于进一步做好互联网金融领域的清理整顿分类处理工作。相较于《互联网金融风险专项整治工作实施方案》，该《专项整治方案》具有两个突出特点：

1. 更加注重处置程序要求

行政程序是行政主体在实施各类行政行为时应当遵循的

方式、方法、步骤、时限以及顺序。[1]《专项整治方案》对互联网金融风险专项整治的程序进行了规范。将待整治的互联网金融从业机构区分为整改类机构以及取缔类机构，分别规定了不同的整治行政程序。对整改类机构要求：一是制定整改计划，从业机构必须根据整改意见书的要求自行制定相应的整改计划，明确整改的期限，并提交本省的相关领导机构审核；二是落实整改要求，对照整改计划，各互联网金融从业机构应组织实施整改；三是提交验收申请，各互联网金融从业机构完成整改后，应撰写报告并提交监管部门，等待接受验收；四是组织监管验收，组织的主体为各省互联网金融专项整治领导小组办公室，该主体理论上是经授权取得相应监管权力的主体，由该主体组织进行检查验收，对验收合格以及验收不合格的，均给出验收合格或纳入取缔类机构的明确意见。对取缔类机构要求：分清不同情形，依法实施行政处罚，或加强失信惩戒，坚决打击互联网金融领域的违法违规行为；对于严重的违法违规，采取协同打击、属地管控等行政措施。

2. 更加注重行政标准

行政标准并非一个行政法学以及行政法律概念，但行政标准直接关系行政行为是否完成，是否达到相应的要求，是否达到特定的"质量"，甚至影响着行政行为的权力边界，进一步会对行政相对人的权益构成不同程度的影响，超越行政标准，无非有两种结果，好的方向是高质量完成行政行为，

---

[1] 沈福俊、邹荣主编：《行政法与行政诉讼法学》，北京大学出版社 2019 年版，第 269 页。

差的方向可能就是越权、滥权，损害行政相对人权益，所以明确行政标准是具有价值的。《专项整治方案》对互联网金融风险专项整治区分了不同的领域，不同的地区，并在此基础之上明确了各自领域里阶段完成标准。《专项整治方案》区分了 P2P 网络借贷、股权众筹、互联网保险、非银行支付、通过互联网开展资产管理以及跨界从事金融业务等不同领域，明确规定按照各归口监管部门制定的相应领域的专项整治工作实施方案的要求，在状态分类阶段完成的时候，各领域互联网金融专项整治工作应达到的标准。

四、我国现行互联网金融监管中存在的问题

（一）互联网金融发展现状及趋势已对现有监管模式提出强烈挑战

金融监管模式的选择是与金融监管行政主体的设置及权力的配置直接相关的。如前所述，我国金融监管模式已向统合监管迈出了可喜的一步，银保监会的成立，让银行业与保险业的综合监管成为可能，进而为"银行保险＋证券"的分业监管模式的形成奠定了基础，但最终是否能够成形，还有很长的路要走，还有很多的措施需要推出并实际地落地。毫无疑问地说，互联网金融作为金融的一种重要业态，在监管上必然沿袭金融监管的整体模式、机制乃至具体规章制度。事实上，《关于促进互联网金融健康发展的指导意见》已经明确地规定了互联网金融各个具体业态由谁监管、如何监管的问题，比如，第三方支付由中国人民银行负责监管、股权众筹由证券监督管理委员会负责监管、P2P 由银监会（现银

保监会）负责监管、互联网保险由保监会（现银保监会）负责监管，这种监管模式就是典型的分业监管模式。不可否认，中央有关部门囿于现有金融监管体系的框架，对互联网金融监管做出如此安排，确实对当时发展过快过急且弊病百出的互联网金融的健康发展起到了非常重要的促进作用。然而，伴随着互联网金融的持续健康发展，互联网金融发展呈现出的新形势已经对现有的互联网金融监管模式提出了严重的挑战。

　　互联网金融具有鲜明的跨地域、跨行业、跨市场的特点，特别是伴随着互联网技术的日益发展进步，互联网业界创新意识的不断勃发，创新能力的不断增强，互联网金融的融合之势已经不可阻挡，除非运用非市场化的强制手段，然而这与我们一直倡导的社会主义市场经济的基本精神相违背，与法治经济的理念不协调，同时互联网金融本身是利国利民的大好事，国家没有必要也不能采取不必要的手段去阻止互联网金融的合理健康发展，所以可以预想的是，互联网金融在未来必然出现更多的创新、更深入的融合、更多业态的交织。仅从目前情况而言，互联网金融的发展已经打破了传统金融的边界，比如作为第三方支付重要工具的支付宝的经营已经渗透到货币基金、结算服务、保险等多个领域，对应的监管自然也相应地被分布于央行、银保监会、证监会等不同的部门；此外，互联网金融经营模式实际上已经彻底打破了分业经营的模式，走上了混业经营或者说综合经营的发展之路。比如，我们身边的京东集团、蚂蚁金服集团、腾讯集团等，他们采取不同的兼并收购方式，已经打造出了多元化的互联网金融业务格局，形成了在互联网金融多个业务领域的布局，我们常见的支付宝、支付宝钱包、余额宝、芝麻信用、蚂蚁达客等都属于蚂蚁金服集团，这些业务涉及了第三方支付、互联网征信、互联网理财、互联网借贷等多个互联网金融领域。这种互联网金融的综合化经营模式，与我国传统的分业经营模式相比，没有高下之论，没有贵贱之分，其对互联网金融发展在起到提升效率的作用的同时，也存在着一系列的风险隐患，而且正如前文所言，这种风险隐患一旦发生，会比传统分业金融经营模式下，具有更强的传染性，更快的风险传播速度，进而增加了发生系统性风险的几率。因此，对互联网金融应该有也必须有与此相适应的监管模式，但是目前分业监管的实际情况显然已经不能适应互联网金融发展的实际情况。

（二）互联网金融监管理念落后于互联网金融发展，阻碍互联网金融创新

影响互联网金融创新的重要因素有很多，在下文中将予以着重讨论。在此需要强调的是，在影响互联网金融创新的各大因素之中，不容忽视的一个重要因素就是关于互联网金融监管理念方面。我们知道，有什么样的理念就会有什么样的行动，唯心主义者往往信奉"神明"，在行动上往往就会主动去"信教"，比如基督教、佛教等；唯物主义者则相信"物质第一、意识第二"，他们相信"无神论"，所以往往更加客观地看待世界。同样地，在互联网金融监管的问题上，有什么样的监管理念，也就会有什么样的互联网金融监管框架、监管制度、监管举措，甚至影响着这些互联网金融监管框架、监管制度、监管举措的变革，而这些关于互联网金融监管框架、监管制度、监管举措的现状与变革又影响着互联

网金融自身的发展。一个具有前瞻性的科学优良的监管理念，可以有效化解互联网金融发展之中出现的市场失灵，有效地推动互联网金融的平稳创新，所以一个好的监管理念会引导你去设计一个好的监管制度，进而确保互联网金融的持续健康发展。

当前，我国的互联网金融监管理念囿于传统金融监管的窠臼，已经显现出其落后的一面，关于此，已有许多学者进行了有效而深入的探讨，比如有的法学研究者对互联网金融监管理念落后的现状进行的论述就十分恰切。在借鉴这些学者观点的基础之上，笔者认为：第一，当前的互联网金融监管理念未能改变固有的监管理念，仍然是传统的机构监管理念。央行等十部委出台的《关于促进互联网金融健康发展的指导意见》，仍然固守了传统的监管理念，把互联网金融的各业态进行了强行的划分，归入到固定的类型，然后又按照分业监管的框架，逐一分配给各家监管主体分别进行监管，这种"谁家孩子，谁抱走"的监管理念是与互联网金融的内涵、外延发展变化的现实与趋势相背离的，是对互联网金融业务类型超越传统金融边界的情况缺乏足够认识或故意"忽略"有关认识的结果，带来的是金融压抑的结果，目前对互联网金融出现的乱象进行的"强压强管"虽然在一定程度上有效整治了违法违规行为，但这种"政府中心规制模式"导致的金融压抑只能反过来激发互联网金融从业者的规避法律、规避监管以及期待监管套利的动机。第二，当前的互联网金融监管理念未能正确处理好互联网金融监管与互联网金融创新的关系。法学研究者何剑锋先生多次以国家对 P2P 的监管为例，比如在《网贷管理办法》之中，对 P2P 的准入条件没有进行设置，在注册资本金上无相应要求，给风险控制造成了较大问题，导致事前的风险控制难以实现。再比如，只有银行才能存管 P2P 网贷资金，那么作为互联网金融重要业态的第三方支付为什么就不能作为存管机构？这对第三方支付的业务创新和便利带来什么样不利的影响？等等。事实上，这些都是纯粹的传统的机构监管理念在互联网金融发展上所表现出的不相适应的一面，对互联网金融的创新产生不利的影响。[1]笔者对何先生的该观点持赞同态度，此外，笔者进一步认为，互联网金融的健康发展、创新发展，依靠固守传统监管理念是难以成就的，即使在传统的互联网金融监管理念下可以为互联网金融的发展起到保驾护航的作用，但在平衡互联网金融创新与有效监管上，则会显得力不从心。

（三）传统的金融监管行政法治无法满足互联网金融监管的个性化需要

前文对当前金融监管之中行政法治建设的情况进行了分析，并指出了存在的问题。如果将其与当前的互联网金融监管的实际需要相结合，做进一步思考的话，针对传统金融监管的行政法治中所存在的以下几个方面的问题，则令其难以满足互联网金融监管的实际需要：一则，传统金融监管行政法治所依靠的行政法律制度多数因循机构监管的思路，针对经营银行、证券、信托、资产管理等业务的机构进行立法，比如中国银保监会印发的《银行保险机构公司治理监管评估办法》《融资租赁公司监督管理暂行办法》等，这些按照机

---

〔1〕 何剑锋：《互联网金融监管研究》，法律出版社 2019 年版，第 206～208 页。

构监管思路进行的立法，其适用对象有特定的限制，多数无法直接适用于经营互联网金融业务的机构。虽然近几年诸如中国银保监会、证监会等金融监管机构逐步开始重视按照行为监管、功能监管的思路进行立法，但还有很长的路要走。二则，传统金融监管行政法治所依靠的行政法律制度所确立的很多规则如适用于对经营互联网金融业务机构的监管，则难免会损害互联网金融创新，影响互联网金融的发展。以中国银保监会最新发布的《非银行金融机构行政许可事项实施办法》为例，该办法不仅未针对经营互联网金融业务机构的许可等事项作出规定，而且对大多数传统金融机构的设立均要求一次性实缴 1 亿、3 亿、5 亿人民币的资本金，虽然对经营互联网金融业务机构设立亦应制定类似规定，但不加区分地一概要求一次性实缴过亿元的注册资本金，则难免无法适应经营互联网金融业务机构多元化发展的实际情况，进而抑制互联网金融创新。三则，传统金融监管行政法治所依靠的行政法律制度所规定的监管手段虽然非常丰富，但无法满足对经营互联网金融业务机构的监管需要，且有些并不能适用。举一个简单的例子加以说明，传统金融机构所经营的大多数金融产品都是在金融机构经营时间内销售，很少出现 24 小时不停止经营的情况，即使已实现线上销售的证券交易，就是俗称的"炒股"，也是有严格的时间限定的，但对大多数互联网金融产品的销售则打破了时间限制，24 小时连续不停销售成为很多经营互联网金融业务的机构常有的状态，这就对监管提出了新的挑战。同时，互联网金融本身具有"互联网＋"的高科技属性，这令其存在的"信息孤岛"等方面的问题比其他领域更为突出，然而当前中国银保监会、证监会等金融监管机构针对传统金融监管的立法之中并没有解决该类问题的有效监管手段，针对互联网金融特有的属性或相对传统金融被放大的特点制定相应的行政法律规范，加强互联网金融监管行政法治体系建设，应是解决互联网金融监管中遇到的很多问题的有效选择。

（四）包括行政法在内的互联网金融监管法治体系不健全，缺乏有效的法律监管手段

市场与法治理应是"天生一对"，紧密相连，离开法治的市场，将会失去秩序，所有人出于利己动机，不自觉地去采取各种"损人利己"、破坏市场的行为，却因为没有法治的制约，得不到处罚，由此而愈发"猖狂"，市场终究不能称其为市场，进而影响国家社会的进步发展。这就说明了为什么学者们会讲"任何一种经济体制都具有一种特定的有关经济活动的游戏规则，而现代市场经济作为一种体制的根本游戏规则就是基于法治的规则"。[1]互联网金融市场的健康发展与繁荣同样离不开法治，没有相应的完善的法治体系，特别是作为监管重要依靠的行政法治体系，根本就不可能建立起一个真正健康可持续发展的互联网金融市场。当前，我国互联网金融监管之中，存在的首要问题就是与之相关的行政法治体系不健全，这对互联网金融的有效监管造成了极大的危害。

虽然互联网金融已经走过了好几年的发展之路，但总体而言，它还是一个非常新的事物，对现有金融监管法治框架下的监管带来挑战也自然是情理之中的事。举例来说：一则，

---

[1] 钱颖一："市场与法治"，载张维迎主编：《改革》，上海人民出版社2013年版，第208页。

进入互联网金融市场的行政许可标准到底应该是什么，并没有哪部法律告诉我们，也许我们看到了不断走向成熟的《行政许可法》，也看到了原银监会、原保监会、证监会制定了本部门、本行业的行政许可方面的规章制度，然而，在互联网金融这个领域，行政许可方面的立法是集体"失声"的，后文之中还会对此进行论述；二则，对互联网金融进行监管的行政手段、市场工具应该包括哪些，也没有一部行政法律法规给出我们答案，以至于政府部门在互联网金融的监管之中仍然处于"想到一出是一出"的互联网金融监管执法状态；三则，互联网金融的违法形态、违法行为类型多样，也没有哪部行政法律法规对互联网金融领域的违法违规行为的行政处罚问题给出答案，也许依靠《行政处罚法》以及与此对应的银保监会、证监会的有关规定可以解决部分与行政处罚相关的问题，但既有的法律法规面对互联网金融这个新生事物时，是不可能解决全部的关于处罚相关的问题的，特别是面对互联网金融领域之中触犯行政监管规定接受行政处罚的行为与涉嫌刑事犯罪的衔接问题，都亟待能统合互联网金融各个具体细分领域的完善的《互联网金融行政处罚办法》甚至《互联网金融行政处罚条例》等的颁布实施；四则，现有的法律法规对互联网金融市场主体特别是互联网金融消费者的保护严重缺乏。传统的《消费者权益保护法》根本无法全面有效地保护互联网金融消费者的合法权益，当面临 P2P 网络借贷平台跑路等大量的互联网金融领域之中的侵权行为，而许许多多的互联网金融消费者却维权"无路"时，我们就能看到现有互联网金融消费者权益保护领域行政法治体系的缺失，是这个领域多么大的一个缺憾，也许现在国家依靠刑事手段对互联网金融领域里的"跑路者"们施以强有力的刑事犯罪方面的大力打击，但真正能够解决互联网金融消费者实际问题的却少之又少，到头来，也许实施互联网金融犯罪的嫌疑人/罪犯们被抓到了，但互联网金融消费者的"钱却没有了"，所以依靠刑事法律法规和手段措施不能解决互联网金融消费者权益保护的全部问题，行政法治体系的缺位，也是造成互联网金融纠纷滋生、问题百出、互联网金融消费者权益保护不到位的重要原因。

五、小结

发现问题是起点，解决问题是目的。多数研究大体上都会遵守"发现问题—分析问题—提出解决问题的方法"的思路。本研究前两章对行政法视域下互联网金融监管的相关概念框架、我国互联网金融发展及监管中存在的问题进行了研究，厘定了行政法视域下互联网金融监管的相关概念框架，为全文研究奠定了理论基础；同时亦分析了我国金融特别是互联网金融的发展情况，对金融监管中的问题进行剖析，之后更是对互联网金融监管的现状进行深入分析，着重从行政法的视域找出并较为深入地分析了我国当前互联网金融监管中存在的系列问题。接下来本研究正文部分的后面三章将围绕我国当前互联网金融监管中存在的系列问题寻找解决问题的方法，首先分析加强我国互联网金融监管行政法治体系构建的必要性，其次研究我国互联网金融监管行政法的功能，最终落脚于如何构建我国互联网金融监管行政法治体系，以期为解决互联网金融监管中存在的问题提供行政法的思考和思路。

第三章 互联网金融监管行政法治体系
构建必要性[1]

前文厘清了行政法视域下互联网金融监管相关的基本概念，分析了互联网金融的发展现状以及行政法视域下互联网金融监管的现状，按照本研究的逻辑推演，对互联网金融监管行政法治体系构建的必要性进行分析就成为我们接下来应该关注的一个重点问题。在互联网金融发展过程中，作为"形形色色"的互联网金融监管的主体对互联网金融监管行政法治体系的建立和完善必定有着不同的诉求，改革、完善及创新互联网金融监管行政法治体系，只有充分了解和深入把握是何种原因导致这些不同的互联网金融监管行政法律主体对互联网金融监管行政法治体系构建存在现实需要，才能更好地分析、构建出"相对完美"的具有"中国特色"的互联网金融监管行政法治体系。为此，本章从"需求侧"和"供给侧"的双重角度出发，分析并揭示加强与改进互联网

---

[1] 本章的部分内容已作为阶段性成果发表。参见拙作"互联网金融监管行政法律制度构建必要性及因应之道"，载《行政管理改革》2019年第8期。

金融监管行政法治体系的必要性。

第一节　研究视角的选择

　　著名行政法学家姜明安教授在分析中国行政法学的新使命时指出：有的行政法学者没有能够跟上时代的发展，未能适应国家治理体系和治理能力创新的频率，在思想上和理念上都落后了，都还"停留在传统行政法学的学术框架中"。姜明安教授为此还呼吁必须对其高度重视起来，否则，行政法学的研究将因为未能跟上时代，未能与时俱进，而丧失发展机会，进而丧失生命力。[1]笔者认为，在短期内，我们不可能也不必着急打破行政法学的既有框架，但适当地从相关的社会学科甚至自然学科之中汲取知识和理论的养分，有助于行政法学的创新与发展。笔者这个观点也恰与 21 世纪以来行政法学发展的重要趋势之一相适应，正如中国法学会行政法学研究会会长马怀德教授所指出的：行政法学的研究已经呈现出跨学科、跨领域的新特点、新趋势，特别是行政法学分论涉及了许多不同的领域，只有行政法学与其他部门法学形成合力，行政法学与"行政学、经济学、医学、数据学等非法学学科联合攻关"，才能推动许多问题的解决。[2]由此，笔者拟引入需求与供给的研究视角。需求

---

〔1〕　姜明安："新时代中国行政法学的转型与使命"，载《财经法学》2019 年第 1 期。

〔2〕　马怀德、张雨田："行政法学：面向新的实践需求不断自我更新"，载《检察日报》2020 年 1 月 4 日，第 3 版。

与供给本是经济学上的一对基本概念，也是经济学入门时必须掌握的基础知识，但这对基本概念却又是从经济学的入门级教程到高级经济学研究的每一阶段都会涉及的一对概念。按照经济学的常识而言，所谓需求就是指消费者在购买意愿和支付能力的约束条件下对商品的需求量，如果消费者没有支付能力，即使有非常强烈的购买意愿，也不能构成有效需求，这也就是说有效需求必然是消费者在有购买意愿并有支付能力条件下的需求量，两个条件缺一不可。所谓供给就是指生产者在一个特定的时期内，在一定的价格条件下愿意并能够提供的商品量，价格条件以及生产能力条件同样是构成有效供给的并列条件，两者对有效供给的成立是缺一不可的。随着"经济学帝国主义"的勃兴，需求与供给这对基础概念亦被引入社会学、管理学、法学等诸多领域，成为分析相关领域问题时的一个重要工具。在法律的研究领域之中，法学家们引入供给与需求的概念，从而产生了法律供给和法律需求的概念。所谓法律供给就是指国家机关强制或自愿进行的与立法、执法和司法等密切相关的一系列活动的总称；所谓法律需求就是指人们购买法律的主观愿望和客观能力，是人们基于自身的意愿而产生的对现有的法律或尚未制定的法律的肯定性要求，以及为满足自身对法律的这种要求而现实进行的行为，[1]如推动立法、诉讼事件、遵守法律等。如同需求决定供给的一般经济学常识所反映的规律一样，在法律领域，同样是法律需求决

---

〔1〕 冯玉军主编：《新编法经济学：原理·图解·案例》，法律出版社 2018 年版，第 124 页。

定法律供给，如果人们在频繁往复的经济社会生活中，发现自己对运用法律对某种事件等进行调整具有强烈要求，并且积极地想办法让这种要求落到实处，以致达成法律对某种秩序的维护效果时，法律供给就自然而然地会或主动或被动地产生。而在这个法律供给与法律需求彼此博弈、彼此互动，又彼此达成平衡的过程中，就会产生法律的供给方与法律的需求方。

在行政法学的研究中，虽然很难毫无争议地将行政相对人和行政主体划归为各种行政法律制度的"需求方"或"供给方"，且将行政相对人和行政主体归属于各种行政法律制度的"需求方"或"供给方"的界限也并非泾渭分明，但考虑到对构建互联网金融监管行政法治体系必要性分析的需要，并运用"矛盾分析法"，我们抓住事物的主要矛盾，按照事物的主要特点、主要方面对其进行归类分析，那么，将行政相对人视为对各种行政法律制度的"需求方"，而将行政主体视为对各种行政法律制度的"供给方"，也是一种较为稳妥、恰当的划分。由此，在对构建互联网金融监管行政法治体系必要性进行分析时，笔者将互联网金融企业、互联网金融消费者等行政相对人划归为互联网金融监管行政法治体系的"需求方"，而将"一行两会"、行业协会、自律组织等行政主体划归为互联网金融监管行政法治体系的"供给方"，分别从"需求侧"和"供给侧"两个角度切入，分析构建互联网金融监管行政法治体系的必要性，以从中"窥探"构建完善的互联网金融监管行政法治体系的必要性。

第二节　需求侧：风险防控与弱者保护

一、互联网金融风险的持续爆发

（一）普遍的观点：互联网金融既有传统金融普遍面临的风险，也有自身面临的"互联网＋金融"风险

"风险无处不在，风险无时不有。"我们已经进入了一个全面风险时代。互联网金融得到了"爆发式"增长，既为社会经济的变革与繁荣带来了重大的机遇，也给金融领域商业模式的创新和发展提供了充足的动力，但不可否认的是，互联网金融将互联网和金融结合起来的特点并没有改变其金融的本质。因此，按照"金融活动与风险相伴而生，任何金融活动都有风险"的金融常识，互联网金融不仅没有摆脱传统金融活动所面临的诸如流动性风险、信用风险、操作风险、经营风险等系列风险，而且"互联网"的负载反而令它面临的风险又衍生出了一些新的特征。对此，刘英、罗明雄指出，互联网的信息技术特点决定了互联网金融风险具有自身的特征，主要体现在：①金融风险扩散速度较快；②对互联网金融监管提出了较高要求；③金融风险交叉"传染"的可能性增加。[1]

在互联网金融面临的具体风险方面，杨涛等认为，在互

---

〔1〕 刘英、罗明雄："互联网金融模式及风险监管思考"，载《中国市场》2013年第43期。

联网金融发展过程中，同样面临着流动性风险、信用风险、操作风险、法律风险和经营风险，同时，互联网金融还面临着信息科技风险和"长尾"风险。杨涛等人对这些风险进行了深入分析：一是流动性风险。杨涛等认为互联网金融本质上仍然是金融活动，因此其资产与负债期限之间亦存在不匹配的情况，这种不匹配就可能导致流动性风险的出现，不论是第三方支付，还是网络贷款平台等，都非常容易受到流动性风险的冲击。二是信用风险。杨涛等认为互联网金融领域特别是 P2P 网络贷款平台依托于借款人自己提供的身份证明、财产证明、熟人评价、缴费记录等信息，进行交易撮合，然而这些信息极易造假。同时，互联网金融机构在银行或相关支付机构所开立的中间资金账户，往往处于无人监管的状态，互联网金融机构掌握着资金调配权，极易出现资金被挪用的情况。三是操作风险。由于互联网金融依托于软件、网络等外部技术支持，因此，金融业务的操作人员或投资者乃至外部第三方的行为都可能诱发操作风险。四是法律风险。杨涛等人认为在互联网金融准入、电子合同订立、交易双方身份认证、电子签名合法性等方面都缺乏国家法律法规的明文规定，处于"无门槛、无标准、无监管"的状态，使得部分互联网金融机构尤其是 P2P 网络借贷平台的业务处于合法与非法的不明地带。五是经营风险。杨涛等认为互联网金融的经营风险主要表现在互联网金融企业的高杠杆率及潜藏的洗钱、套现风险。六是信息技术风险。杨涛等人认为，所谓互联网金融的技术风险即是指互联网金融机构的网络平台等遭受"黑客"等运用技术手段等进行的外部攻击而导致了相应的损失。七是"长尾"风险。长尾理论的基本原理就在于

"积少成多""积沙成塔"，积累传统的小市场的力量，创造出较大的市场规模。互联网金融把"长尾"理论发挥出来，激发不同层次、不同群体顾客的隐形需求，"开创出一种与传统大众化完全不同的、面向固定细分市场的、个性化的商业经营模式"，但与此同时，互联网金融却也因为参与者众多、公众性更强而放大了风险，增加了传播速度，导致交叉传染、跨国传染，引发区域性乃至全球性金融危机。[1]

此外，如前文所言，中国人民大学吴晓求教授亦对互联网金融面临的风险进行了深入分析。吴晓求教授认为互联网金融面临着信息不对称风险、道德风险、操作风险和流动性风险。具体而言：一是互联网金融的信息不对称风险。吴晓求教授认为，互联网金融中的交易信息传递、支付结算等均是在由电子信息构成的虚拟世界中进行的，在交易过程中，交易双方不需要直接面对面，只要通过网络进行交易即可，这在克服地理空间障碍带来便利的同时，也造成了由于对交易者身份、交易真实性的验证难度加大方面所存在的风险。这点与前文中所述及的杨涛等人的观点是基本一致的，但吴晓求教授在此基础之上进一步提出，由于信息不对称事实上造成了三个方面的风险，一个方面为"资金流向的信息掌控风险"，主要就是网络借贷平台的匿名性和即时性特点导致监管部门对互联网金融模式下资金流向的追踪非常困难。另一个方面为"放款者决策的信息风险"，即网络信贷企业或个人无法获得借款人客观的信用历史数据，同时加之不同网

---

[1] 杨涛主编：《互联网金融理论与实践》，经济管理出版社 2015 年版，第 248 ~ 253 页。

络贷款平台之间的信息隔绝，导致借款人可能在很多网贷平台均进行贷款，而网贷平台彼此之间并不知悉，这样如果借款人超出自己的借款能力多次借款，最后诱发风险的可能性就会很高。再一个方面为"数据爆发式增长带来的信息不对称风险"，即数据总量的爆发式增长，事实上也加剧了金融市场信息的不对称程度，同时"信息大爆炸也造成了信息环境污染和'噪音信息'的蔓延，增加了人们识别、判定和利用有效信息的困难"。二是互联网金融的道德风险。逆向选择和道德风险在互联网金融发展过程中依然存在，一些互联网平台特别是 P2P 平台为了吸引投资者的资金进行"造假"的情况时有发生，制造"庞氏骗局"也并不鲜见。三是互联网金融的操作风险。根据新《巴塞尔资本协议》的规定，所谓操作风险即是指由于内部程序、人员及系统的不完善或重大瑕疵或外部事件所造成损失的风险。由于互联网金融植根于互联网，因此吴晓求教授特别强调了互联网金融信息技术部门要随时应对可能出现的黑客攻击、信息篡改和窃取、资金盗用等行为。四是互联网金融的流动性风险。互联网金融模式下，并没有建立起对短期负债和未预期到的资金外流的应对制度和举措，也没有相关的经验，极易引发流动性风险。特别是在发现"庞氏骗局"或网络借贷平台发生资金链紧张时，"挤兑"现象爆发也是难以避免的。[1]

此外，在互联网金融领域，还存在着诸多风险。浙江大学光华法学院的李有星、陈飞、金幼芳等指出，互联网金融

---

〔1〕　吴晓求等：《互联网金融——逻辑与结构》，中国人民大学出版社 2015 年版，第 126~139 页。

平台野蛮生长，存在诸多乱象，风险高发，不仅严重影响了正常的金融秩序，而且对互联网金融自身的发展而言也必定产生负面的声誉影响。[1]西南政法大学的叶旺春甚至从金融安全的高度来审视互联网金融存在的风险。叶旺春认为，互联网金融存在的风险对金融安全的影响主要体现在三个方面：一是互联网传播速度之快、传播范围之广、交叉传染性之强导致一旦产生互联网金融风险就可能诱发金融的新的系统性风险；二是互联网开放式的网络通讯系统、安全性有待增强的 TCP/IP 协议族、不完善的密钥管理和加密技术、普遍存在的黑客攻击、网络金融诈骗等均对资金技术管理提出了更高的要求；三是互联网金融交易主体通过网络完成支付交易，导致对资金流动的监控产生更大的困难，为洗钱提供了更便利的条件，如通过虚假的商品交易来将非法资金进行"合法"转移。[2]而陶震还提出互联网金融机构的合法性难以界定是互联网金融发展中面临的一个很大的风险。陶震认为，很多互联网金融机构在发展过程中，选择了小额贷款公司、有限合伙私募基金、投资咨询公司、财务公司等形式，然而在从事互联网金融业务过程中超越业务范畴的情况时有发生，实际开展的业务则有变相吸收存款、非法集资甚至非法发售公司股份、非法募集基金、发售彩票等非法行为。[3]

---

〔1〕 李有星、陈飞、金幼芳："互联网金融监管的探析"，载《浙江大学学报（人文社会科学版）》2014 年第 4 期。
〔2〕 叶旺春："互联网金融与现行监管规则"，载《科技与法律》2014 年第 3 期。
〔3〕 参见陶震："关于互联网金融法律监管问题的探讨"，载《中国政法大学学报》2014 年第 6 期。

对以上探讨的互联网金融潜在的巨大风险以及相应的危害，我们可以从一起在互联网金融领域曾掀起一场很大波澜的案件的分析中增强认知：

安徽钰诚集团下属全资子公司"金易融（北京）网络科技有限公司"，又名"e租宝"。在发展过程中，e租宝紧密依托安徽钰诚集团，在许多地方设立了分公司、子公司以及代销公司，他们对缺乏互联网金融知识的老百姓实施"地推"，提供的服务可谓"热心到家"，手把手地帮客户开通网银、注册账户、允诺高额回报等，就是在这样一个精心安排、周密筹划的营销攻势下，仅仅一年半不到，e租宝就拥有了90多万名客户，且实际在e租宝进行了投资，地域覆盖全国，累计投资额度达到745.11亿元，很多老百姓把自己一生的积蓄都"搭进去"了。

在营销过程中，e租宝经常以假标诱骗投资人，他们经常谎称安徽钰诚集团下属的某某项目公司或融资租赁公司具有某个很好的项目，投资回报高，他们把这样的假项目发布在e租宝平台，诱骗投资人投资。为了吸收更多的投资人，他们甚至提出"1元起投，随时赎回，高收益低风险"。同时，为了获得更多的投资，e租宝实际控制人丁某指使多人收购、注册了许多空壳公司，以便虚构项目、伪造合同，依靠这种方式，e租宝成功让越来越多的人上当受骗，e租宝骗来的大量资金，除滚动式归还前期投资人的投资款之外，大量的钱款都被用于平台运营，特别是高管层的个人挥霍。众多投资人的投资款也因此"血本无归"。e租宝实际控制人以及有关人员最终被法院判决为非法吸收公众存款罪以及集资诈骗罪，e租宝被罚 19 亿元，实际控制人丁某被判无期徒刑。

以上这则轰动一时的互联网金融大案，以其波及面广、受害人多、涉案金额巨大而著称，而且从案发至今历时 4 年有余，虽然法院判决已尘埃落定，但相关事宜的处理才"刚刚开了个头"，在这个案例之中，行政主体未及发现作为行政相对人的 e租宝所存在的违法行为，更未及时实施监管行政行为，e租宝事件即已发展成为涉嫌犯罪的具有极强社会影响力的案件，虽然这其中负有监管职责的行政主体"难辞其咎"，但也进一步验证了互联网金融领域存在的前述诸多风险。

（二）笔者的观点：互联网金融案件时有发生的态势说明互联网金融并非"风平浪静"，同时也应认识到互联网金融各具体类型还面临着各具特点的风险

笔者认为，以上各位学者、专家或实务界人士总结的互联网金融领域里的各类风险，不仅全面、客观，而且现实存在，这些风险警示我们务必要加强互联网金融监管，而就行政法而言，则是要完善互联网金融监管行政法治体系，满足各主体对互联网金融监管行政法治体系的需要。事实上，如果说以上的分析是学者、专家或实务界人士从理论角度对互联网金融面临风险所做的很好的总结，那么从实务或案例的角度，我们依然可以窥探互联网金融领域风险频仍的特点。

首先，关于互联网金融的信用风险。从经营的角度而言，互联网金融涉及从事互联网金融业务的企业一方，也涉及购买或享受互联网金融服务的客户一方，有些业务模式下，除互联网金融平台之外，还会形成借款人和贷款人之间的法律关系。在此，互联网金融企业一端的信用风险问题是首先要关注的风险点，当前，一些互联网金融企业"出事"似已成为常态。如：邓某、李某成立的深圳市誉东方投资管理有限公司于 2013 年 6 月 19 日创建"东方创投"网络投资平台，向社会提供所谓的资金中介服务，借机推广其 P2P 信贷投资模式，并向社会公众许诺月息为 3% 至 4% 的高额回报，事实上则是通过网络进行非法吸收公众存款的犯罪活动，后被抓捕并被提起公诉，之后于 2014 年 7 月经深圳市罗湖区人民法院认定为非法吸收公众存款罪。[1]又如：木某、黄某注册成立"优易公司"，并搭建"优易网"，在江苏省如皋市亿丰商城内，从事中介借贷业务，他们还编造"优易公司"系香港某公司旗下成员的信息，捏造亿丰商城急需资金的"幌子"，在"优易网"上发布虚假的借款信息，同时许诺高额回报，诱骗 45 名被害人合计 2550 万元，然而，他们并没有取得金融业务许可证，更为恶劣的是，他们把拿到的钱用来炒股、买卖期货，最终亏损了 1259 万元，江苏省如皋人民法院于 2015 年 7 月认定木某、黄某构成集资诈骗。[2]互联网金融领域里的这种诈骗甚至"跑路"的现象比比皆是。目前，在

---

[1] 参见 http://ec. donews. com/201408/2828051. shtm，最后访问日期：2015 年 10 月 12 日。

[2] 参见 http://tech. 163. com/15/0717/09/AUNFVS31000915BF. html，最后访问日期：2015 年 10 月 12 日。

全国范围内比较有影响的互联网金融"大案"也并不鲜见。除了前述 2015 年 12 月爆发的安徽钰诚集团"e 租宝"涉嫌非法吸收公众存款案之外，在 2015 年 8 月，超 400 亿元的昆明泛亚"日金宝"的庞氏骗局再也无法维系，最终爆发。[1]此外，互联网金融消费者一端的信用风险问题也是应当关注的风险点，目前，一些互联网金融消费者违约或试图违约的情况也经常发生。发生在网络小贷领域里的第一案就是典型例证。浙江阿里小贷曾与郑国华通过网络在线签订了一份《贷款合同》，双方约定：阿里小贷给予郑国华 35 万元人民币的授信额度。同时约定借款人同意原告将每次申请的贷款划入其在支付宝公司的结算账户，此外，郑国华使用支付宝账号和密码登录阿里小贷网站的所有行为均被视为是借款人本人的行为。之后，郑国华在授信期限内向阿里小贷申请支用贷款总额总计达到 35 万元人民币，然而，郑国华却屡次发生违约，浙江阿里小贷最终将郑国华诉至法院，法院宣判郑国华 5 日内还款。[2]

　　其次，关于互联网金融的技术风险。互联网金融平台遭遇黑客攻击已经不是"新闻"，毕竟在众多人眼中，互联网金融平台就是赚钱的绝佳渠道。目前，在互联网金融领域，黑客攻击的方式、方法或途径主要有两种：一种是黑客通过技术手段入侵互联网平台，窃取或破坏关键数据；二是直接

---

[1] 参见 http://news. china. com/domestic/945/20151216/20951419. html，最后访问日期：2015 年 12 月 20 日。

[2] 参见 http://b2b. netsun. com/detail - -6040028. html，最后访问日期：2015 年 10 月 12 日。

的物理攻击，破坏互联网金融平台正常的金融服务。[1]人人贷、好贷网、拍拍贷等多家互联网金融平台均遭受过黑客攻击，出现了平台页面无法打开的现象，投资人无法进入网站及提现，黑客趁机对互联网金融平台的运营者提出"勒索"要求。事实上，已有数据显示，截至 2015 年 6 月初，国内上百家 P2P 由于黑客攻击造成系统瘫痪、数据被恶意篡改甚至倒闭。[2]又有报道显示，芝麻金融有超过 8000 名用户的资料因受到黑客攻击而泄露，黑客们竟然还明目张胆地在论坛上提供用人民币充值兑换积分以下载客户资料的非法服务。[3]

最后，关于互联网金融的操作风险。高汉认为，操作风险更多地来自于投资者或互联网金融从业人员的操作不当。他举例对此进行说明，2013 年 8 月，光大证券股份有限公司的业务人员进行高频交易，在下单之际，未对可用资金额度进行有效的校验控制，导致生成了巨量订单，以致引起了股指、期指的巨幅波动，很多投资者都遭受了较大的损失。[4]该案件发生后，中国证监会立即开展了调查，并于同年 11 月下发了《行政处罚决定书》《市场禁入决定书》，认定光大证券的行为构成违法，有关负责人员负有直接责任，证监会由此对光大证券进行罚款处罚，罚款金额超亿元，对 4 名责任人员采取了终身证券期货市场禁入的行政处罚措施。该案虽

---

〔1〕　黄震、邓建鹏编著：《互联网金融法律与风险控制》，机械工业出版社 2014 年版，第 20 页。

〔2〕　参见 http：//tech. sina. com. cn/i/2015 - 06 - 08/doc - icrvvsuv8518774. shtml，最后访问日期：2015 年 10 月 15 日。

〔3〕　参见 http：//tech. sina. com. cn/i/2015 - 06 - 08/doc-icrvvsuv8518774. shtml，最后访问日期：2015 年 10 月 15 日。

〔4〕　高汉："互联网金融的发展及其法制监管"，载《中州学刊》2014 年第 2 期。

然最终对互联网金融从业领域的违法现象给予了适时的打击，但违法行为人由于互联网金融固有的操作风险且自身防范不到位而导致的损失却已形成。

笔者认为，在互联网金融领域，产生的很多案例足以对不同类型的风险加以解释和说明，在此我们从以上列举的案例中已经可以窥探互联网金融风险频仍的态势，因此不必把所有的案例——列出，也可以看出防化互联网金融风险的需要产生了对构建和完善互联网金融监管行政法治体系的需求。此外，我们也必须认识到不同类型的互联网金融模式具有各自特点的风险特征，对此，笔者认为很有必要进行分析以便为构建和完善互联网金融监管行政法治体系奠定基础。在此，摘取几个典型的互联网金融业态并对其面临的具有自身特点的风险进行简要分析：

首先，就互联网融资平台而言，主要面临着五大风险：①无力偿还、挪作他用、卷款跑路、中间账户无人监管等信用风险；②网贷平台遭受攻击的技术风险；③业务模式缺乏法律支撑与约束的法律风险；④缺乏明确的监管主体、监管责任、监管法律等监管风险；⑤风险控制能力相对较弱以致相对较难化解风险造成的系统性风险。[1]

其次，就互联网理财产品而言，主要面临着四大风险：①互联网投资理财产品不能保本保收益的市场风险；②账户安全度相对较低的技术风险；③互联网金融公司倒闭、产品依托的货币市场基金运行出现问题等经营风险；④货币市场

---

〔1〕 杨涛主编：《互联网金融理论与实践》，经济管理出版社 2015 年版，第253～254 页。

违约带来互联网投资理财产品违约等系统性风险。[1]

再次，就互联网支付手段和模式而言，主要面临着三大风险：①由于网络购物的付款方在付款给第三方支付账户后要在收到货物之后，第三方支付账户才把款项支付给发货方，这样就形成大批"沉淀资金"，而这批暂存于第三方账户中的数额巨大的"沉淀资金"被挪用，进而给客户带来损失，就会形成支付结算风险；②黑客攻击造成的技术风险；③洗钱、诈骗等非法行为带来的经营风险。[2]

最后，就其他互联网金融主体或模式而言，主要面临着三大风险：①基于网络的小额贷款公司业务营运或互联网企业主导的民营银行等，均面临着"互联网"与"金融"的双重高风险；②计算机硬件"瓶颈"、病毒入侵、信息泄露、交易系统崩溃等信息技术风险；③方兴未艾的互联网金融产业处于监管灰色地带等法律风险。[3]

笔者认为，以上针对具体领域的互联网金融类型的风险进行的分析，虽然很多与互联网金融面临的普遍风险具有一定的"交叉"和"重叠"，并且这里进行的分析也相对简要，但研究和分析具体领域的互联网金融类型面临的风险是很有必要和价值的，从中再一次告诉我们不仅互联网金融行业整体面临的共性风险决定了需要不断强化互联

---

[1]　杨涛主编：《互联网金融理论与实践》，经济管理出版社 2015 年版，第 254 ~ 255 页。

[2]　杨涛主编：《互联网金融理论与实践》，经济管理出版社 2015 年版，第 255 页。

[3]　杨涛主编：《互联网金融理论与实践》，经济管理出版社 2015 年版，第 255 ~ 256 页。

网金融监管行政法治体系建设，而且各具体领域的互联网金融类型面临的风险同样有着对强化互联网金融监管行政法治体系建设的需求。

二、金融消费者权益急需保护的现实情况

众所周知，正像很多法律名词一样，金融消费者也并非土生土长的中国名词，这一名词的"外语版"最早出现在英国颁布的《2000年金融服务和市场法》之中，英国将存款人、保险合同相对人、投资人等都纳入金融消费者的范畴之中。我国对于金融消费者这一概念的广泛使用是在2008年起源于美国蔓延于世界主要国家的金融危机之后，事实上直到今天，甚至还有人固守着金融领域不存在所谓消费者的概念，涉足金融领域的，要么是金融机构，要么是投资者，然而，这种观点显然已经不能与现实情况相适应。除了英国，日本、美国、我国台湾地区均规定了金融消费者的概念。如，日本在2001年4月颁布的《金融商品销售法》中就引入了"金融消费者"的概念，并将金融消费者定义为处于资讯弱势地位的一方当事人，即在金融商品交易的过程中，因一般的自然人或法人相对具有专业团队和专业知识的金融机构而言，基本上为处于资讯弱势地位一方的当事人。[1]美国颁布的《金融服务现代化法》及《金融监管改革方案》则将金融消费者定义为了个人的、家庭其他成员或家庭的目的而从金融机构获取金融产品或服务的个人，根据美国对金融消费者

---

[1] 于春敏："金融消费者的法律界定"，载《上海财经大学学报》2010年第4期。

的定义，显然没有将法人等纳入其中。在我国，很多学者对金融消费者的保护问题开展研究，对金融消费者进行了界定。上海社会科学院法学研究所顾肖荣教授、陈玲助理研究员认为，所谓金融消费者就是指从金融服务机构接受其所提供的金融商品或服务的人，包括自然人和法人，但不包括专业投资机构和具备一定财力或专业知识正在从事需要一定市场准入门槛的金融商品交易的自然和法人。[1]中国人民大学法学院杨东教授认为，金融消费者是指从金融机构购买金融投资商品或接受金融机构提供的金融服务的自然人、法人或其他组织，但符合"专业投资机构"或"具有一定财力和专业能力的自然人、法人或组织"条件的除外。[2]虽然学者们对金融消费者定义的具体方式略有差别，但基本在对金融消费者认定的范围上大同小异。事实上，无论界定金融消费者的范围是略大、还是略小，总体而言，普遍认为金融消费者乃是在金融消费中处于相对弱势的一方，如果"势均力敌"或本身具备一定的实力，则不被认为属于金融消费者的范畴，这种定义也就决定了金融消费者是属于应重点给予关注和保护的主体。

当前，在资本市场中，有一种"买者自负"的观点，这种观点被认为是资本市场普遍遵守的基本法则，这被认为是不需加以论证的"天然法则"，通常大家经常听到的"投资需谨慎，入市有风险"讲的就是这个道理。一般而言，在金

---

[1] 顾肖荣、陈玲："试论金融消费者保护标准和程序的基本法律问题"，载《政治与法律》2012 年第 6 期。
[2] 杨东："论金融服务统合法体系的构建——从投资者保护到金融消费者保护"，载《中国人民大学学报》2013 年第 3 期。

融市场中，从事投资行为，就必然要伴随着一定的风险，高风险才有高收益，当然与之对应的也可能是高损失，可以说，风险是收益的对价，收益是风险的补偿。在金融市场中的相关活动中，期望获利的参与人是有义务为自己的投资行为负担风险的，无论最终是获利还是亏损，都应当尊重市场的逻辑和结果，其与其他的金融市场参与者一样，都要自担风险、自担后果。中国社会科学院陈洁副研究员认为，"买者自负"与自己责任这一传统民法领域里的理论具有相通性。陈洁副研究员认为，法律领域里的人都是具有理性的，每一个人都要为自己理性决定的行为后果承担责任，从这一理念出发，自己责任衍生出"自己行为对他人造成不利后果后对他人负担的包括赔偿等在内的各类责任"及"自己行为给自己造成不利时自己承担后果而不应归责于别人"这样两个基本的法律原则，在这两个基本的法律原则的基础之上，我们构建了民事责任及风险承担体系，由具备理性和独立人格的市场主体对依照自己的自由意志所作出的交易行为，自行承担交易后果，这是合乎市场理性的。但这并不必然就意味着对金融消费者就不需要丝毫的保护，因为按照陈洁副研究员概述的观点，从理论上而言，在市场"同质性"的前提下，"买者自负"隐含了"信息的对称性""投资者的适当性"和"监管的正当性"等三个必要的前提，在这三个前提都同时具备的情况下，让"买者自负"才具有完全的正当性，然而现实环境会出现"嬗变"，投资者的角色也会出现"嬗变"，导致"买者自负"也不应被适用于金融市场中的全部交易行为。[1]

---

[1] 陈洁："投资者到金融消费者的角色嬗变"，载《法学研究》2011 年第 5 期。

事实上，一般而言，金融消费者是需要被保护的，而之所以需要对金融消费者进行保护，我们可以从对以下几个案例的分析中找出一些答案：

案例 1：房地产抵押消费贷款是商业银行的一项重要业务。根据原中国银监会《关于整治银行业金融机构不规范经营的通知》（银监发【2012】3 号）第 1 条的规定："……银行业金融机构应依法承担贷款业务及其他服务中产生的尽职调查、押品评估等相关成本，不得将经营成本以费用形式转嫁给客户。"但某银行江西萍乡支行在开展该类业务过程中，却利用自身的优势地位，强行要求客户在申请贷款时，委托该支行事前选定的 3 家评估机构之一，并承担相应的评估费用；同时，签订的有关贷款合同里还要求客户负责办理与贷款相关的公证、登记、评估、保管等事宜。后来，当地监管部门对该支行给予行政处罚，认定该支行行为构成强迫消费者接受不公平条件，给予该支行 25 万元罚款。[1]

案例 2：消费者对金融产品的知情权是基本的权利，也是行使公平交易权、自由选择权的基础与前提。中国人寿财产保险股份有限公司有关工作人员在销售某款财产保险产品过程中，电话销售人员不仅使用与事实不符的表述欺骗消费者，而且将与保险合同相关的一些重要情况予以隐瞒。在此种情况下，不少投保人在对重要信

---

〔1〕　李爱君主编：《中国金融消费者权益保护研究报告》，法律出版社 2019 年版，第 227~228 页。

息不知情的情况下签署了保险合同。原保监会发现超过40%的保单存在上述问题，并据此给予中国人寿财产保险股份有限公司行政处罚。[1]

案例3：2013年8月，某证券公司在进行ETF申赎套利交易时，因该公司交易系统程序方面的错误，导致其以超过230亿元的巨额资金购买股票，最终成交了70余亿元。当日13点开市时，该证券公司未向市场披露上午的不正常交易行为，而为减少本公司损失实施了卖空的对冲交易，直到下午14：22才公告出现的问题，给证券市场造成了较大冲击，严重扰乱了证券市场秩序，给证券投资人造成了巨大损失。之后，有部分投资人提起诉讼，该案在上海法院审理，上海高级人民法院支持了原告要求证券公司赔偿损失的诉讼请求，认定该证券公司存在内幕交易行为，且具有主观过错，该违法行为与原告的损失之间具有因果关系。[2]

从以上几个案例可以看出，之所以要对金融消费者给予保护，是出于以下几个方面的原因：

其一，信息的不对称性。正如上面案例中所揭示的，金融机构与金融消费者之间对金融商品潜在的诸多信息的掌握情况多数处于不对等的地位。可以毫不讳言地讲，在整个金融市场中，充斥着琳琅满目且复杂多样的金融商品和金融服

---

[1] 李爱君主编：《中国金融消费者权益保护研究报告》，法律出版社2019年版，第231~232页。

[2] 李小文、诸奇红编著：《金讼圈之100个典型疑难金融案例与裁判规则》，法律出版社2018年版，第436~440页。

务，消费者在购买相关金融商品时，往往首先看到的只是金融机构和金融商品销售人员所提供的高收益及高回报的诱惑，对利益的追逐往往让他们蒙上了原本"智慧的眼睛"和"理性的心灵"，在某些时候甚至成为"待宰的羔羊"，这种情况的产生就是源自于金融领域消费者和经营者之间的信息不对称。中国人民大学法学院杨东教授认为正是由于"金融消费者自身的知识结构和获取信息渠道的局限性导致其对金融商品和金融服务存在认知上的偏差"[1]和"金融商品或金融服务营销手段的不断变化和日趋多样化，也使得众多金融消费者难以获得投资对象的相关信息"[2]等两方面的原因导致了上述信息不对称情况的发生。如果行政机关不能进行适度地规制，借助行政的力量，并依托完善的行政法治体系加以规范，则信息不对称的问题就会愈发严重。

其二，投资者适当性。在现实的金融市场中，投资者群体的专业技能和专业知识是参差不齐的，一般而言，投资形式所需要的专业知识和专业技能与投资者日常生活、日常经验的接近程度的高低决定了投资者适当性程度的高低，投资形式所需要的专业知识和专业技能与投资者日常生活、日常经验的接近程度越高，则投资者适当性就越高；反之，则越低。由此，不难得到金融市场中需要对金融消费者进行保护的必要性及重要性的结论。毕竟，金融市场对专业知识和专业技能的需求远非普通人依靠日常的生活经验所能解决的，

---

〔1〕 杨东："论金融服务统合法体系的构建——从投资者保护到金融消费者保护"，载《中国人民大学学报》2013 年第 3 期。

〔2〕 杨东："论金融服务统合法体系的构建——从投资者保护到金融消费者保护"，载《中国人民大学学报》2013 年第 3 期。

特别是随着金融创新的不断深入，金融产品日趋多样化，金融交易结构日趋复杂化，高风险、高难度进一步体现在金融市场发展的各个领域之中，金融消费者各自的经济实力、专业水平和对风险的把控及偏好都各不相同，这也决定了并非所有的金融商品都毫无区分地适合每一个层次和每一个类型的金融消费者。一般而言，金融经营单位出于"趋利"的动机，希望把所有的金融商品销售出去，为此，若缺乏适当的制度限制，他们自身并没有对金融消费者适当性进行甄别的动力，很多金融从业人员认为"只要消费者买，金融机构卖，能赚钱才是王道"，为此，需要立法机关、行政机关等建立必要的行政法律制度引导、规范金融经营主体对投资者适当性进行甄别，以此既规范金融经营主体的经营行为、强化对金融消费者的保护，也借此完善金融监管的相关行政法治体系，提升监管的实效性。

其三，金融交易主体之间力量的悬殊对比。上面的案例1很好地诠释了"什么是金融机构的强势地位"，尽管某银行支行的错误行为最终受到了监管机构的处罚，但诸如此类的现象却屡禁不绝。当前，金融产品日益多样化、金融机构日益混业化、金融消费者日益百姓化，这些金融业态发展过程中所呈现的现象和趋势都决定了金融已不再是过去简单的存款、取款的业务模式，百姓所能接触到的、直接参与的金融形态也日益多元，然而正如前文所言，百姓的金融知识并不能跟上金融创新的步伐，造成了金融机构与金融消费者在专业能力方面的第一层差异。更为重要的是，金融机构的实力庞大，金融消费者往往势单力孤，成为事实上的"弱势群体"，当金融消费者权益受到侵害时，自己往往很难全方位地维护自身权益，此时更加需要更为强大的监管机构作为后盾，也更加需要完善的法律制度对金融机构进行有效监管、对消费者权益进行全面保护。此外，中国人民大学杨东指出，这几年受国际金融危机影响，出现了一批破产的金融机构，在公司破产的情况下，对金融消费者的保护更为重要，国家应建立健全相关制度对金融机构破产状态的金融消费者的权益进行有效保护。由此，笔者认为，金融监管行政法律制度可以在其中很好地发挥作用，虽然本研究并不重点关注金融消费者的保护问题，但可以肯定的是，从金融消费者保护角度进行思考，有助于完善金融监管行政法，而这种状态下设计出来的金融监管行政法治体系，不仅可以提升对金融消费者的保护水平，而且更有利于金融机构健康持续良性发展。

其四，市场监管的正当性。陈洁副研究员提出的"市场监管的正当性"理论颇具特点。陈洁认为，证券市场监管主体作出的涉及证券市场的政策等系列监管举动，事关每一个证券投资人的切身利益，事关证券市场交易的稳定。任何不考虑特殊情况的、一概而论的实施"买者自负"原则的行为均在实际上排除了履行证券监管职责的机构和人员的责任，使得很多因为监管者的疏忽而导致的投资者损失无法得到赔偿。[1]这在美国、香港等证券市场相对成熟的国家或地区确实是一种相对成熟的做法，但就中国的情况而言，显然不应匆忙适用，正如上面所讲述的投资者因某证券公司"乌龙指"而遭受损失的案例一样，如果上海法院没有如案例中所

---

〔1〕　陈洁："投资者到金融消费者的角色嬗变"，载《法学研究》2011 年第 5 期。

讲述的那样判决，而是让投资者因违规金融机构不及时进行信息披露同时监管机构又缺乏及时发现证券市场违法违规行为的监管工具和监管能力而自己去承担某些金融机构违法行为而导致的自身损失，则显然是不公平的，毕竟中国的证券市场监管体系不完备，此外还有监管政策层面经常存在"朝令夕改"的情况，若实践中完全采用"买者自负"的法律原则，必然对投资者权益造成不适当的影响，挫伤投资者投资的热情和主动性，进而对我国证券市场发展造成极为不利的影响。因此，从市场监管正当性的角度而言，对因疏忽而导致的监管失策、失职进而给投资者造成损失进行赔偿不失为一个明智之举，为此，就要制定完善的金融监管法律法规来规范监管机关的行为，最大限度地制约监管机关的疏忽、肆意和滥权。

以上是从一般金融领域中的金融消费者急需保护的情形出发对是否应加强金融监管行政法律体系建设进行的分析，事实上，具体到互联网金融领域，道理是相通的。如前文所言，互联网金融领域里的信用风险、技术风险、操作风险等不仅现实地存在着，而且往往因为互联网金融存在和发展于虚拟空间，交易双方往往"素未谋面"就动辄发生了较大额度的交易，加之"长尾效应"的影响，互联网金融领域的风险往往呈现放大态势，若监管不力，对金融消费者所造成的损害则更加巨大。因此，在互联网金融领域，对金融消费者的保护则显得更加必要，对此，一条重要的路径自然是加强互联网金融监管并完善互联网金融监管相关法治体系，这其中就包括对互联网金融监管行政法治体系的健全和完善。

第三节　供给侧：有限理性与管制俘获

不难看出，前文从风险防控和弱者保护角度对需求侧关于互联网金融监管行政法治体系需求的分析是从市场失灵理论中汲取了一定的"养分"，那么，因循本章在选定构建完善互联网金融监管行政法治体系必要性进行分析的视角部分所做的铺垫，接下来对供给侧关于互联网金融监管行政法治体系需求的分析自然离不开对政府失灵理论的借鉴。正如前文所言，在政府失灵方面，其表现形式和产生原因都是多方面的，但总结起来，笔者认为最重要的不外乎政府的有限理性和管制俘获这两个方面，在互联网金融监管领域同样存在着政府的有限理性和管制俘获的问题，由此也就产生了原本承担着某些互联网金融监管领域行政立法职责的政府反过来对构建完善的互联网金融监管行政法治体系有着强烈需求。

一、有限理性：互联网金融监管行政主体的局限性

有限理性理论是对"理性经济人"假说的修正和补充，为更好地分析政府的有限理性，有必要首先对"理性经济人"假说做一个简单的说明。经济学界的鼻祖斯密最早提出了人是自利的，在斯密看来这种自利既包括经济上的自利，也包括精神上的自利。李嘉图则将除经济方面的动机之外的其他一切动机均排除在外，而只考虑人们的经济方面的自利动机，并由此构造出一个经济人的概念。而西尼尔则进一步采用逻辑分析的方法对经济人假设进行了概括，他把除自利之

外的人的一切属性予以剥离，并以此来看待"理性经济人"。

不可否认，"理性经济人"假设理论确实具有非常重要的价值，这种假说在诞生以来对经济学以及社会学、政治学、法学等许多科学领域均产生较大的影响，但随着社会科学的不断发展和进步，"理性经济人"假说也受到了来自许多方面的批评，如马尔萨斯提出人是感性冲动的动物，明确反对"人是理性的存在物"的观念；还有马克思也对"理性人"进行了批判。[1]

正是"理性经济人"假说所存在的一些内在的缺陷及受到的批判引发了赫伯特·西蒙等人对"理性经济人"的进一步批判性思考，并最终于 20 世纪 40 年代末提出了"有限理性"理论。西蒙于 1947 年发表了著名的《行政行为：行政机构决策过程研究》，对厄威克和古立克的"行政原则"进行了批判。西蒙将"有限理性"的基本观点总结为：人在社会、经济、文化、政治等各种活动中，均会受到其信息处理、计算判断等各方面能力的影响，由人所组成的组织面临相似的情况，人和组织均无法完全按照理性模式来作出判断、采取行动，这也就意味着无论是个人，还是组织都没有办法对其所面临的所有选择作出思考，因此最终在事实上没有办法按照"效益最大化"的理性来指导他们各自的行为。后来，卡恩曼、斯洛维克及特奥斯基等人依靠心理学的研究方法进一步丰富了有限理性的概念。[2]

---

〔1〕 参见黄丽："'理性经济人'假设：演进与批判"，载《佛山科学技术学院学报（社会科学版）》2008 年第 2 期。

〔2〕 参见齐明山："有限理性与政府决策"，载《新视野》2005 年第 2 期。

笔者认为，从"理性经济人"假说到"有限理性"理论的发展，虽然从对"理性"的界定方面来看，仅仅只是标注了"有限"两个字，但正是这两个字恰恰把人从被假定为"全知全能"的"神坛"拉回到了"人间"，揭示了人在认识能力、分析能力、判断能力等方面存在的局限，也让人们由此进一步认识到了任何由人构成的组织均具有局限性，进而对政府的决策也必然具有局限性有了更为深入的理解。事实上，政府的"有限理性"不仅表现在政府作为一个组织在认识能力、分析能力、判断能力等方面的局限，而且表现在其在作出决策时往往不能去平衡好眼前利益和长远利益、局部利益和整体利益，经常作出只顾眼前利益、局部利益的"自私"举动，这种"绝对利己"的决策往往经过数年的实施后被验证为是一种"较差"的策略，政府在此方面所表现出的"有限理性"则更为突出。

事实上，大量的事实也验证了学者及笔者所阐述的政府的"有限理性"。目前，肆虐全国多个大中城市的"雾霾"就是部分地方政府盲目追逐地方利益，片面追求 GDP 高速增长所带来的"恶果"，他们在地方发展决策、制定地方经济及社会发展政策时在目标设定上缺乏全局观，在组织决策过程中缺乏合理的程序规制、缺乏良好的公众参与机制，导致他们决策盲目，多年缺乏环境与经济协调发展的"掠夺式发展"最终酿成了今天让多个大中城市群众深受"雾霾之害"的后果，党中央、国务院强调可持续发展的"科学发展观""金山银山不如绿水青山"的发展理念被一些地方政府"抛之脑后"。下面的几则案例可以帮助我们更好地理解政府的"有限理性"：

案例1：2009年，广东省仁化县政府规划在该县周田镇新庄村建设有色金属循环经济产业基地，为此需要征用部分土地。其中在被征收的范围之内，有叶某等3人的房屋所占有的土地，但该房屋为"两违"建筑，即未经规划审批、未领取土地使用证。在2009年8月至2013年7月之间，仁化县政府先后张贴发布《征地公告》《关于责令停止一切违建行为的告知书》等，并向叶某等3人告知他们建造房屋侵占土地的行为违法。但之后于2013年7月，在没有向叶某等3人发出强制拆迁通知的情况下，肆意组织一些人把叶某等3人的房屋强制拆除。之后，叶某等3人向韶关市中级人民法院提起行政诉讼。[1]

案例2：2015年1月，吴某通过网上行政办公系统向江苏省环境保护厅投诉称：他的住宅距离沿江高速公路仅18米，白天和晚上噪声很大，已经严重影响了他们家人的身体健康，要求省环境保护厅对噪声进行管理。省环保厅随后把该事项转交给了无锡市环保局，而无锡市环保局又转交江阴市环保局办理。2015年1月，江阴市环保局决定不受理吴某的信访事项，并发出告知书。吴某不服，随后起诉到法院。[2]

案例3：2015年2月，江苏省丹阳市某超市拟增加蔬菜零售业务，遂向该市市场监督管理局递交了申请书，申请增加经营范围。当月，该市市场监督管理局受理了某超市变更登记申请，随后到超市经营地进行了考察，认定该

---

〔1〕 姜明安：《行政诉讼法》，北京大学出版社2016年版，第406页。

〔2〕 姜明安：《行政诉讼法》，北京大学出版社2016年版，第420页。

超市距离丹阳市某农贸市场的距离不到 200 米，违反了丹阳市政府《关于转发市商务局〈丹阳市菜市场建设规范〉的通知》的有关规定，于是就驳回了某超市的变更经营范围的申请。之后，某超市向法院起诉要求撤销该市市场监督管理局的行政决定，对其申请事项进行变更登记。[1]

上面几个案例发生在不同的行政领域，但却不同程度地反映出政府的"滥权""不作为"等。在案例 1 中，依法保护公民财产权不受非法侵害，也是政府应当承担的重要职责之一，然而，广东省仁化县政府却为了快速推进循环经济产业基地建设，罔顾《行政强制法》的规定，违反相应行政程序，对叶某等 3 人的房屋进行强制拆除；而在案例 2 中，面对对人体具有很大危害的噪声污染，坚持"为民解忧"、依法履行监督管理职责是当地环保局应尽的"本分"，然而，作为对高速路工程进行环保验收的省环保厅，在应履行噪声污染监管职责时，却推诿塞责，不作为；再看案例 3：《个体工商户条例》第 4 条第 1 款明确规定："国家对个体工商户实行市场平等准入、公平待遇的原则。"确保对个体工商户进行公平对待是政府管理市场经济的基本原则和职责，正如北京大学法学院教授、著名行政法学家姜明安教授在分析该起案例时所指出的："政府在实施管理的过程中，要找准定位，正确引导、指导和调节市场，避免各种不当干预与限制。"[2]然而，江苏省丹阳市有关行政部门却不顾对市场主体应予以平等保护的要求，以发布

---

〔1〕　姜明安：《行政诉讼法》，北京大学出版社 2016 年版，第 410 页。
〔2〕　姜明安：《行政诉讼法》，北京大学出版社 2016 年版，第 411 页。

"红头文件"的形式，侵害市场主体的合法权益。这些由不同的行政主体所上演的"非理性"、违法行政行为，虽然最后都被法院判决予以纠正，但如此众多的类似案例，在不同时间、不同区域里还在不停地出现，即便在完善的法律体系约束下，也难以完全避免政府的"有限理性"。

不仅如上面的案例一般，在一般的政府决策领域，也充斥着诸多的"有限理性"的事例，事实上，在金融领域亦是如此。2015年~2016年弥漫全国、持续很长时间、多次多轮反复"发作"的股市大震荡就是由于某些承担证券监管职责的重要政府部门接连的政策失误所导致的后果，政府的"有限理性"及部分决策者的"任性"，让股市市值在短短几个月的时间里蒸发了几十万亿，无数股民"受灾"，"血汗钱""血本无归"。在互联网金融领域，政府的"有限理性"也现实地存在着。在"互联网金融"首次出现在政府工作报告中的2015年，充斥政府工作报告全文的是对"互联网金融"的"宽容"与"创新"，政府大力鼓励互联网金融的发展，而在监管方面则采取相对宽松的态度，甚至出现了互联网金融是否应被监管的争论，更不用提在监管手段和监管技术方面存在的不足，结果在2015年就接连出现了一系列互联网金融"大案"，互联网金融乱象频现，风险的不断涌现"倒逼"政府开始关注互联网金融风险并采取系列措施整治互联网金融乱象，也许在新事物出现的前期，其好与坏，都要经过一段时间的观察，应该采取何种监管政策，制定什么样的法规加以规制，都要经过一段时间的摸索，但这也从一个方面说明了政府不是"万能的"，政府是"有限理性"的组织体。再进一步讲，虽然"金融市场有风险，投资需谨慎"，但政府决策的"有限理性"作为一种"客观存在"确实给行政相对人甚至行政主体本身带来了非常不利的影响，试想，如果历次股市"大震荡"之际，我们通过事先设计的较好的决策机制、合理且受有效约束和监督的行政程序等行政法律制度来规范政府的决策过程，并确保这些行政法律制度不因领导意志的变化而变化、不因领导的喜好而被执行或"束之高阁"，则必然可以相应地最大限度地减少政府的"有限理性"，势必也能够由此发挥好行政法律制度在政府的"理性"与"有限"之间的"平衡器"作用，进而减少"忽略问题的决策""与问题无关的决策"的决策结果，大幅增加"问题得到解决"的决策结果。[1]

二、管制俘获：互联网金融监管行政主体存在被"俘获"的可能

（一）对"管制俘获"理论的简要回顾和分析

对"管制俘获"理论进行简要的回顾和分析，并对政府在管制过程中为什么会被"俘获"等问题进行研究，对研究互联网金融监管领域行政机关对加强相关行政法律制度建设的必要性及需求的强烈性将具有非常重要的价值。一般而言，

---

[1] 按照马奇的研究，"公共组织的组织目标的模糊性""组织决策过程的模糊性""组织决策凭借历史经验的模糊性"及"对信息解释和理解的模糊性"均决定了政府决策的有限理性特征，而政府的真实决策过程则验证了政府的"有限理性"，正是由于政府不可避免的"有限理性"特征，导致在政府决策方面可能存在的"问题得到解决""忽略问题的决策""与问题无关的决策"等三种决策结果中后两种占据非常大的比例，成为"司空见惯"的现象。

所谓"管制俘获"即是指政府机关在实施管制措施的过程中被受管制者所俘获，在作出决定、制定政策和法律、法规等方面偏袒那些受管制或受保护的组织或个人的利益，甚至在某些时候会为了被管制者的利益而实施所谓的管制。[1] 提及"管制俘获"理论，就要从斯蒂格勒于 1971 年发表的著名的《经济性规制理论》谈起，该著作首次在规制研究中引入经济学研究领域中常用的实证研究方法，创立了著名的"俘获理论"。斯蒂格勒分析认为：在一个产业内部存在着不同的企业，这些企业跟一般自然人一样，都会进行理性的计算，总是会通过成本的比较、收益的对比等方式来谋求可以使自身利益最大化的生产经营环境。如果是在完全自由竞争的状态下，各个企业除了需要支付生产经营成本之外，再无其他的成本，但此种状态下，除了有限的竞争利润外，企业也得不到其他的利润。于是，一些企业为了追逐更加高额的利润，他们自发组织起来进行合谋结成垄断组织或达成垄断协议，他们宁愿为此支付额外的成本，因为此举可以使得他们的收益更高，甚至远远高于他们为此付出的额外成本。同时，还有一些企业想方设法地去俘获政府以便得到政府的"额外照顾"，比如让政府实施所谓的保护性管制，限制后续的企业进入本行业，由此，这些在先进入本行业的企业由于面临的竞争相对较少，甚至由此获得垄断地位，于是便可以得到远远高于竞争性利润的高额利润，并且这份利润还可以相对稳定地流入这些获得优势地位的企业的"口袋"。然而，政府

---

[1] 参见王锡锌："参与失衡与管制俘获的解决：分散利益组织化"，载《广东行政学院学报》2008 年第 6 期。

也不会给企业送上"免费的午餐"，他们也会进行理性的计算，利用自己手中的权力去获得他们希望获得的"对价"，这种对价可能是掌握权力的官员的个人利益，也可能是为该政府部门从隶属的政党或派别谋求政治支持。行政管制被当做一件"商品"一样在政府和企业之间进行交易，企业成了政府的"客户"，企业从政府那里"购买"管制就要为此支付成本，这样一种现象对政府和企业而言确实是一种"双赢"的局面，但却使得国家利益、社会利益、公共利益成了"牺牲品"。

应该承认，"管制俘获"确实是一种客观存在的现象。那么，接下来的问题是，到底是什么原因造成了政府及其官员被俘获直至成为企业攫取不正当巨额利益的工具呢？美国著名行政法学学者理查德·斯图尔特对管制俘获理论的研究成果进行了梳理、归纳和总结，从管制目标的实现、官僚制的特征、管制的资源约束等角度进行了分析:[1]

一是管制目标的实现在很大程度上依赖于被管制企业的配合，如果受管制的企业对政府出台的管制政策置之不理、束之高阁，那么许多管制的目标就很难实现。而一般而言，政府均对负责管制工作的官员设置一定的责任制度，如果管制目标长期得不到实现，特别是由此给社会、经济发展带来较大的损失时，负责管制工作的官员很可能被追责。因此，政府管制机关及其官员为了自身的利益，也不愿将自己与受管制的企业置于完全对立的境地，很多时候，他们就会"沆

---

[1]　参见王锡锌："参与失衡与管制俘获的解决：分散利益组织化"，载《广东行政学院学报》2008 年第 6 期。

瀣一气"，共同致力于管制目标的实现。[1]

二是在官僚制体系下，受管制企业的数量越少越便于负责管制工作的机关制定管制政策，也越有利于管制政策的落实，因此，管制机关对受管制企业的数量进行控制自然是"情理之中"的事，毕竟管制机关也是"理性人"，如果管制机关允许企业自由地进入某行业，无疑是在增加自身的管制难度，在没有法律规定、政策引导、更大利益驱动的情况下，管制机关也会做出对自身更为有利的决定，即尽量少地允许新的企业进入某领域，这样就在某种程度上帮助受管制企业消除了潜在的竞争，这显然是一种为了管制而进行的管制。[2]

三是资源的有限性。管制机关所能掌控的包括人力、物力、财力等在内的资源都是非常有限的，如果不能得到受管制企业的有力配合，双方就会在彼此的博弈中消耗掉大量的资源，进而对管制构成威胁和影响。[3]

四是企业及有组织的利益集团可以为管制机关的决策和管制措施的落实提供外部的信息、技术和政治方面的支持，而这些支持恰恰是制定管制政策、落实管制措施时，管制机关所亟需的。在一个典型的政治过程中，一个企业及有组织的利益集团对行政过程中的影响是显著的，而单个的

〔1〕 参见王锡锌："参与失衡与管制俘获的解决：分散利益组织化"，载《广东行政学院学报》2008 年第 6 期。
〔2〕 参见王锡锌："参与失衡与管制俘获的解决：分散利益组织化"，载《广东行政学院学报》2008 年第 6 期。
〔3〕 参见王锡锌："参与失衡与管制俘获的解决：分散利益组织化"，载《广东行政学院学报》2008 年第 6 期。

个人力量所能施加的影响在有效性上而言是极其有限甚至可以说是"微乎其微"的，因此，在多数情况下，企业和有组织的利益集团在政府管制政策制定过程中是占据主导地位的，而单个个人的力量，由于其分散性，导致其经常被置于"边缘"。[1]

（二）金融领域中的"管制俘获"现象

以上是基于一般行业对"管制俘获"进行的分析，为我们深入认识"管制俘获"打开了"知识之窗"，为我们进一步分析金融领域特别是互联网金融领域里的"管制俘获"奠定了理论基础。不容我们否认的是，在"管制俘获"这一问题上，金融领域也毫无争议地存在着这一现象。对此，我们可以以银行为例进行分析。我们的银行业监管体制经历了两次较大的调整，一次是 20 世纪 80 年代时中国人民银行将存贷款业务剥离，不再从事经营活动，重组为真正意义上的"央行"，还有一次是中国银监会的成立，关于银监会的职能前文已经述及，在此不再赘述。从 2003 年成立起，中国银监会就承担起了对全国银行业机构和非银行金融机构的监管工作，截至目前，银监会监管的机构包括国有商业银行、政策性银行、股份制商业银行、城市商业银行、农村商业银行、农村合作银行、城市信用社、农村信用社、外资银行营业机构、外资银行代表处等银行机构及资产管理公司、信托投资公司、财务公司、金融租赁公司及邮政储蓄等非

---

[1]　参见王锡锌："参与失衡与管制俘获的解决：分散利益组织化"，载《广东行政学院学报》2008 年第 6 期。

银行金融机构。2018 年国务院机构改革后，原中国银监会的职能由中国银保监会承继。目前，我国在银行业监管领域已经建立相对完备的制度，发布了众多的法律、法规及政策，管理堪称"严格"，但仍然存在着"管制俘获"的现象，主要表现在：

一是监管者在实施监管过程中存在着偏袒被监管者利益的情况。一方面，承担银行业监管职责的行政主体作为监管者其监管过程也是和寻租活动交织在一起的，正如政府会介入市场和企业，承担银行业监管职责的行政主体也会介入银行等金融机构，介入的过程也就是用权力配置资源的过程，承担银行业监管职责的行政主体偏向哪家银行机构一些，哪家银行机构自然就能获得相对多一些的利益，这部分利益就属于额外收益。另一方面，当承担银行业监管职责的行政主体出台某项政策、某个法规时，我们通常会看到承担银行业监管职责的行政主体会主动征询各大银行、各大资产管理公司等机构的意见，而几乎不会去征询公众的意见，同时，受承担银行业监管职责的行政主体监管的各大金融机构在得知其将出台某项法规或政策时，就会去想方设法地影响甚至干预承担银行业监管职责的行政主体的政策决策及立法过程，进而达到促使承担银行业监管职责的行政主体出台有利于自身的政策及法规的目的，很多时候，一些大型金融机构甚至去游说、劝说承担银行业监管职责的行政主体出台有利于自己的政策或法规。而那些没有能力游说、劝说承担银行业监管职责的行政主体的机构特别是作为个体的广大公众的利益就极可能被"搁置"，在强大的"公关"面前，承担银行业监管职责的行政主体作出对广大金融消费者不利的抉择也是

"理所当然"的了。[1]

二是承担银行业监管职责的行政主体作为监管者可以不对受监管的实施违规甚至违法行为的金融机构采取处罚措施，甚至免除惩罚。在任何一个国家，金融业都是一个极为特殊的行业，因为这一行业事关国计民生、国运兴衰，所以受到当局的高度重视，一般都给予较为严格的监管，在我国也不例外。当前，我国实施银行保险、证券分业监管的政策，商业银行自身的经营范围也由此受到较多的限制。[2]近些年来，随着监管机构的日益成熟，监管法律的不断完善，监管政策的逐一出台，监管工具的日益丰富化、多元化，对商业银行实施的监管堪称严格，但这并不意味着受到监管的金融机构个个都严格守法、守纪、守规，相反，一些企图通过各种手段逃避监管、规避法律法规的金融机构并不是个别现象，他们为谋取利益，采取违反禁止性规定的举措和行动，已并不鲜见。中国银保监会发布的 2018 年有关监管指标显示，截止到 2018 年年末，中国银行业不良贷款的余额达到 2 万亿元，不良贷款率为 1.89%。[3]虽然并不能以偏概全地认为这些不良贷款的形成全部都是由于银行违法违规操作形成的，但可以肯定的是在承担银行业监管职责的行政主体严控不良资产的大背景下，部分银行及其从业人员为了把款项贷出去赚取

---

〔1〕 参见戈妍、孙杨："解决我国银行监管效能问题的制度设计——运用管制俘获理论进行分析"，载《南京财经大学学报》2005 年第 5 期。

〔2〕 参见戈妍、孙杨："解决我国银行监管效能问题的制度设计——运用管制俘获理论进行分析"，载《南京财经大学学报》2005 年第 5 期。

〔3〕 参见 https://www.yicai.com/news/100097481.html，最后访问日期：2019 年 1 月 15 日。

利差，赢得所谓的业绩，进而放松甚至不对贷款企业等进行考核从而造成大量不良资产的情况也是很多的。按照南京财经大学戈妍、孙杨的分析，他们在违法违规操作导致大量不良资产后为了开脱而设法"俘获"承担银行业监管职责的行政主体，而其为"俘获"承担银行业监管职责的行政主体及其监管人员时所支付的"报价"也特别具有诱惑力，这份诱惑力已经超越了接受非法贿赂的人员被查后丢掉工作丧失后续工资等所能带给他们的压力，换句话说，承担银行业监管职责的行政主体的监管人员的违法成本相对较低，以致当他们面对巨大诱惑时，宁可"铤而走险"，接受相关单位或个人的贿赂，最终承担银行业监管职责的行政主体作为监管机构对这部分实施违法违规行为后支付相应"对价"的单位"不闻不问"，对相关单位的违法违规行为不予处罚，承担银行业监管职责的行政主体由此被"俘获"。[1]下面发生于金融监管部门高级领导干部被查的案例可以对此作出一个比较恰切的诠释：

案例1：被告人项某，曾任国内重点商业银行党委书记，某金融监管机构主席，于2017年4月违纪被查，后于2018年6月由江苏省常州市中级人民法院公开审理了项某受贿一案。项某在任职期间，曾利用职务便利，"为有关单位和个人在项目承揽、案件处理、贷款发放、资质审批及职务晋升等事项上提供帮助，直接或通过特

---

〔1〕 参见戈妍、孙杨："解决我国银行监管效能问题的制度设计——运用管制俘获理论进行分析"，载《南京财经大学学报》2005年第5期。

定关系人杨某（另案处理）收受相关单位和个人给予的财物共计折合人民币 1942 万余元"。项某当庭表示认罪、悔罪。[1]

案例 2：刘某，曾任国内重点商业银行党委书记，某金融监管机构主席，于 2019 年 5 月向中央纪委、监委主动投案，配合调查。在其任职某金融监管机构主席期间，江苏省 IPO 数量不断攀升，迅速超越广东、浙江，位居全国第一。刘某系江苏人。[2]

上述两则案例，都是不同领域金融监管部门领导违法违纪，利用职务便利，为有关单位和个人谋取"监管红利"，使得有关单位"当罚而不被罚"或者获取了额外利益，特别是在案例 1 之中，甚至触犯了《刑法》第 385 条关于"受贿罪"的规定，行为人的主客观要件已完全符合受贿罪的规定，因而也最终被人民法院判定为受贿罪成立，同时在类似的案件中也有不少行贿行为人被法院以"行贿罪"论处，然而这些单位和个人却仍然乐于"围着"这些金融监管部门的"大鳄"转，共同制造着令人震惊的"管制俘获"事件，如此这般的案例还有很多。

应该说，当前随着自媒体的不断发展，舆论监督的能力、范围和强度不断拓展，社会公众"权利意识"也在不断觉醒、不断加强，面对可能使得自身利益受损的情形，他们更

---

〔1〕 参见 https://baike. so. com/doc/5283071 - 5517341. html，最后访问日期：2019 年 10 月 21 日。

〔2〕 参见 https://finance. qq. com/a/20190604/004809. htm，最后访问日期：2019 年 10 月 21 日。

愿意、更积极地发挥主观能动性，去行使监督的权利，实施监督的行为，由此，舆论监督与社会监督的"动能"交织，较之前形成了更大的力量，可以对监管机构实施更有效的监督，同时加之党中央、国务院对腐败问题保持了高压态势，各级纪委、检察机关不断加大对腐败的查处力度，一些政府官员甚至认为当前已经出现"官不聊生"的状态，深刻地反映了当前官场生态格局的巨大变化，但这也只是意味着监管机关及其行政人员腐败成本加大了，在原有条件下被"俘获"的概率减少了，并不意味着"管制俘获"现象的彻底绝迹，毕竟只要通过"俘获"监管机关获得收益可以超过为此付出的"对价"，被监管的机构就不会停止"俘获"的脚步，而只要监管机关及其行政人员因此获得的利益超过他们会为此受到的惩罚并且他们因为收取"对价"而被查获仍然只是一个存在概率的事件，那么他们就会继续"心甘情愿"地与被监管单位"勾结"，继续向被监管单位输送"便利"政策，以供他们获取高额利益，而监管者自己在获得"收益"的同时，也让监管机关的管制政策因被监管者的配合而得到顺利实施的便利。关于这点，在当前银行监管实践中，也是同样适用的。

三是作为监管者的承担银行业监管职责的行政主体对上级主管单位会采取隐瞒信息的行为。一般而言，在监管者实施管制的过程中存在着两层委托代理关系：一层是企业与监管机构之间的委托代理关系，另一层是监管机构与国会之间的代理关系。[1]监管者作为政府的代理机构与委托其行使监

［1］　参见戈妍、孙杨："解决我国银行监管效能问题的制度设计——运用管制俘获理论进行分析"，载《南京财经大学学报》2005 年第 5 期。

管权力的政府之间存在着信息不对称的情况，由此监管者很可能为了自身的利益而有意或无意地隐瞒一些涉及监管的重要信息，以此来换得政府、产业系统及广大消费者对其的信任。在国际上，国际信贷商业银行（BBCI）为避免监管者对其进行的详细审查，曾采取贿赂的方式来"俘获"和美国政府具有密切关系的监管部门，使得其在美国市场中一度获取了很多的超额收益。[1]事实上，这种情况在我国的银行业监管中也依然是存在的，根据常识，我们都很清楚承担银行业监管职责的行政主体是国务院直属事业单位，承担银行业监管职责的行政主体作为国务院的代理机构履行着对银行业进行监管的职责，而他们彼此之间也正如一般的代理人和委托人一样存在着信息不对称的问题，而且多数时候承担银行业监管职责的行政主体的工作人员都同银行之间存在着紧密的联系，甚至他们之中的一些人就来自银行系统，这样承担银行业监管职责的行政主体的工作人员为了维护行业利益，照顾"老东家"，就极可能隐瞒在监管中所发现的问题，不向国务院汇报，造成国务院无法得知银行业中存在的问题，进而在制定法律和政策方面不能有效发挥作用，这也是一种非常典型的"管制俘获"现象。[2]

　　事实上，不仅在银行业，而且在更为一般的金融行业中，"管制俘获"的现象也是非常的普遍的，我们完全可以从上述笔者结合戈妍、孙杨的观点并进行认真思考后所做的分析

---

〔1〕　参见戈妍、孙杨："解决我国银行监管效能问题的制度设计——运用管制俘获理论进行分析"，载《南京财经大学学报》2005年第5期。

〔2〕　参见戈妍、孙杨："解决我国银行监管效能问题的制度设计——运用管制俘获理论进行分析"，载《南京财经大学学报》2005年第5期。

中"窥见一斑"。除了上述分析之外，湖北金融发展与金融安全研究中心的王国红从对美国金融危机的研究中所发现的金融领域的"管制俘获"现象对我们深入认识互联网金融监管领域的"管制俘获"问题进而为我们吃准、吃透行政部门对加强互联网金融监管行政法治体系建设的"紧迫需求"也具有非常有价值的参考作用。在此笔者结合王国红的分析对在金融领域中大致存在着的四种"管制俘获"情形做进一步阐释：

一是在对金融机构表外资产管制方面存在被俘获的情形。曾经在美国发生的"安然事件"已经给美国敲响了警钟，这个案例的大致情况如下：

在美国的资本市场，安然公司曾是第七大上市公司，属于美国能源行业的巨头企业，然而就是这样一家企业，在2001年却突然提出破产保护，安然公司似乎"一夜之间"轰然倒塌。这个案件之中涉及的虚报利润、漏报债务、财务欺诈等诸多问题都严重侵犯了美国证券监管以及会计法规，甚至诸多行为构成了刑事犯罪。其中依靠表外融资方式进行的财务造假亦是令人"瞠目结舌"。在1997年至2000年间，安然公司仅利用表外融资之中的SPE这一传统方式就制造了巨大的财务造假事件，其中虚构利润达到4.99亿美元，隐匿债务累计达到25.85亿美元。一系列财务造假事件最终使得安然公司陷入了巨大的危机，最终在2002年1月被美国纽约证券交易所从道琼斯指数成分股中除名，安然公司的市值也从800亿美元缩水至2亿美元，股价甚至跌落至50美分，安然公司甚至倒台。[1][2]

　　事实上，美国之所以发生如此惊动的安然事件，主要在于美国的证券监管法规相对宽松，而会计法规亦是为资本市场金融工具的创新留下了不少的"人为漏洞"。就拿利用SPE 进行表外融资来说，美国对利用 SPE 进行融资而不并入发起公司资产负债表的规定过于宽松，以致于美国安然公司利用这样的漏洞实际控制的 SPE 多达 3000 多个，其中在避税天堂设置的 SPE 就达到 900 家，这些公司都被安然利用来隐匿、漏报负债，夸大利润，逃避税收。为此，美国于 2002年制定了《萨班斯－奥克斯利法案》，其中就包括加强对表外资产进行监管等多方面的问题进行了规制和约束，但遗憾的是，该法案出台后，许多金融机构认为该法案过于"苛责"，于是便开始游说负责该法案执行的美国金融审计委员会，美国金融审计委员会也被他们成功"俘获"，以致《萨班斯－奥克斯利法案》中很多有价值、有意义的规定并没有落到实处。[3]

　　二是在对金融衍生品管制方面存在被俘获的情形。美国的鲍恩于 1998 年出版了一本书，讲述了监管机构应如何加强对金融衍生品的监管。这本书出版后，鉴于鲍恩在相关监管

---

〔1〕　参见张新、陈帼钊："美国证券市场监管体制改革与信用制度的重建——兼谈安然事件对新兴证券市场诚信制度构建的启发"，载《经济社会体制比较》2002 年第 3 期。

〔2〕　参见梁庆："特殊目的实体的表外融资实证分析及启示——以安然公司为例"，载《会计之友》2011 年第 28 期。

〔3〕　参见王国红："美国金融危机、金融管制与管制俘获"，载《武汉金融》2010 年第 4 期。

机构中任职的特殊情形，掀起了金融界的一波不小的波澜，许多金融衍生品行业内企业纷纷争相会见负责金融衍生品监管的机构高层，向他们提供"政治献金"，力图通过系列关系逼迫鲍恩"下台"，最后，鲍恩迫于多重压力，不得不辞去监管机构的职务，鲍恩提出的对金融衍生品进行监管的许多设想随之"付之一炬"。[1]

三是在对抵押贷款的管制方面存在着被俘获的情形。在美国金融市场上，曾经盛极一时的房地美和房利美，是两家专门从事购买房地产抵押贷款业务的金融企业，他们在房地产领域的"次贷"市场上可谓"呼风唤雨"，从表面上看，他们服从政府的监管，但事实上他们已经俘获了相关监管机构。王国红举例指出，参议员 Chuck Hagel 提出应对房地美购买贷款的活动施加更为严格的立法控制，为了制止这一提案，房地美在 2005 年曾向共和党支付 200 万美元，进而达到了目的。按照有关统计，从 1998 年至 2008 年的十年间，房利美和房地美花在游说议员方面的钱分别高达 8053 万美元和9616 万美元。[2]

四是金融业界的各个企业及"大佬"对管制者运用政治献金、贿赂等手段进行俘获。上面提到了从 1998 年至 2008 年的十年间房利美和房地美向议员游说所花费的金钱，事实上，整个金融业在这十年里花在美国共和党和民主党竞选捐款方面的金钱就高达 17.38 亿美元，其中给共和党的和给民

---

〔1〕 参见王国红："美国金融危机、金融管制与管制俘获"，载《武汉金融》2010 年第 4 期。
〔2〕 参见王国红："美国金融危机、金融管制与管制俘获"，载《武汉金融》2010 年第 4 期。

主党的分别达到 55% 和 45%，而这十年金融业花费的"俘获"资金就更多，高达 52 亿美元。王国红指出，为了影响美国联邦政府，金融业界曾聘用了 2996 名说客去游说，而这个数字相当于当时美国国会成员的 5 倍之多。"辛苦"理应得到"回报"，金融业界各个机构及"大佬"的钱不是白花的，他们也确实得到了"回报"，这十年美国履行金融监管职责的相关管制机构没有出台任何具有对美国金融业特别是其中的大型金融机构不利的政策、法令等。[1]但可笑的是，事实已经证明了一切，2008 年席卷全球的金融危机最终还是让他们尝到了"苦果"，很多曾经"竭力"进行"管制俘获"并对此"乐此不疲"的大型金融机构在这场危机之中不仅损失惨重而且有些最终走向了破产。

（三）对互联网金融领域中是否存在"管制俘获"的简要分析

互联网金融领域中是否存在"管制俘获"现象呢？答案是肯定的。互联网金融领域也并非"世外桃源"，正所谓"水至清则无鱼，人至察则无徒"，互联网金融的生存和发展，特别是在早期"野蛮生长"的阶段，如果互联网金融的"掌门人"们及互联网金融各大企业不能与政府建立良好的关系，不能有效地游说政府，想要在互联网金融领域占据一席之地是非常困难甚至是不可能的。

在互联网金融领域中，如同金融行业中其他领域一样，存在着管制者和被管制者的区分，管制者是作为国务院委托

---

〔1〕　参见王国红："美国金融危机、金融管制与管制俘获"，载《武汉金融》2010 年第 4 期。

代理人的央行、证监会及银保监会等机关单位，被管制者则是从事互联网金融业务的各个单位。回顾互联网金融从无到有的过程，当前已经在互联网金融领域占据一定市场、拥有一定地位的经营者或其股东都是曾经在金融、实业等领域中取得了一定成就的企业或个人。他们在长期的经营、发展过程中，不断地与政府"打交道"，建立了良好的人脉网络、有效的沟通渠道，游说政府的能力是较强的，而政府方面为促进经济发展，推动互联网金融新兴产业迈向新台阶，也正如前文所述的那样，作为管制者也希望自身出台的管制政策和法律可以得到有效的实施进而更顺利地实现管制目标，为此，管制者也努力去寻找被管制者的支持，由此他们"走在了一起"，成为"志同道合"的"战友"，履行互联网金融监管职责的各个管制者向大型的互联网金融平台"输送"有利于其发展的管制法律、政策，帮助其获得超额收益，而互联网金融的经营者则向监管者"输送"监管者需要的"对价"，这种"对价"包括但不限于金钱、助推金融监管者管制目标的更顺利实现等。这正如中国政法大学的林华所比喻的那样，管制者和被管制者在长期的行政管制过程中也经历了像恋人之间那样"从相识到相知再到相恋"的过程，他们彼此之间经过一段时间的磨合，日渐熟悉起来，管制者和被管制者作为"理性人"，会盘算着如何使得自身的利益最大化，最终他们必然会朝着"利益互补、各取所需的共谋关系"的方向发展。[1]互联网金融监管领域逃不出这个"窠臼"。

---

[1] 参见林华："论管制俘获的行政法规制"，中国政法大学 2010 年硕士学位论文。

事实上，随着互联网金融的不断发展，互联网金融企业的数量将日渐增多，互联网金融企业的实力将日渐提升，互联网金融企业为了自身的利益，彼此之间抱团的现象将日渐明显，"管制俘获"的动力及能力都将进一步提升。在发展过程中，彼此之间既有竞争，又有合作，合作是为了争取有利于既有互联网金融企业的政策，是为了赚取更大的额外收益，此种的利益交织、利益一致促使他们形成了事实上的利益集团，他们通过组建国家性或地方性的互联网金融方面的民间组织来采取一致行动进而影响政府监管者们的政策、决策，以获取巨大的利益。原本在互联网金融的另一端连接着广大的金融消费者，随着金融的日渐大众化，金融消费者的范围已经在事实上扩展到了广大的社会公众群体，这些社会公众如果为了自身的金融权益能够联合起来，确实可以形成一股与互联网金融经营者相"抗衡"的力量，当互联网金融经营者去试图游说政府监管者时，这些社会公众完全可以通过抗议、静坐、集会、游行等多种手段和方式向政府监管者施压，进而促进政府监管者出台有益于公共利益的法律、法规和政策，减少直至避免"管制俘获"。

然而，遗憾的是，上述只是一种特别"一厢情愿"的想法。美国著名学者曼瑟尔·奥尔森在其名著《集体行动的逻辑》中已将"集体行动的困境"以浅显的语言揭示了出来，奥尔森认为，如果一个利益集团中的人数不是特别少，或者如果没有采取具有强制性的、带有惩罚措施的方式或利用某些特殊的手段以促使每个个体为了公共利益而行动，那么，这些"理性的"个体，会不停地追求个体利益的最大化，而丝毫不会为了实现共同的利益或公共的利益而采取行动。[1]诚如奥尔森所言，作为金融消费者的广大社会公众，同样是不可能为了共同的利益而联合起来的，他们人数虽然很多，但力量特别分散，政府在互联网金融领域所采取的管制政策的优劣、宽严所带来的利益增加或减损平均分配到每个人身上，就会变得"微乎其微"，他们缺乏为了公共利益、集体利益而采取行动的积极动力，在他们看来，他们个体的努力也拯救不了互联网金融领域中的公共利益，而他们个体不努力也不会因此使得互联网金融领域中的公共利益遭受重创，因此，他们始终抱着"搭便车"的心理，总是期望别人努力得多一点，自己顺便地"沾点光"，但是这种心理是极其可怕的，个体追求的通过"搭便车"方式来谋求自身利益最大化的举动，最终却很容易造成互联网金融领域中的公共利益被管制者驾驭、被管制者掠夺的可怕后果。这样也就意味着原本可以与互联网金融经营者形成的利益集团相"抗衡"的力量也因为广大社会公众作为个体的"搭便车"心理及其举动而使得被管制者"俘获"互联网金融监管者的难度减少、机会增加。在此种情况下，为了有效克服互联网金融监管领域中的"管制俘获"现象，我们就更加有必要不断完善与互联网金融监管相关的法治体系，这其中就不可缺少互联网金融监管行政法治体系中所包含的一系列重要的法律制度类型，以此通过更加完善的互联网金融监管行政法治体系来规制、规范监管者以及被监管者的行为，进而尽可能地减少"管制俘获"现象的发生。

---

〔1〕 〔美〕曼瑟尔·奥尔森：《集体行动的逻辑》，陈郁、郭宇峰、李崇新译，上海三联书店、上海人民出版社1995年版，第2页。

第四章 互联网金融监管行政法功能定位及其对互联网金融监管行政法治体系构建的影响

互联网金融监管行政法的功能定位及其对互联网金融监管行政法治体系构建的影响是在研究互联网金融监管行政法治体系问题时需要着重分析的问题之一。从表面上看，似乎研究这一问题并不具有直接的"经济价值"，但这显然只是从很浅的层次来看待研究互联网金融监管行政法的功能定位及其对互联网金融监管行政法治体系构建的影响这一问题的意义，并不能真正体现出、表达出对互联网金融监管行政法功能定位及其对互联网金融监管行政法治体系构建影响进行研究的价值，甚至可以说，这种观点是极其错误的，甚至是有害的。这正如一位研究新药物的学者不去研究构成药物的分子结构，而只是妄图跨越对基本问题的研究去搞盲目的创新，其结果必然是很难取得有价值的研究成果，这个基本的道理对互联网金融监管行政法功能定位及其对互联网金融监管行政法治体系构建影响的研究同样适用。事实上，我们分析这个基本问题，厘清互联网金融监管行政法功能定位及其对互联网金融监管行政法治体系构建的影响，是研究互联网金融监管行政法治体系不可或缺的，不仅对提升互联网金融监管行政法治体系问题研究的社会和经济价值具有非常重要的作用，而且可以为下一步如何实现互联网金融监管行政法治体系的构建指明路径和方向。

第一节　互联网金融监管行政法微观功能定位及其对互联网金融监管行政法治体系构建的影响

　　研究互联网金融监管行政法功能定位及其对互联网金融监管行政法治体系构建的影响，应首先搞清楚什么是法的功能，毕竟互联网金融监管行政法的功能是以法的功能为基础的，对互联网金融监管行政法的功能的界定离不开法的功能这一基础概念设定的框架，那么我们究竟应该如何来理解法的功能这一概念呢？关于法的功能的概念应如何理解的问题，不同的学者从不同角度给出了不同的界定，主要包括"无视说""导向说""法律功能和法律作用差别说""法律功能和法律作用等同说"等。其中"无视说"完全不考虑法的功能这一个概念，在其论著体系中从来不提及法的功能这一概念，而是以法律的作用和价值为"替代物"，似认为法律的作用和价值这一概念可以完全取代法的功能这一概念，这一观点以张文显教授为代表，其主编的多个版本的《法理学》中都没有提及法的功能，而是以法律的作用和价值取而代之。上述"导向说"，又被称为"趋势说"，将法律的作用的导向或称趋势理解为法的功能；而上述"法律功能和法律作用差别说"则认为法的功能是与法律的作用、价值等概念相区别的概念，并认为与法律的作用、价值等概念相比，法的功能才真正体现了法的本质要求，这一观点以付子堂教授为代表，在其著作《法律功能论》中对法的功能进行了详尽的论述；上述"法的功能和法律作用等同说"与"无视说"不同，"无视说"根本没有提及法的功能这一概念，但"法的功能和法律作用等同说"阐述了法的功能这一概念，但认为它与法律作用是一对同义词，这一观点以沈宗灵教授为代表，在其主编的《法理学》中提出了法的作用等同于法的功能的观点。

结合以上关于法的功能的一般性分析，笔者尝试着提出对法的功能的理解，所谓法的功能就是指法律作为社会这个整体的一个重要的子系统，在对社会关系进行调整的过程中，与其他社会系统要素相互作用时，对其他社会系统要素发挥影响力的能力。具体可以从以下几个方面进行理解：一是法的功能是法律作为社会整体一个组成要素或子系统，本身所具有的能力，这种能力不是外力所赋予、所强加的；二是法的功能的大小取决于法律自身的完备程度、法律在统治阶层心目中的位置、人民大众法治意识的养成以及法律技术的成熟程度等；三是法的功能是不同于法律价值和法律作用的，法的功能是法律价值实现的外在机制，是法律作用发挥的内在基石。

一般而言，法的功能亦有多种分类方式。目前法学界对法的功能的分类中具有最为重要影响且为我国法学研究者普遍认同的分类方式是根据法律所调整的不同对象，将法的功能区分为法律的规范功能以及法律的社会功能。这种分类方法最早是由英国著名的新分析实证主义法学家拉兹提出来的。所谓法律的规范功能就是指法律作用于人的行为，对人的行为所产生的影响与规范。通常来说，法律的规范功能包括指引、预测、评价、制裁和教育等五个方面的功能。所谓法律的社会功能就是指法律作用于社会关系，作为一种"调节器"，其对社会关系所产生的影响。法律的社会功能是一个非常复杂的概念，如果说法律的规范功能是对法律作为一种社会规范对社会关系等所产生的外部的客观影响的角度来探析的，那么法律的社会功能就是从法律潜在的本质和目的出发，来对法的功能进行的考察。与法律规范功能相比，法律的社会功能就像是"蒙了一层面纱"，让人更加难以捉摸，同时基于法律社会功能的不同类型，就进一步大幅度增加了人们对于法律社会功能的认识的难度。虽然法律的社会功能如此复杂难懂，但是它的的确确具有着比法律的规范功能更为重要的地位和作用。在此应该注意到的是，法律是社会的产物，而这里的社会是个"大社会"的概念，这个"大社会"又是由政治、社会（小社会）、经济和文化等诸多因素通过复杂的"网"编织在一起，进而构成的一个复杂的整体，这个"大社会"中的各个要素会随着社会环境的改变而改变，进而表现出许多不同的特点，也正因为如此，法律作为一种社会规范，它是对社会关系的反映，但这种反映并不必然是被动的，它还可以主动地发挥作用，协调各个社会成员之间的利益关系，调整利益格局，改变社会关系，维护社会秩序，确保社会稳定。

在我们对法的功能的概念、类别等有了较为深入的认识之后，笔者就要在此基础之上，对互联网金融监管领域之中行政法的功能表现在哪些方面进行更为深入的探讨。正如前文所述，正是基于需求方和供给方对互联网金融监管行政法治体系建设与完善的需求，因此，产生了进一步推进互联网金融监管行政法治体系建设和完善的极强推动力。以需求为诱使、以供给为"强心剂"的互联网金融监管行政法治体系的建设和完善，不仅可以全面深入地满足广大金融消费者对互联网金融发展的需要，维护、保障和促进互联网金融又好又快且可持续稳健发展，而且应该能够促进互联网金融与传统金融的均衡发展，也能促进互联网金融与实体经济均衡发展，进而推动国民经济发展再上新台阶。科学地定位与客观地描述互联网金融监管行政法的功能，不仅可以大幅度地提升互联网金融监管行政法治体系的价值，而且还可以为互联网金融监管行政法治体系的建设和完善指出更切实、更明朗的目标和方向。下面，笔者就从互联网金融监管行政法微观功能以及互联网金融监管行政法宏观功能这两个方面分别对互联网金融监管行政法功能定位及其对互联网金融监管行政法治体系构建的影响做出分析。本节首先探讨互联网金融监管行政法微观功能及其对互联网金融监管行政法治体系构建的影响。

一、互联网金融监管行政法微观功能的内涵和外现

那么什么是互联网金融监管行政法的微观功能呢？结合我们对法的功能的理解和分析，我们可以这样来理解互联网金融监管行政法的微观功能，即所谓互联网金融监管行政法的微观功能，就是指互联网金融监管行政法律作为一个体系或者部分所发生的能够造成一定客观后果的、有利于实现法律价值的应然效应。该种应然效应的发生得益于促进互联网金融健康持续发展等立法目的之指引，同时亦是基于互联网金融监管行政法治体系的内在结构属性，而作用对象为互联

网金融监管涉及的各个主体，包括但不限于对互联网金融负有监管职责的银保监会、证监会等国家行政机关以及经法律、法规授权与行政机关委托的组织，互联网金融消费者、互联网金融机构、开展互联网金融业务的传统金融机构等。互联网金融监管行政法律对各个主体所能产生的应然效应具有不同的方向，有些是正向效应，而有些是负向效应，根据其影响方向的不同，我们可以进一步将互联网金融监管行政法的微观功能分解为互联网金融监管行政法律对各个主体的正向效应，即激励功能，以及互联网金融监管行政法律对各个主体的负向效应，即控制功能。从某个角度来说，它与法的功能之中的规范功能具有很多相似之处，在对互联网金融监管行政法的微观功能进行分析时，必然要充分吸收借鉴与法的功能之中的规范功能有关的知识和方法来加以分析。

二、互联网金融监管行政法激励功能及其对互联网金融监管行政法治体系构建的影响

（一）打造高效竞争机制，给予互联网金融市场主体以更多的经营自由，同时也充分保护互联网金融消费者的交易自由

自由是现代世界观、价值观的核心所在。"自由问题是所有哲学反思的真正核心：它是形而上学和神学的核心，就如同是伦理学和社会政治哲学的核心一样"[1]。马克思和恩格斯也曾在其名著《共产党宣言》中明确指出："代替那存

---

[1] [美] 阿兰·博耶："论古代共和主义的现代意义"，载应奇、刘训练主编：《公民共和主义》，东方出版社 2006 年版，第 7 页。

在着阶级和阶级对立的资产阶级旧社会的，将是这样一个联合体，在那里，每个人的自由发展是一切人自由发展的条件。"[1]自由是什么，是一个可以从不同视角进行审视的重大哲学和法学命题。比如法国思想家贡斯当提出要区分古代人的自由和现代人的自由的基本观点。与贡斯当对自由的区分比较相似，另一种关于自由的区分为"消极自由"和"积极自由"。英国著名思想家伯林于 20 世纪对此作出了详尽的论述。伯林指出了"消极自由"和"积极自由"的区别，所谓积极自由是指自己可以去做自己想做的事情，自由的前缀"积极"即表达了个体成为他自己主人的愿望。而消极自由，是指一个人能够不受其他人或其他群体阻碍的行动。普遍的观点认为，在消极自由和积极自由两者之中，积极自由并非是真正的自由，因为它容易在某种蛊惑下诱发一种残酷的暴政，因此，对于积极自由要加以有效规制，而只有消极自由才是真正的自由。当然，近年来，也有不少学者开始倡导积极自由和消极自由之外的另一种自由，即"共和主义的自由。"当然，就法律而言，法律自由有着更为深刻的涵义，所谓法律自由，就是指在一个国家之中，国家权力所允许的一个国家的国民以及社会团队进行活动的范围，是国民和社会团队按照自己的意愿进行活动，并且受到相应法律约束并得到有效保障的权利。在互联网金融监管的诸多立法之中，都在努力探寻和实现这样一种法律自由，比如：《支付结算办法》第 4 条规定："支付结算工作的任务，是根据经济往来组织支付结算，准

---

[1] 中共中央马克思恩格斯列宁斯大林著作编译局编译：《马克思恩格斯选集（第 1 卷）》，人民出版社 2012 年版，第 422 页。

确、及时、安全办理支付结算，按照有关法律、行政法规和本办法的规定管理支付结算，保障支付结算活动的正常进行。"这就是说，互联网金融机构从事支付结算业务时，应在法律法规的框架内活动，受到相应法律法规的约束，超出法律法规规定范围的行为，很可能被定性为违法。

那么，互联网金融监管行政法的这一功能定位会对互联网金融监管行政法治体系构建形成怎样的影响呢？事实上，这种影响主要体现在互联网金融监管行政法治体系构建时应该对如何确保各个主体的自由作出系统的回应。

首先，互联网金融监管行政法治体系的构建要通过制度的设计和周到的安排，增加各个主体的行为自由度，扩大各个主体的选择范围和选择机会，让各个主体实现互联网金融监管行政法治体系有效规制下的积极自由。正如前文所述，我们都知道，伴随着互联网金融的发展，互联网金融确实出现了一系列的风险和问题，除了前文已经提到的，事实上，这些年在互联网金融领域的风险事件也是不断出现，用"从未消停过"来形容一点也不为过。根据新金融头条的不完全统计，仅2019年3月，宣布清盘的平台已达到31家，公安机关介入的平台有2家，还有跑路的平台1家。同时，根据网贷第三方平台统计的数据显示，截至2019年3月底，在互联网金融之中处于极为重要位置的P2P网贷行业，其正常运营平台数量已经下降至1021家，与2019年2月相比，减少了22家，减少数量和幅度都是很大的。同时，很长一段时间以来，正常运营的平台数量都在持续下降。此外，根据新金融头条的观察，在2019年3月，甚至像宜人贷、团贷网以及红岭创投这样的位于行业前端的知名平台，也都出现了异常的情况。[1]但是正如对待一个顽劣的孩子，我们在教育的同时，并不能"一棍子将其打死"一样，对待互联网金融，也不能因为互联网金融发展中出现的这样那样的问题和风险，就不再给予互联网金融持续健康发展所必要的"积极自由"。毕竟互联网金融发展中出现的各种风险和问题，也是互联网金融作为新生事物发展之中所必然要经历的阶段，毕竟发展互联网金融没有现成的经验可以借鉴，都是在"摸着石头过河"，而给予互联网金融发展所必要的"积极自由"，其目的还是为了更好地促进互联网金融健康和可持续发展。为此，笔者认为，在设计互联网金融准入门槛时，给予各类适格金融机构或其他意图发展互联网金融的各类主体的限制要适度，切不可"因噎废食"。以股权众筹监管为例，在美国，时任总统奥巴马于2012年4月通过的《推动中小企业法案》（又称：JOBS法案）对"集资门户"的注册豁免进行了规定，根据该规定，当成为SEC下的全国性证券组织的成员且受到SEC下属有关部门的监管或达到SEC认可的其他条件时，就可以不再在SEC注册为经纪商或自营商。[2]在法国，于2014年10月发布的《参与性融资条例》规定从事股权众筹的经营主体应满足以下条件：是在法国设立；设立后加入某个协会；经营管理人员必须具备特定的专业能力和信誉等。[3]同

---

〔1〕　参见 https://news. p2peye. com/article – 538540 – 1. html，最后访问日期：2019年4月12日。

〔2〕　殷华：《网络融资法律问题研究——以金融消费者保护为中心》，法律出版社2016年版，第144～145页。

〔3〕　殷华：《网络融资法律问题研究——以金融消费者保护为中心》，法律出版社2016年版，第148～149页。

时，笔者还认为，在互联网金融的退出机制上，也要"宽严相济"，实现市场在配置互联网金融资源过程中的决定性作用。仍以股权众筹监管为例，在英国，于 2014 年 4 月颁布的《英国众筹监管规则》，在破产保护及网络贷款公司的退出方面，鼓励他们在遵守商业规则、切实保护金融消费者合法权益的前提下，创新相应的制度和办法。[1]此外，也要让互联网金融消费者能够更加自由的选择各种需要的金融产品，也可以在不同的金融机构之间进行选择，从而能够更加自由地决定购买哪家的哪个互联网金融产品。与此同时，还要将符合特定条件要求的互联网金融组织纳入"牌照管理"的范畴，该合法化的就让其合法化，"让他们生活在阳光下"，事实上，反而更有利于监管；还要积极地引入外资，参与到互联网金融发展领域之中；放宽对民营资本的限制，让更多的民营资本有机会参与互联网金融的发展；积极鼓励传统金融机构涉足互联网金融，并引领互联网金融发展，逐步建设健全中国特色社会主义市场经济条件下的互联网金融规范；推动互联网金融市场定价机制的建设发展；放宽对小额借贷、中小企业融资等特定领域互联网金融担保品和条件的限制，积极创新出更多的符合互联网金融消费者需要的互联网金融产品。

其次，互联网金融监管行政法治体系除了要保护各个主体的"积极自由"之外，还要保护各个主体的"消极自由"，主要可以通过赋予互联网金融产品生产者、销售者以更多的

---

〔1〕 殷华：《网络融资法律问题研究——以金融消费者保护为中心》，法律出版社 2016 年版，第 146~147 页。

经营自主权，保护他们正常的生产经营少受、免受不正当、不合理的干预等方式来实现。在美国的股权众筹监管之中，除了出于对金融消费者保护的需要，不再对互联网金融机构施加任何不必要的、非市场化的管制。美国《推动中小企业法案》对从事股权众筹的有关机构仅做了以下几个方面的要求：①应登记为 SEC 的集资门户或经纪人；②应登记为自律性协会会员；③定期开展投资者教育；④加强信息披露；⑤控制欺诈风险；⑥确保投资人不超过投资额度限制；⑦切实保护投资人隐私。美国相关法案中对从事股权众筹的互联网金融机构所施加的限制均控制在必要范围之内，充分尊重并给予这些机构以较多的经营自主权。

（二）推动构建制度化、标准化、定型化的交易机制，进而有效降低交易成本

尽可能地降低互联网金融的交易成本也是互联网金融监管行政法所欲实现的一个非常重要的微观功能。古往今来，法律的思想价值体系、术语规范等都是层出不穷的，交易成本也是法律理论体系中一个十分重要的组成部分。当然，交易成本这一概念更是我们人类在社会生活与发展过程中一个不可或缺的重要概念，它在很多方面都发挥着十分重要的作用，比如如何更好地设计和安排法律制度；再比如怎样安排诉讼程序才能更经济、更高效地解决人与人之间的各种纠纷；又比如人们如何在做出某一个行为时如何才是最理性、最实惠、最维护自身利益的；等等，这些都要涉及交易成本这个概念。交易成本是一个具有非常丰富内容的概念，广义上而言，交易成本经常被用以指全部社会经济制度的运行费用，也

因此经常被比喻为经济世界中的"摩擦力"。[1]具体来说，交易成本是指在为达成某种交易时，而在进行协商谈判以及履行协议的过程之中所需要以及所消耗的各种资源，包括但不限于为获取制定谈判策略所需要的各种信息时所付出的各种成本，为达成交易进行谈判而花费的时间，以及为了防止彼此间的欺诈而付出的各种成本，等等。如果加入法律的元素来考虑交易成本的话，交易成本就有了更为深刻的阐释。具体来说，所谓交易成本，就是指在一个混沌社会之中，这个混沌社会是缺乏法律机制来调整人们的行为的，每个社会主体之间进行交易时，亦或者发生某种类似交易的关系时，彼此之间因形成这种或"公"或"私"的法律关系，而可能付出的一系列成本变量。主要包括以下几个方面：一是产权保护成本，也就是说国家或者一个群落之中，没有相应的法律对人们的财产给予必要的保护，任何人占有财产，都没有相应的法律依据，在排除其他人对其财产的侵犯方面，也没有相应的法律给予其必要的支持，也因此，任何人都无法自力排除他人对自己财产的侵害，加上没有相应的法律可以同时约束交易双方，彼此之间的谈判举步维艰，为此要付出无限递增的交易费用；二是公害和外在成本，这里讲的是，某人对某项财产的使用，给他人和社会造成了额外的损失，但依靠私人谈判的方式，却无法让这些人来承担这些损失，最终只能成为转嫁在社会之上的外在成本；三是信息发现成本，这里讲的是，在一个错综复杂的环境之中，交易双方的信息

---

[1] 冯玉军主编：《新编法经济学：原理·图解·案例》，法律出版社 2018 年版，第 71~72 页。

往往是不对称的，当事人为了更加安全地完成交易，减少交易之中的风险，必然要设法获得更为充分、真实并且更有利于审视交易以及做出最终决定的信息，为此，他们需要付出相应的成本；四是谈判成本，这里讲的是，在一个缺乏必要的法律规则，且缺乏必要的程序的环境下，当事人之间为了达成某项交易，就需要在彼此之间进行博弈，为此，他们也要付出相应的成本；五是协议执行成本，这里讲的是，虽然当事人之间可以通过不断的博弈而达成彼此之间的协议，但在缺乏有效规制和有强制力的监督的情况下，协议的最终落地还会存在很大的不确定性，为确保当事人彼此之间达成的协议，他们也要为此付出相应的成本。[1]

对交易成本问题作出最为系统深入研究的当属芝加哥大学法学院教授、新制度经济学鼻祖罗纳德·哈里·科斯。科斯在其两篇代表性著作——《企业的性质》和《社会成本问题》——之中，首次创造性地提出了"交易成本"理论，他借助交易费用来解释企业存在的原因以及企业扩展的边界问题。[2]科斯创立了科斯第一定理和科斯第二定理。其中，科斯第一定理，又被称为是实证的科斯定理，这一定理指出，如果交易成本为零，不管我们怎么对权利作出界定和安排，都可以通过市场交易令资源达到最佳的配置，而此时与法律如何进行规定没有关系，也就说在一个交易成本为零的环境里，不管我们怎么选择法律以及怎样配置资源，只要交易自

---

〔1〕　冯玉军主编：《新编法经济学：原理·图解·案例》，法律出版社 2018 年版，第 72 页。

〔2〕　冯玉军主编：《新编法经济学：原理·图解·案例》，法律出版社 2018 年版，第 81 页。

由，就一定会产生高效率的结果。然而，现实世界的交易成本不大可能为零，因此，科斯第一定理表述了一个理想化的世界，是建立在一个非现实世界基础之上的，就连科斯教授本人也充分认识识到了这一点，于是，科斯又以科斯第一定理为铺垫，研究创立了科斯第二定理。这一定理又被称之为规范的科斯定理，该定理指出，在现实世界里，交易成本是大于零的，由于存在着不为零的交易成本，在对产权进行初始分配之后，是无法通过没有成本的交易，促使产权向最优状态转变的。由此，产权最初如何界定，必然会对经济效率产生影响。这也就是说，不同的法律制度必然对资源配置产生不同的影响，良好的法律制度自然会促使资源配置费用的降低。这也正是科斯所讲的："一旦考虑到市场运行的成本，合法权利的初始界定就会对经济制度的运行效率产生影响。"[1]

正如前文所言，互联网金融市场之中的信息不对称问题非常严重，互联网金融产品供给者为了把自己的互联网金融产品销售出去，常常以提供高收益和高回报为诱惑，受到诱惑的互联网金融消费者"不明就里"，为获得高额的回报，甚至疯狂到不顾及其中潜藏的风险；而互联网金融产品供给者在拿到投资者的资金后，为了尽快兑现对投资者的承诺，又会把资金投向可以获取更高收益的项目，这些项目往往都是具有潜在的巨大风险的，并且很多急需用钱的借款人为了获取资金，很可能或故意编造项目，或故意虚报项目投资回

---

〔1〕 ［美］R. H. 科斯："社会成本问题"，载［美］R. 科斯、A. 阿尔钦、D. 诺斯：《财产权利与制度变迁——产权学派与新制度学派译文集》，刘守英等译，上海三联书店、上海人民出版社1994年版，第20页。

报，或故意美化公司财务报表，骗取互联网金融机构的信任。他们这些本身资质颇为劣质的借款人因为急需用钱，而表现出比那些诚实守信的借款人更为积极的争取借款的态度，以及更为积极的借款的行为，由此这些本身资质更为恶劣的借款人反而更容易获取相应的资金，当他们拿到这笔者资金之后，这些资质较为恶劣的借款人往往因为过去经营业绩较差，资金缺口较大，而"拆东墙补西墙"，其所承诺项目多数不过是"夸大其词"，其结果经常是互联网金融机构借出去的资金"有去无回"，那接下来自然是互联网金融消费者的投资无法取回，造成巨大的经济损失。下面这则案例可以很好的对上述情况作出诠释：

案例：自 2003 年起至 2012 年期间，施某组建了快鹿集团等多家公司。之后又于 2013 年 9 月至 2015 年 8 月期间，组建了以快鹿集团为核心，以当天公司、金鹿公司、中海投资公司等为主要融资平台的系列公司。由于施某经营的多家公司在 2013 年底至 2014 年初发生严重亏损，施某决定听从他人的劝诱，利用其实际控制的多家互联网金融运营平台实施非法集资行为。施某及其团伙向其旗下当天公司、金鹿公司、中海投资公司等主要融资平台提供理财产品需要的虚假债权资料，还向上述系列融资平台提供虚假的担保资料，并将这些虚假的债权及担保进行包装，对外以"财鹿通""月利宝"等产品的名义，进行销售。在销售期间，未经政府有关部门审批，同时利用召开推介会、举办商演以及互联网广告等多种方式进行公开的宣传。最终非法集资数额达到 434 亿元之巨，造成实际经济损失高达 152 亿元。施某等人最终被上海市高级人民法院以非法集资罪等予以判刑。[1]

　　类似上述案例之中所发生的现象，之所以没有经过行政监管机关采取行政行为予以纠正的过程，而直接演化为刑事案件，在假定行政机关尽职履责的前提之下，其中非常重要的原因除了互联网金融消费者与互联网金融从业机构之间的信息不对称，还在于互联网金融监管机关缺乏积极作为需要的信息，或者说缺乏监管机关获取对作为监管对象的互联网金融从业机构进行有效监管所必须的充分信息的正规化、法治化、常规化渠道。由此，这一问题的解决，自然有赖于设法使得互联网金融的各个主体获取更为充分的信息。虽然有观点认为互联网金融扩大了金融交易的可能性边界，并且使得交易成本降低，同时也降低了信息不对称的程度，但是笔者对这种观点持怀疑态度，毕竟基于互联网金融技术性更强的特点，过去"站在台前的"金融商品供给者，现在反倒更多的"隐身起来"，更加大了互联网金融消费者，特别是跟不上互联网金融创新节奏又想"搭车赚钱"的互联网金融消费者"雾里看花"的难度，进而也自然使得为对互联网金融交易作出决策而收集整理信息的成本大大提升。同时，也正是基于信息不对称，以及互联网金融资金使用广泛等一系列

---

〔1〕　上海市高级人民法院：《单位上海快鹿投资（集团）有限公司、单位上海长宁东虹桥小额贷款股份有限公司等集资诈骗二审刑事裁定书》，（2019）沪刑终 43 号。

特点，使得经营互联网金融业务的机构在对借贷者进行包括前期尽职调查等在内的贷前管理、贷中管理以及贷后持续管理等方面，需要付出很高的成本。

因此，为了更好地发挥互联网金融监管行政法应着力降低交易成本的功能定位，就必须充分考虑这种功能定位会对互联网金融监管行政法治体系构建形成怎样的影响？事实上，这种影响主要体现在互联网金融监管行政法治体系构建时应该对如何降低各个主体的交易成本作出积极的回应。

第一，互联网金融监管行政法治体系的建设与完善，应着力于节约外部交易费用。对不同组织形态的互联网金融机构予以制度化，形成有效的市场机制，通过高效的监管、有效的税费调节等方式能够将外部成本内部化，进而降低在互联网金融市场交易过程之中的交易费用以及缔约成本。就目前国内立法而言，有关法律、法规在将从事互联网金融业务的各类机构类型化、制度化等方面迈出了可喜的步伐。比如，《商业银行法》第3条规定，商业银行可以经营下列部分或者全部业务：……（三）办理国内外结算。这类可以从事结算业务的商业银行显然属于金融机构，然而同样在支付方面享有经营权限的第三方支付机构却不属于金融机构，这从《非金融机构支付服务管理办法》的规定中即可得出结论，根据该办法第2条"本办法所称非金融机构支付服务，是指非金融机构在收付款人之间作为中介机构提供下列部分或全部货币资金转移服务"的规定来看，如支付宝、京东支付等均不被列入金融机构，这样就为对各类从事互联网金融业务的机构进行分类管理奠定了基础。

第二，互联网金融监管行政法治体系的建设与完善，还应着力于节约内部交易费用。互联网金融监管行政法律制度可以鼓励与推动互联网金融机构建立健全现代化的公司治理结构，尽可能降低管理者的逆向选择和道德风险以及内部人控制，进而降低互联网金融机构的运营成本。在这方面，针对传统金融机构已经构建出了较为健全的法律体系，在银保监会层面出台过专门的《商业银行公司治理指引》，针对商业银行的公司治理组织架构、发展战略、价值准则和社会责任等诸多方面提出了明确要求。相比之下，针对互联网金融方面的此类立法则匮乏得多。

第三，互联网金融监管行政法治体系的建设与完善，还应着力于降低互联网金融各个主体之间的谈判成本。互联网金融监管机构应通过制定行业性指导规范等"软法"的形式，推动互联网金融消费者与金融机构之间以及各个不同的金融机构之间尽可能实现交易活动的统一化，交易模式的标准化，交易流程的规范化，进而可以尽可能地降低互联网金融各个主体之间的谈判成本，提高谈判效率。

（三）完善互联网金融风险预防、管控与化解机制，力争最大限度减少互联网金融交易风险

风险是金融发展过程中永远都不会停止讨论的话题。前文已经对互联网金融领域里的诸多风险进行了较为深入地分析。事实上，伴随着互联网金融的迅速发展，互联网金融所不可避免的高风险性特点也日益凸显。互联网金融发展过程中，除了不可避免地受到传统金融市场中所普遍存在的共性风险因素影响之外，还在很大程度之上受到来自法律风险、信用风险、运营风险、业务风险以及货币风险等诸多风险的影响，特别是在运营风险领域表现出的高杠杆风险、洗钱风

险、技术安全风险、量化放贷风险以及业务风险领域里比传统金融更甚的操作风险、信誉风险、自营风险、期限错配风险等，更是对互联网金融产生了更为严重的负面影响。由此，互联网金融监管行政法就必须切实发挥防范互联网金融风险、控制互联网金融风险以及化解互联网金融风险方面的激励功能。

那么，互联网金融监管行政法的这一功能定位又会对互联网金融监管行政法治体系构建形成怎样的影响呢？

第一，互联网金融监管行政法治体系的构建应有效确立并切实维护包括传统金融机构和新兴互联网金融机构等在内的各类互联网金融机构的合法产权，赋予其有效的法律主体资格，对于符合条件，应颁发金融机构法人许可证的，应及时颁发；对不符合条件的，要及时督促整改或限期关停。

第二，互联网金融监管行政法治体系的构建应有效防范地方政府对互联网金融机构的不当干预，防止部分地方政府把互联网金融当成或变相地当成地方盲目上项目、扩规模、增GDP的"融资工具"，防范部分地方政府为地方利益、局部利益以及眼前利益而对互联网金融机构不正当地施压，进而令互联网金融机构把资金投向不符合国家产业政策、不符合互联网金融发展目的领域，最终导致互联网金融风险的不当扩大。

第三，互联网金融监管行政法治体系的构建要着力于培育诚实守信的互联网金融发展文化，积极明确互联网金融供给主体、需求主体等各自的法定义务和责任，实现互联网金融信用的法定化、制度化、规范化、明确化以及契约化，为互联网金融消费者与提供互联网金融服务的各类机构之间、提供互联网金融服务的各类机构与资金需求者之间的契约关系的建立、履行等提供最充分的法律保护。

第四，互联网金融监管行政法治体系的构建要建立符合互联网金融行业特点的信息公开制度。信息不对称始终是互联网金融领域之中面临的"难解之题"。也正因为这个原因，令"欺诈风险"成为互联网金融行业里所面临的最主要的风险之一。正如金融领域里的理论与实务专家黄金老所分析的，欺诈是互联网金融领域较传统金融领域更容易发生的现象，因为在传统金融情境之中，在一个资金需求者产生资金需求时，他们往往要到实体的金融机构去办理贷款等事项，最后也一定是"面签"各项协议，这个过程完全是一个面对面交流的过程，绝大多数情况之下都可以保证"你就是你"，也就是保证身份的真实性，但拓展到互联网金融领域之后，所有的流程基本都在线上，大多数情况下借贷双方互相并不见面，这就大幅增加了欺诈的风险。由点及面，解决好互联网金融领域的信息不对称就非常重要。[1]互联网金融监管行政法律也主要应在两方面解决好这个问题：一是解决好事前的信息不对称，防止由此带来的"逆向选择"问题；二是解决好事后的信息不对称，防止由此带来的"道德风险"问题。目前，中国互联网金融协会制定了《中国互联网金融协会信息披露自律管理规范》，对从事互联网金融业务的机构进行

---

〔1〕 黄金老："互联网金融的特色、挑战与发展使命"，载黄卓等主编：《金融科技的中国时代——数字金融 12 讲》，中国人民大学出版社 2017 年版，第 68 页。

信息披露的原则、内容、主体等方面作出了明确规定，甚至对大机构提出了更高的信息披露要求，然而该规范未能关注互联网金融机构持续性的信息披露，应该说还是有比较大的遗憾。

第五，互联网金融监管行政法治体系的构建要致力于创造有利于促进互联网金融发展的良好生态环境。以信贷领域为例，经过几十年的探索与变革，我国在信贷领域参照国际惯例建立了贷款的五级分类制度，包括正常、关注、次级、可疑、损失，这是按照风险程度对贷款作出的分类，其中后三类为不良贷款，国家对分类的标准以及管理要求作出了明确的规定，这些可以在《商业银行法》以及由中国人民银行制定的《贷款风险分类指引》《商业银行金融资产风险分类办法》中找到依据。在互联网金融领域，这方面的制度不仅要严格贯彻，而且要有更强针对性和更强约束力的制度出台，对互联网金融领域的呆坏账实施更为严格的管理，对有关责任方实施力度更大的责任追究以及贷款追偿制度，对恶意逃废债的行为和责任人实施比对传统金融逃废债情境下更加严厉的处罚。当然，对于互联网金融的其他领域也应以此为样，力争在创造促进互联网金融发展的良好生态环境方面，发挥好互联网金融监管行政法律制度的微观功能。

第六，互联网金融监管行政法治体系的构建要致力于完善有利于消解互联网金融风险的制度、方法与工具储备。正如前面所言，互联网金融监管行政法的一个重要功能在于防范和化解互联网领域的风险。拟发挥好互联网金融监管行政法的这一个重要功能就应从宏观监管的视角出发，制定互联网金融风险管理办法或更高位阶的行政法规或法律，明确互联网金融风险管理的基本原则、权利义务主体的范围、可以采取的法律措施以及法律责任等。还应最大限度地完善互联网金融机构市场退出监管法律制度，建立健全互联网金融风险的吸收与转移制度，明确对不符合互联网金融准入条件但违规进入者以及虽然符合准入条件但随后情况变化导致不符合条件者的清理和处置规则，对互联网金融机构的重整、互联网金融机构的接管与合并、互联网金融机构的破产清算予以明确化，还要积极引入互联网金融保险制度、互联网金融担保制度，将这些作为互联网金融监管的有力工具纳入行政法律制度的视角和范畴，进而丰富包括互联网金融风险管制在内的一系列互联网金融监管行为的规制方法和规制工具的可选择空间。

三、互联网金融监管行政法控制功能及其对互联网金融监管行政法治体系构建的影响

经济学家们认为，经济活动是在资源稀缺的条件下，为满足不同主体的需求而不断地进行各种选择的过程中开展的。人们从事经济活动，目的是满足自身的需求，他们行为的特性也因此会对经济活动产生某种影响。在经济学家们看来，社会生活中的任何人都是利己的，即使他们宣称自己是利他主义者也同样是利己的，任何人都是站在自身的立场上，为实现由其根据自身需求所做出的理性判断和价值目标而采取相应的行动。这就是经济学上所讲的"理性人假设"。正如前文中所讲到的，这个假设最初是由经济学的奠基者亚当·斯密在《国富论》中提出来的，在此，需要简要阐释一下，亚当·斯密认为：一是每个人都在为自己的利益做出自己的

判断，如果没有受到不当干预，每个人就会通过自己的利己行为而使自己的利益达到最大化；二是每个人追求自己的利益时，不能单纯地只考虑自己的利益，还要顾及其他人的利益，不然他就不可能达到自己利益最大化，由此也就产生了交易的必要性；三是如果每个人都能够在不受不当干预的条件下选择某种方式来实现自己的利益最大化，市场这只"看不见的手"就会自发地发挥调节作用，引导着人们愿意为了维护公共利益做出最大的贡献。后来，帕累托首次在经济学中引入了"经济人"这一个概念，他将经济分析之中的人假设为具有完全理性的人，但这一假定有其自身的缺陷，再后来，便逐步地开始用"有限理性"的假设来取代"完全理性"的假定。

在对法律的经济学分析之中，同样把经济人假设预定为理论前提，这一理论假定人们了解法律、熟悉法律，知悉自己在从事某种行为而因此置身于某种法律关系之中时，自己所能够享有的权利以及自己所应该承担的义务，会综合考虑实施某种行为所可能带来的法律后果，进而据此作出对实现自身利益最有利的行为。在人们的法律生活之中，经济人假设有着广泛的应用。人们为了权利而奋斗，其最终的目的并不全部在于维护正义公平的价值理念，而是为了满足自身对利益的诉求，人们在进行各种法律行为时，总是有意识或者无意识地进行着成本和收益的计算，为此，他们会不停地为扩大自己的法律收益而去争取更多的权利，同时也会力争尽可能少地承担法律义务。我们由此也会看到，不同的人、不同的组织、不同的群体，对待同一个法律所持有的态度会大相径庭。在日常生活之中，人们对一个法律选择无条件地完全遵守，亦或有所保留，亦或完全抵制，从根本上来说，就是因为他们对于法律本身对他们利益的影响是正向的还是负向的，以及这种影响的程度的判断不同，即法律给予的利益越是符合他们对利益的诉求，法律越是容易得到遵守；而法律给予的利益在他们看来可有可无甚至被他们认为会给他们带来负面影响，法律则越难得到遵守。由此也可以看出，我们设计出的法律应该"穿透"人性，找出并制度化抑制以及控制人们私欲的方法，并将这些制度成功地运用于实践，这样就能最大限度地在抑制人们不当私欲的同时最大化人们的利益，进而为构筑良好的市场秩序发挥法律应有的功能。同理，我们在互联网金融发展过程中，必须要发挥好互联网金融监管行政法的控制功能，要充分利用好法律制度所具有的稳定性、制度化、规范化等特点，致力于互联网金融交易结果的可预测性的提升，把降低互联网金融交易风险性作为重中之重，唯有如此，才能切实发挥互联网金融监管行政法的制度理性，并以此来消解互联网金融各个主体的行为非理性，规范和引导互联网金融各个主体理性行为，进而推进互联网金融的健康可持续发展。互联网金融监管行政法的控制功能及其对互联网金融监管行政法治体系构建的影响主要体现在以下三个方面：

（一）加强对作为互联网金融监管对象的各主体行为能力的法定约束，同时强化各主体内部治理机制

行为能力是法律实践和法学理论上极为重要的概念。这个概念尤其在民法学理论和实践领域运用最为广泛。按照民法领域通常的观点，行为能力包括自然人的行为能力和法人的行为能力。所谓自然人的行为能力就是指自然人依靠自己

的行为就能够行使民事权利，同时也能够依靠自己的行为设定民事义务，当自然人实施了违法行为时，自然人又能够承担相应的民事责任，自然人的这些能力和资格就是自然人的行为能力；而法人的行为能力就是指法人作为民事权利义务主体，能够以自己的行为来享有民事权利，同时又能以自己的行为承担民事义务的能力和资格。在行政法语境下，虽然我们并不常常使用行为能力这个术语，但我们仍然会关注和讨论行政行为的效力问题，这就涉及行政主体的行为能力，即要求作出某种行政行为的主体必须具备行政主体的资格又被赋予相应的权限；也会经常性地遇到作为行政对象的主体实施了违法行为时是否当罚，如果当罚又该如何罚，是否从轻、减轻等问题，而这又涉及行政对象的行为能力问题，在是否承担行政法律责任的问题上，行政法与民法的处理是保持一致的，比如对无行为能力的主体所实施的违反行政法上禁止性规定需要承担行政法律责任的行为，行政法上也是不会追究此类人的行政法律责任的。事实上，无论是民法语境下的行为能力问题，还是行政法语境下的行为能力问题，都是具有天然的"粘连"关系的。比如当若干具有民事行为能力的"人"（可以是自然人也可以是法人）申请设立一家公司时，这些"人"向具备行政主体资格以及工商行政管理权限的市场监督管理部门提交申请，市场监督管理部门经审核准许设立某公司，并颁发营业执照，某公司因此也就具备了法人行为能力，从现代法律理念的角度出发，该公司所获得的是完整意义上的法人行为能力，即使该公司实施了超越经营范围的经营行为，该行为也不必然无效。这就意味着从理论上而言，类似公司这样的主体所获得是一个"自由边界非常大"的行为能力，如果没有科学合理的法律制度加以约束，类似公司这样的主体将有可能处于"无法无天"的境地，如果有人滥用类似公司这样主体的法人行为能力，将会对他人利益、社会利益以及市场稳定、经济社会发展带来不可低估的危害。从这个关于类似公司这样的主体的法人行为能力的一般性的分析来看从事互联网金融业务的系列主体，问题同样存在，而且如果对从事互联网金融业务的系列主体的法人行为能力不加科学适当的约束，其后果必将严重。

由此，互联网金融监管行政法"加强对作为互联网金融监管对象的各主体行为能力的法定约束，同时强化各主体内部治理机制"这一功能的有效发挥又会对互联网金融监管行政法治体系的构建产生至少以下两个方面的影响：

一是互联网金融监管行政法治体系的构建要着力于实现对互联网金融各经营主体的行为能力的法定约束。互联网金融主体纷繁复杂，经营互联网金融业务的各类机构更是有着极为多样的组织形态，既有传统的金融机构，也有原来经营非金融行业，因看到互联网金融巨大商机而转型经营互联网金融的机构。面对这些纷繁复杂的互联网金融组织形态，互联网金融监管行政法治体系应该以"硬法"为主并辅之以"软法"的形式对作为互联网金融监管行政对象的各类组织形态作出规范化的要求，明确互联网金融的组织形态，对组织形态予以类型化的规定，比如可以以参考加创新的模式，类比传统金融机构，结合行为监管和功能监管理念，将互联网金融主体类型化为互联网银行、互联网证券公司、互联网保险公司、互联网基金公司等，要求经营互联网金融的主体必须在规范设定的主体范围内选择自身的组织形态，同时，更要对各类主体设定相应的成立条件，明确申请设立的程序。对不按互联网金融监管行政法律制度要求，随意设定的互联网金融组织形态，要坚决予以取缔，对涉事当事人要严惩不贷，进而对互联网金融的主体类型实现规范化管控，对互联网金融的市场准入实现法定约束。当然，互联网金融主体类型化仍然是实现对作为互联网金融监管对象的主体"表象化"的管控，毕竟互联网金融主体的组织形态是承载互联网金融的"躯壳"，穿透这"躯壳"直达互联网金融主体"内核"，乃是这"躯壳"背后蕴含着的互联网金融各主体的财产关系和组织关系，类型化互联网金融主体的组织形态，指向的仍然是这"躯壳"背后的财产关系和组织关系，目的也是创制出规范化的互联网金融机构组织形态的财产关系和组织关系，禁止不适法的互联网金融机构组织形态的财产关系和组织关系；对经申请批准设立的互联网金融机构，亦不允许随意改变其对应的财产关系和组织关系，任何改变其背后财产关系和组织关系的行为同样要符合法律规定的条件，并按照法律规定的程序予以实施。此外，在互联网金融主体的管控上，要特别强调强制登记、依法审批，未经法定程序的，要坚决予以打击，进而更好地实现对作为互联网金融监管行政对象的各类主体包括经营能力在内的行为能力更强有力的控制。

二是互联网金融监管行政法治体系的构建要着力于实现互联网金融机构内部治理机制的优化。公司治理一直以来都是一个非常重要的课题，制度经济学的研究者们在研究，企业管理领域的学者们也在研究，从事法学研究的学者们也在研究。具体到金融机构的内部治理机制，也是理论界和实务界非常关注的话题，金融机构的内部治理机制主要包括股东会、董事会和监事会的设置与分权等很多方面，在当前以及今后的政治生态环境下，党建工作都将持续是金融机构重中之重的核心工作，无论这种金融机构是国有性质，还是民营性质，亦或混合所有制性质。因此，党建也是金融机构内部治理机制绝对不可缺少的组成部分。作为行政法律，没有必要不顾及与民商法、经济法等的分工的不同，而刻意去追求对金融机构内部治理机制事无巨细的管控，但是具体到互联网金融发展和互联网金融机构管控的领域，毕竟民商法、经济法有其天生的不可克服的缺陷，行政法律就必须要在其具有独特优势的方面，发挥其管理与控制以及在政府与行政对象之间谋求平衡的功能，解决单纯依靠"私法"所无法解决的问题。笔者认为，互联网金融监管行政法律制度对于互联网金融机构内部治理机制的管控主要应着眼于原则性、整体性、全局性的，事关互联网金融机构健康发展以及由此可能对互联网金融发展产生较大影响的机制上。通过行政许可、行政检查、行政监察、行政处罚等多种规制工具的综合运用，引导互联网金融机构建立健全党委、股东会、董事会以及监事会，合理配置党委领导下的股东会、董事会以及监事会职权，规范党委领导下的股东会、董事会以及监事会运作，强化党委对股东会、董事会以及监事会的监督，建立合理规范科学的互联网金融机构内部治理结构，促进互联网金融机构"自体循环"顺畅无阻。

（二）规范对作为互联网金融监管对象的各主体从事互联网金融交易行为模式的硬管束，保障互联网金融交易的公开、公平以及公正

最初对于行为模式这一概念关注最多的是心理学领域，后来社会学、经济学、法学等诸多领域都开始关注行为模式

这一概念。所谓行为模式，就是指人们在动机和目的的驱使下，经过长期反复的日常活动，所形成的具有鲜明特点、丰富内容以及内在规律的行为系统。行为模式体现了人们特定的人生价值观，并由其价值观所支配进而"外化"为定型化的行为内容以及行为方式，因而也使得人们的行为具有了鲜明的外化特点以及内在逻辑。对人们的行为模式可以从时间维度以及空间维度进行观察。从时间维度来看，人们的行为模式是取决于时间并由其分配的流程构架；而从空间维度来看，人们的行为模式又是人们活动地点的布局以及活动范围的呈现。人们的行为模式究竟应该归属于哪一种类型，是受到人们在特定时期内所活动的外部环境、人本身所承担的社会角色以及人们在特定时期内所持有的人生观、世界观和价值观的深刻影响的。在互联网金融发展过程中，同样也存在着互联网金融机构以及互联网金融消费者行为模式的问题，关于这一个问题也是互联网金融监管行政法律制度建设所不容忽视的。通过对当前从事互联网金融业务的机构、互联网金融产品创新、互联网金融现象以及互联网消费者的分析，不难看出，当前从事互联网金融业务的机构以及互联网消费者行为模式具有以下特点：一是互联网金融产品创新肆意，缺乏有效的监管；二是互联网金融业务的门槛较低，各类机构只要有一定的"资本"，都想到互联网金融领域"分一杯羹"，赚取"快钱"；三是较之于国外的互联网金融发展，中国的互联网金融有"野蛮增长"之嫌；四是从事互联网金融业务的机构的内部人"搭便车"以及"逆向选择"问题严重，造成了很多利用互联网金融的"噱头"，"中饱私囊"现象的发生，严重侵害了互联网金融消费者利益，扰乱了互联网金融市场的持续健康发展；五是互联网金融消费者的知识储备不足，受巨大利益诱惑，盲目跟风投资互联网金融产品者占大多数，风险发生利益受损后，又经常处于无适当方法和快速维权途径的尴尬境地，以致于最终只能眼看着"血汗钱被骗、被席卷"的情况发生。

> 案例：上海诺诺镑客金融信息服务有限公司是一家以从事金融信息中介服务为主要业务的公司，并且主要限定在为资金需求方与资金供给方提供相关信息，以便撮合交易。该公司发布信息的主要方式是其官方网站。自 2016 年 6 月起，该公司不当使用"预期年化收益率"等类似的广告语，有些产品更是直接写着"预期年化收益率 12%"等广告语，其行为严重违反了《广告法》的有关规定。上海市市场监管局根据群众举报线索，指定上海市徐汇区市场监管局对上海诺诺镑客金融信息服务有限公司的违法行为进行处理。之后，徐汇区市场监管局在对案件进行调查、听证的基础之上，作出了《行政处罚决定书》，责令上海诺诺镑客金融信息服务有限公司停止违法广告的发布，并消除相应的影响，同时处以 18 万元的罚款。上海诺诺镑客金融信息服务有限公司不服处罚决定，先后向上海有关法院提起一审以及二审，上海市第一中级人民法院终审判决"驳回上诉，维持原判"，上海诺诺镑客金融信息服务有限公司败诉。[1]

---

[1] 上海市第一中级人民法院：《上海诺诺镑客金融信息服务有限公司诉上海市徐汇区市场监督管理局工商一案二审行政判决书》，（2018）沪 01 行终 467 号。

在上述案例之中，上海诺诺镑客金融信息服务有限公司显然明知自身的经营范围，对于应当发布怎样的金融信息也应是知悉的。然而，为了获取更多的利益，该公司选择了采取不恰当甚至违法的行为方式，他们一方面称自己只是金融借款信息服务平台，另一方面又在产品广告用语使用"预期收益率12%"等类似词汇，事实也证明他们对"预期收益率12%"的承诺也未能兑现。他们在经营过程中，选择的行为模式、经营行为是极易使普通金融消费者对他们的经营范围产生混淆的，对他们的互联网金融产品产生错误认识的，这严重违反了《广告法》第25条的规定，也严重违反了有关互联网金融监管方面的法律法规。上海市有关监管机构作出的行政处罚，查清了事实，适用法律正确，对督促上海诺诺镑客金融信息服务有限公司等市场主体恪守互联网金融经营主体的本分、维护互联网金融市场的安全具有重要价值。

由以上分析以及上述案例开展进一步思考，互联网金融监管行政法对交易行为模式硬管束功能的有效发挥对互联网金融监管行政法治体系构建的影响主要表现在：互联网金融监管行政法治体系的构建必须要加强对作为互联网金融监管对象的各主体从事互联网金融交易行为模式的硬管束，不仅要预设互联网金融各主体的行为模式，而且要明确各类互联网金融产品的上架销售条件，更要规范互联网金融产品创新备案以及对重大创新产品报批的程序，坚决防止互联网金融交易的随意化、主观化。同时要加大对开展互联网金融业务机构的内部人管控，约束其"搭便车"以及"逆向选择"谋取不正当利益的情况发生。考虑到互联网金融交易涵盖范围极广，涉及信贷、保险、证券、基金、信托、金融租赁等各个金融领域，这些金融活动披上互联网这层"外衣"，就变得更加令一般人"难以捉摸"，其技术性强的特点，也进一步加剧了互联网金融的风险性。与传统金融相比，正如前文中所提到的，在笔者看来，高新技术加持的互联网金融，不但没有降低信息不对称的程度，反而有进一步加大这种信息不对称的可能。因此，如果没有公平、公开以及公正的互联网金融交易模式的设定、交易条件的约束以及交易程序的规范，经营互联网金融业务的机构更容易滥用其优势地位侵害互联网金融消费者的权利，而那些"劣币驱逐良币者"又会利用互联网金融"线上交易"的特点侵害经营互联网金融业务机构的利益，而这样最终还是侵害了互联网金融消费者的权利。互联网金融监管行政法律制度就应该通过对经营互联网金融业务机构的准入条件的设定、多元化监管手段的运用以及通过要求互联网金融机构要像传统金融机构一样在经营金融业务过程中严格落实《商业银行法》《银行业监督管理法》《保险法》《证券法》等法律以及《支付结算办法》《电子银行业务管理办法》等规章和中国人民银行存贷款指导利率指导意见等一系列制度规范，控制互联网金融各主体的不当行为，促进有利于推动互联网金融良性健康发展的互联网金融各主体行为模式的养成与固化。

（三）加强对作为互联网金融监管对象的各主体的违法行为的惩戒力度，确保"执法必严，违法必究"

法律的制裁功能是法律规范功能的重要组成部分。但是如果换个角度，从工具论的视角来看，法律的制裁功能又是法律控制功能得以实现的有力工具和手段。我们知道法的功能有基本功能和辅助功能之分，法律的控制功能自然是法律的基本功能，而法的功能的实现是绝对不可能离开法律的制裁功能。由此，也就可以看出，法律的制裁功能的重要价值及其对实现法的功能的重要意义。互联网金融监管行政法的微观功能的一个重要体现就是互联网金融监管行政法律对于互联网金融领域里的违法行为的惩戒。在互联网金融领域里，充斥着各种各样的风险，这些风险发生的诱因最终归结到一点都离不开人的因素，而在互联网金融发展中，一些人为利益驱动，实施违法甚至犯罪行为，造成了一个个或独立或关联的互联网金融风险事件，扰乱了互联网金融市场，影响了人们对互联网金融发展的信心。而反过来说，互联网金融领域里部分人和部分机构的违法甚至犯罪行为，最终也会指向诱发互联网金融领域里的个别、局部甚至整体性风险，即便是一些看似与人无关的纯粹技术性风险，事实上，也可能因为人本来的"贪欲"而被利用或故意造成所谓的技术漏洞，进而诱发互联网金融风险。如此，互联网金融风险怎能不依靠好法律制裁这一再强有力不过的规制工具。具体到互联网金融监管行政法律制度而言，利用好违法惩戒机制，也必然是互联网金融监管行政法发挥其应有功能的必然要求，也是最有利于对互联网金融主体形成强有力控制与约束的办法。

　　具体到互联网金融监管行政法这一功能的有效发挥，对互联网金融监管行政法治体系构建的影响主要表现在：互联网金融监管行政法治体系构建应重视对惩戒机制的利用和完善，由此，互联网金融监管行政法治体系应通过具体法律规范严格规定各类互联网金融违法行为的行政法律责任以及与其他类型法律责任特别是刑事法律责任的衔接机制，并通过对行政法律检查机制的完善，以及对惩戒机制的规范，加上以"执法必严"的高压态势落实好互联网金融监管行政法律制度，从而有效控制互联网金融主体的违法行为，使得各互联网金融主体因权衡违法行为与所受处罚之间的成本收益而不敢违法、不愿违法；亦或者是从事过违法行为的互联网金融主体因受到远远高于其违法收益的处罚而从此不敢再次实施违法行为。近年来，国家加大对互联网金融领域违法行为的打击力度，制定了一系列法律法规及规范性文件，明确各类违法行为应承担的法律责任以及承担法律责任的方式，积极借助这些有力的惩戒工具对互联网金融违法行为予以回击。最高人民法院颁布的《最高人民法院关于审理非法集资刑事案件具体应用法律若干问题的解释》明确了"未经有关部门依法许可或者借用合法经营的形式吸收资金"等四类行为应按非法吸收公众存款或变相吸收公众存款罪处理，对互联网金融领域里曾肆虐一时的疯狂揽储行为以有力的回击；同时，还有比如《中国互联网金融协会自律惩戒管理办法》中明确规定：对会员的违法违规行为，视情节轻重，给予"警示约谈、发警示函、强制培训、业内通报、公开谴责、暂停会员权利、取消会员资格"等惩戒方式，对规范互联网金融机构的合法经营具有非常明显的效应。

第二节　互联网金融监管行政法宏观功能定位及其对互联网金融监管行政法治体系构建的影响

一、互联网金融监管行政法宏观功能的内涵和外现

在以上对互联网金融监管行政法微观功能及其对互联网金融监管行政法治体系构建的影响进行分析之后，接下来，

我们来分析互联网金融监管行政法宏观功能及其对互联网金融监管行政法治体系构建的影响。首先我们来看看什么是互联网金融监管行政法的宏观功能。结合以上我们对法的功能以及对互联网金融监管行政法的微观功能的理解和分析，我们可以这么来理解互联网金融监管行政法的宏观功能，即所谓互联网金融监管行政法的宏观功能，就是指与互联网金融监管行政法的微观功能之间具有紧密联系而又有自己不同着眼点的功能，它定位于互联网金融监管行政法律对经济社会所发挥的整体功用，即互联网金融监管行政法作为社会这个整体的一个重要的子系统，在对互联网金融以及基于互联网金融所生发出的系列法律关系进行调整过程之中，互联网金融监管行政法与其他社会系统要素相互作用时，对其他社会系统要素所发生的影响力。正如经典马克思主义理论所揭示的，就整个经济社会而言，法律并不是经济发展以及社会得以存在和延续的基础，而相反，法律却是以经济社会为基础才得以存在、变革以及发挥功能的，毕竟法律在理论上亦或在实践中都是基于一定的社会物质生活条件，在特定经济基础之上，基于社会共同（主要是统治阶级）的利益和需要而确立。这也就意味着，不是法律创造了社会，而是社会创造了法律。既然法律不能创造社会，是不是就是说法律对社会就没有价值呢？笔者认为，我们肯定不能这么简单粗糙的来理解经典马克思主义的理论，正确的"打开方式"应该是，一个受经济基础决定而产生的社会形态，在历史的发展之中，根据相应的需要而制定法律，必然会对法律"烙印"上那个社会、那个时代的印迹，给予其符合当时社会历史条件的品格，但反过来说，法律必然也会对这个社会、这个时代产生不容忽视、不容轻视、不容抹去的巨大反作用。这正是马克思主义"物质决定意识，意识反作用于物质"辩证法思维的精髓所在，也恰恰体现了马克思主义的这一经典理论，毕竟按照传统分类，社会物质条件属于经济基础，而法律则又归属于上层建筑。一方面，经济基础决定上层建筑；另一方面，上层建筑又反作用于经济基础。法律对社会的反作用亦或按照贴合本部分主题的视角来说，法律的宏观功能自然也是"天然的"存在着的。

事实上，法的功能与经济社会发展具有非常紧密的正向联系，这也就是说法律对经济社会的发展具有非常重要的作用。结合部分学者关于法的功能与经济社会关系的分析，笔者认为，主要体现为以下两个方面：一是法律引导经济社会发展的功能；二是法律整合经济社会发展环境进而促进经济社会发展的功能。法律对经济社会发展的前一种功能，事实上立足于"打破一个旧机制"，部分甚至全面否定现实社会经济样态，描画出一个有关经济社会发展的美好蓝图，指引着经济社会按照构想出来的理想样态发展。法律要想发挥出如此强大的引导功能，势必要充分利用好法律本身具有的强制力。具体又区分为两种情况：一种是较为极端的情况，即法律全面否定了社会经济现实样态，而这种现实的经济社会样态是有相当一部分利益集团予以拥趸的，此时，说得更简单明了些，在必要的时候，就是要充分利用好国家暴力机器，以此迫使现有既得利益团体愿意放弃现有利益，按照法律所指引的蓝图前进，其难度可想而知；还有一种情况是，法律并没有站在现实经济社会样态的对立面对经济社会样态进行全面否定式革新，而是立足于现实经济社会发展，这种对旧的机制的打破是以引领这个现实经济社会发展为前提的，即是以维护现有的统治阶级的利益为前提的，此时法律对经济社会发展起到的是拉动作用，这后一种情况的效果如何，还要取决于既有的统治阶级利益是否代表了先进的生产力。而法律对经济社会发展的后一种功能，压根也没有任何触动现实的经济社会条件的动机与行动，而只是要完善现有经济社会发展条件，健全现有的法律制度，使得经济社会因此而获得更加有利于发展的条件。相比之下，法律对经济社会发展的前一种宏观功能往往是在党和国家、政府认为具有进行经济社会重大变革必要性的情况之下，才会发挥作用，比如党在领导我们进行革命建立新中国的过程中，再比如党在领导我们进行改革开放以及深化体制机制改革的过程中；而法律对经济社会发展的后一种宏观功能，则在各社会力量或希望改变现状谋求更好发展的群体具有较强的自我完善、自我改变、自我提升的场合之中，才会更好地显现出其功效。

结合以上对法的功能与经济社会联系的分析，笔者认为，互联网金融监管行政法的宏观功能也表现在两个方面：其一，互联网金融监管行政法对互联网金融发展的引导和促进；其二，诚如法律经济学普遍将制度作为经济发展的内生动力的观点，互联网金融监管行政法自然应被视为促进互联网金融发展的内生动力，互联网金融监管行政法通过打造高效竞争机制，构建制度化、标准化以及定型化的交易机制，完善互联网金融风险预防、管控与化解等一系列微观功能层面激励功能的发挥，以及通过对互联网金融各主体行为能力的约束、互联网金融交易行为模式的硬管束、对互联网金融各主体违法行为的大力惩戒等一系列微观功能层面控制功能的落实，辐射延伸到互联网金融监管行政法对互联网金融发展的宏观功能层面，促进互联网金融与传统金融的协调发展，促进互联网金融与实体经济的协同共进。

二、互联网金融监管行政法引导互联网金融可持续发展

自亚当·斯密创立古典政治经济学以来，经济增长一直都是经济学界普遍关注的重要话题，他们围绕这一话题，研究、发现、阐释可以推动经济增长的原因，他们有的将专业化和劳动分工的发展作为解释经济增长的理由，有的则将生产技术的进步以及由于生产技术进步所带来的市场规模的扩张作为解释经济增长的理由。这些理由确实也在一定程度上较为合理地解释了一些经济增长现象，但显然它们对于解释为什么不同的国家经济增长存在如此之大的差异、技术在经济增长之中所发挥的作用以及所处的地位等问题，显得无能为力。奥尔森曾对大量的富国和穷国开展了研究，他发现既无法用进入国际资本市场的能力以及获取知识存量的理由来解释为什么国家之间人均收入存在如此巨大的差距，也无法用个人文化素养以及可利用可交易的人力资本作为理由来解释为什么国家之间人均收入存在如此巨大的差距。正如许多经济学者研究发现的，如果希望对经济增长以及发展作出更为令人满意的解释，那么对制度以及制度变迁重要价值的研究是绝对不容忽视的。奥尔森也指出，解释为什么国家之间人均收入存在如此巨大的差距，剩下的唯一可靠的解释就是制度和经济政策方面的原因，不可否认的是，不同国家的制度和经济政策确实可以分出个"伯仲"，不然差不多的禀赋条件，经过一定时期之后，也就不会有富国和穷国的差异了。

再不然，也就同样不会在一般情况下出现国家之间人均收入的差距往往大于国内不同区域的人均收入差距的现象。由此，也只有将制度纳入其中，将其作为促进经济增长中发挥关键作用的因素予以考量时，才能看清楚经济增长的表现与原因的区分。在互联网金融领域，制度的价值同样不容忽视。按照制度经济学亦或法律经济学的上述逻辑，在互联网金融发展之中，制度必然是发挥决定性作用的关键因素，由此，作为制度重要组成部分的法律特别是互联网金融监管行政法的价值就自然是不应被忽视的，相反，还应受到高度重视。

同时，我们提及经济的增长和发展时，也越来越认识到我们所需要的已经不再是破坏性强、不平衡以及满足了自身发展却过度侵占了子孙后代利益的发展，我们所需要的是一种可持续性的发展。所谓可持续性发展，就是指既能够满足当代人对物质、能量以及信息等的需求，又能满足后代人对物质、能量以及信息等的需求的发展。可持续发展应该是能够在代际之间很好地体现公平、正义、合理地去使用和管理属于人类共同体的资源和环境的发展。这个概念听起来并不能够真正让人摸清楚什么是可持续性发展，事实上，至今也没有哪个学者、哪个文件可以对可持续性发展作出一个准确清晰的定义。然而，也就是这个概念，自其于 1987 年在由布伦特莱委员会发布的《我们共同的未来》这一报告之中被首次正式提出的那一刻起，就得到了全球各界的广泛认同，短短几年时间，就风靡全球，"从国家首脑到广大的社会公众，毫无例外地接受其观念和模式"[1]，在制定国家发展规划、

---

[1]　牛文元主编：《中国可持续发展总论》，科学出版社 2007 年版，第 5 页。

全球和区域治理以及社会和国际生活的方方面面，都在运用可持续发展的理念。虽然何为可持续性发展众说纷纭，也让人有一种似乎清楚也不清楚的"雾里观花"的感受，但伴随着人们对这一概念日渐深入的讨论，还是可以在对可持续性发展这一概念的内涵进行延伸的基础之上，概括出"三个有机统一"：其一，可持续性发展具有发展的一些"动力"表征，比如一个国家或地区"创新能力""发展能力"等的可持续性；其二，可持续性发展具有发展的一些"质量"表征，比如一个国家或地区"生态平衡""生活质量""文明程度"等以及对理性的物质和精神需求的接近程度；其三，可持续性发展具有发展的一些"公平"表征，比如一个国家或地区的制度以及由此引致的发展所体现出的"共建共享的人际公平、资源分配地代际公平以及平等参与的区际公平"[1]。在我们国家，可持续性发展也是一个被广泛接受和广泛传播的概念，受人口迅速膨胀、生态环境压力日益增大、人均资源严重不足等多种因素的影响，我们国家早在 1995 年的时候，就明确将推进可持续性发展作为我们国家的基本战略。作为国家经济社会发展之中的新兴产物，互联网金融自然也必须要积极谋求实现可持续性发展。

所谓互联网金融的可持续性发展，就是指在宏观经济环境、现有法律制度体系、整体发展政策等条件的约束之下，互联网金融各个交易主体受到市场波动因素、信息不对称、金融风险以及技术风险等因素的影响，必须通过不断加强创新，寻求新的互联网金融的组织形态、新的互联网金融交易

---

〔1〕 牛文元主编：《中国可持续发展总论》，科学出版社 2007 年版，第Ⅳ页。

工具以及互联网金融激励制度、风险防控制度、责任惩罚机制等，以降低互联网金融交易成本，降低彼此之间的欺诈可能性，促进各方之间的互利互信，从而促进整个社会财富增长，并促使互联网金融得到快速健康的发展。同时，互联网金融的可持续性发展，应该是既能够满足当代人对互联网金融的需求，又能满足后代人对互联网金融的需求的发展；还应该是能够在代际之间很好地体现公平、正义、合理地去使用和管理属于人类共同体的互联网金融资源的发展。按照可持续性发展"三个有机统一"的基本观点，互联网金融的可持续性发展同样包含了"三个有机统一"：其一，互联网金融的可持续性发展具有发展的一些"动力"表征，一个国家或地区"互联网金融的发展能力""互联网金融的发展潜力""互联网金融的创新能力"以及"互联网金融的管理能力"，还有这些能力的可持续性，直接构成了推进互联网金融发展的"动力"表征；其二，互联网金融的可持续性发展具有发展的一些"质量"表征，一个国家或地区的"互联网金融市场诚信文化的培育程度""互联网金融生态环境的平衡"以及对互联网金融消费者理性的物质和精神需求的接近程度，共同构成了衡量互联网金融发展的"质量"表征；其三，互联网金融的可持续性发展具有发展的一些"公平"表征，一个国家或地区的围绕互联网金融建设的各项制度以及由此引致的互联网金融发展所体现出的人际公平、代际公平以及区际公平。

互联网金融监管行政法必须发挥引导互联网金融可持续发展的功能，其对互联网金融监管行政法治体系构建的影响也是显而易见的。正如上面所提到的，制度是促进发展的关键因素，那么制度同样会成为促进可持续性发展的关键因素。在互联网金融的可持续性发展之中，互联网金融监管行政法治体系将成为影响甚至决定互联网金融可持续性发展的关键因素，也将成为影响甚至决定互联网金融可持续性发展"动力"表征、"质量"表征以及"公平"表征有机统一的核心因素。在围绕互联网金融发展所建设的全部制度之中，作为占据特殊重要位置的互联网金融监管行政法治体系，在促进互联网金融的可持续性发展方面发挥着极为重要的作用。互联网金融监管行政法治体系的构建，要充分考虑如何调整好承担互联网金融监管职责的国家机关、法律和法规授权行使互联网金融监管职权的组织以及经行政机关委托承担互联网金融监管职责的组织、经营互联网金融业务的机构、互联网金融消费者等相互之间的关系，将顺各个主体之间监管与被监管的法律关系，还要充分考虑如何规范作为互联网金融监管行政法律关系客体的互联网金融的合法合规运营，进而为互联网金融市场的可持续性发展提供"稳定器"和"安全阀"。此外，互联网金融监管行政法治体系的构建，既要鼓励打造高效竞争机制，给予互联网金融市场主体以更多的经营自由，同时也要推动构建制度化、标准化、定型化的交易机制以期有效降低交易成本，还要积极完善互联网金融风险机制以期最大限度地减少互联网金融交易风险。同样重要的是，在进行互联网金融监管行政法治体系构建时，还要注意引导互联网金融主体强化内部治理机制，类型化、定型化互联网金融交易行为模式，对违法行为予以严厉惩戒，进而有效促进互联网金融发展迈上新高度。在这个层面上，互联网金融监管行政法治体系的构建就是要通过一系列微观层面功能的发挥，来"哺育"互联网金融监管行政法的宏观功能，进而确保引导互联网金融的可持续发展。

三、互联网金融监管行政法促进互联网金融与实体经济协同共进

经济是国家的命脉，金融是经济的核心，而互联网金融已经是金融的重要组成部分，在可以预期的未来，互联网金融在金融发展之中的重要性也是不言而喻的。大力发展互联网金融，不仅在于完善金融功能，提升金融发展质效，而且在于促进实体经济实现又好又快发展。2017 年 7 月 14 日至15 日，在北京举行了第五次全国金融工作会议，会上，中共中央总书记习近平同志指出："金融是实体经济的血脉，为实体经济服务是金融的天职，是金融的宗旨，也是防范金融风险的根本举措。"金融应当回归其本源，把服务经济社会发展作为自己的天职。金融以服务实体经济为出发点和落脚点，在积极提升服务质效、服务能力以及服务水平的前提之下，一方面，要找准经济社会发展的薄弱环节以及重点领域，以便于更合理地配置金融资源；另一方面，要积极研究人民群众以及实体经济对金融的多样化需求，把更多的金融资源配置到恰当的地方。发挥金融服务实体经济的功能，是国民经济健康持续发展的必然要求。同样的，发挥作为金融重要组成部分的互联网金融服务实体经济的功能，也是积极满足国民经济健康可持续发展需要互联网金融这一"新动能"的必然要求。

我们探究互联网金融与实体经济协调发展的本质，其实就是权衡好如何让资本在互联网金融与实体经济之间实现最

优化的配置，即按照通常的经济学上所揭示的帕累托效率标准，具体的讲即是当互联网金融资源配置到某种状态之时，无法再让更多的至少一个人得到任何好处，而同时又不会损害其他人的利益，就达到了互联网金融资源的最优配置。然而，当帕累托效率标准被运用于制定或修改法律或公共政策的实践时，显得不太可行。于是，在法律经济学领域，更加认可的标准是卡尔多－希克斯效率标准，以互联网金融为例，就是当互联网金融资源配置到某种状态之时，如果变动之后的结果让某些人获得利益，而某些人的利益受到损害，但只要得利者所得的利益大于受损者所遭受的损失，那么这个变动就是符合效率标准的。

事实上，按照法律经济学的观点，无论是帕累托效率标准，还是卡尔多－希克斯效率标准，我们都不难看出最优化配置效率标准的达成，都是在一个动态博弈的过程中，是一个个互联网金融利益团体为争取对自己利益最大化的制度和政策等资源时而不断向原有的制度均衡状态发起冲击的过程。而在这个过程推进中，再次实现互联网金融法的均衡状态，之后这个过程会循环往复的进行，互联网金融监管行政法的变迁同样遵循这样的过程。按照制度经济学/法律经济学的观点，制度的变迁应该包括五个步骤，互联网金融监管行政法的变迁也概莫能外：其一，不同的互联网金融主体结成"初级行动团队"，比如互联网银行领域的"初级行动团队"、互联网证券领域的"初级行动团队"、互联网保险领域的"初级行动团队"、互联网金融消费者领域的"初级行动团队"；其二，这些初级行动团体，从自己的利益出发，提出最有利于自己利益的关于互联网金融监管行政法的制定或修改等方面的制度变迁方案；其三，在这些初级行动团队提出了若干可供选择的互联网金融监管行政法变迁方案之后，初级行动团队就会比较这些方案，把预期收益为负或为零的方案剔除，留下预期收益为正的几种方案，继续进行比较，从中选择出对这些初级行动团体利益最大化的方案，此时，关于利益大小的衡量是保留还是剔除某项制度变迁方案的惟一标准；其四，进一步形成互联网金融领域里的"次级行动团体"；其五，互联网金融领域里的初级行动团体与次级行动团体共同努力，推进新的互联网金融监管行政法的通过与实施。[1]如果按照这个路径演进的互联网金融监管行政法变迁一切顺利的话，那么，自然就会出现新的制度均衡，能够有效适应互联网金融发展新环境，满足国民经济发展新常态、新要求，进而促进互联网金融与国民经济的协调发展。然而，正如一般的制度变迁的过程之中会遇到时滞现象一样，互联网金融监管行政法的变迁同样会遇到时滞现象，即在互联网金融监管行政法从均衡演化为非均衡，从而也就进一步产生了客观上需要进行互联网金融监管行政法变迁的可能性之后，从认识到互联网金融监管行政法的非均衡，到切实地推进新的互联网金融监管行政法的落地，往往要经过一个比较长的过程，花费一段比较长的时间。时滞现象直接影响了互联网金融监管行政法变迁的速度。如果互联网金融监管行政法变迁时滞现象较长，则互联网金融监管行政法会在一段比较长的时间内处于非均衡的状态，就会影响

---

[1]　冯玉军主编：《新编法经济学：原理·图解·案例》，法律出版社 2018 年版，第 142 页。

到相当长时期内资本在互联网金融与实体经济之间的最优化配置，进而造成互联网金融与实体经济的产出都达不到最优化配置时的最优状态，这个结果所导致的必然是互联网金融与实体经济甚至是整个金融体系与实体经济发展上的不均衡、不匹配。

因此，互联网金融监管行政法在促进互联网金融与实体经济均衡协同发展方面功能的发挥离不开科学、合理、完善的互联网金融监管行政法治体系的构建，而一个科学、合理、完善的互联网金融监管行政法治体系构建的最终实现也必然受到互联网金融监管行政法该项功能有效发挥的影响，这种影响主要表现在：互联网金融监管行政法治体系的构建，必须要一方面能够推动互联网金融本身的可持续性发展；另一方面能够防范和化解互联网金融风险特别是其中的系统性风险，为优化金融机构体系、完善现代金融企业制度、坚定深化金融体制机制改革提供强有力的支持。同时，互联网金融监管行政法治体系的构建，还要能够切实在推进互联网金融可持续性发展的过程中，质效双优地服务好实体经济的发展，通过法律体制机制的引导、惩戒等功能的发挥真正将互联网金融融入实体经济的发展，这同时也是互联网金融与实体经济必须协同发展的应然要求。由此，互联网金融监管行政法治体系的建立健全亦或变革重构，必须要适应当前深化经济体制改革的基本要求，符合当前经济发展新常态背景下经济结构变迁的需要，回应经济运行中短期以及长期、周期性以及结构性的问题，使互联网金融监管行政法治体系的构建在时间上更及时，在内容上更务实，在变迁模式上更健康，以切实与互联网金融以及实体经济的协同发展保持"同频共振"。同时，互联网金融监管行政法治体系的构建必须要避免不适当的、不科学的"路径依赖"所带来的制度变迁的高成本，保持互联网金融监管行政法治体系总体的稳定性与前瞻性、引领性的平衡，改变制度变迁过程之中通常的"故人抓住新人，过去抓住现在，也抓住将来"的坏情况为"新人活在现实，现在超越过去，未来引领现在"的好情况，使互联网金融监管行政法治体系既切实促进互联网金融与实体经济的协同共进，又能在这样发挥促进功能的过程之中得到"反哺"，进而打造出"立足国民经济发展现实，照应实体经济与互联网金融协调发展需求，面向互联网金融未来"的互联网金融监管行政法治体系。

第五章 我国互联网金融监管行政法治体系构建的实现

一般认为，互联网金融市场存在市场失灵，这为运用政府权力加强监管提供了合理依据。然而，政府权力的介入，又极可能造成与市场失灵相对应的政府失灵现象。这种存在于互联网金融领域的双重失灵现象为互联网金融监管法律制度的创设、运用与完善奠定了客观基础，这其中必然包含着对互联网金融监管行政法治体系进行系统构建、改革与完善的强烈"呼唤"。而一个国家或地区互联网金融监管行政法治体系的理念革新、监管机构的选择、立法模式的考虑、监管手段的丰富等，必须与这个国家或地区整体的金融监管架构相调和，同时，必须考虑到互联网金融发展的特殊性，通过对既有法律制度的调整与新法制定相结合的方式，促使我国互联网金融监管与互联网金融发展的现实需要相匹配。因此，本章在前文对行政法视域下的互联网金融监管相关概念框架、当前我国互联网金融发展及监管中的问题、构建互联网金融监管行政法治体系必要性以及互联网金融监管行政法的功能定位等问题进行研究的基础之上，对互联网金融监管行政法治体系进行构建的总体思路进行分析，力求在重构作为互联网金融监管行政法治体系重要组成部分的互联网金融监管主体及权力配置的前提下，进一步明确互联网金融监管理念革新方向，并对作为互联网金融监管行政法治体系重要组成部分的互联网金融监管行政法律规范体系的完善等问题进行剖析，力求初步勾勒出互联网金融监管行政法治体系的基本架构。

第一节　确立总体思路：我国互联网金融监管行政法治体系构建的指引

互联网金融监管行政法治体系构建是一项复杂的系统工程，需要我们运用系统的思维来审视和思考。毕竟正如系统思考泰斗德内拉·梅多斯所指出的："系统思维是你应对复杂性挑战、做出睿智决策、与系统共舞的核心技能。"[1]将互联网金融监管行政法治体系构建置于一个系统论视角下进行思考时，就必然要求我们自觉地为互联网金融监管行政法治体系构建设计出科学的总体思路，这一方面要求我们要科学把握互联网金融监管与互联网金融创新之间的关系，另一方面要求我们明确系统观下的互联网金融监管行政法治体系构建的目标。

一、科学把握互联网金融监管与互联网金融创新之间的关系

本章的主题就是要致力于研究互联网金融监管行政法治

---

〔1〕［美］德内拉·梅多斯：《系统之美：决策者的系统思考》，邱昭良译，浙江人民出版社 2012 年版，第 11 页。

体系的构建，顾名思义，互联网金融与传统金融因为"落脚点"在金融，所以会有很多相似之处，但其"前缀"的不同，也必然决定了互联网金融与传统金融之间有着巨大的不同。相对传统金融而言，互联网金融本身就是巨大的创新。为此，为更好地深入研究互联网金融监管行政法治体系的构建，我们必然就绕不开一个极为重要的话题：互联网金融监管与互联网金融创新。这个话题在金融理论和实践领域都是一个从未停止过争论的传统话题，然而，由于行政法学界甚少将研究的触角深入到金融领域，所以对行政法学界而言，这个大概也是比较新鲜的话题，在此，有必要对这一话题做一简要的分析，以便更好地把握互联网金融监管行政法治体系构建的总体思路。

（一）影响互联网金融创新的因素

正如传统的金融创新一样，互联网金融创新主要包括三个方面的创新，即互联网金融制度的创新、互联网金融组织的创新以及相对前两个创新显然属于微观层面的有关互联网金融工具的创新。从本质上说，互联网金融创新就是采取一定的手段来节约资本，最终还要达到创造更多利润的目的。与此同时，更要确保风险得以更好的对冲、管理、化解或缓释。在进行互联网金融创新时，并非不需要付出任何成本，而是需要一定的条件，会有一系列的因素影响着互联网金融创新，或者约束着互联网金融创新，比如：互联网金融创新带来的收益应当大于互联网金融创新的成本，同时还要弥补机会成本，即投资于互联网金融创新比投资于其他领域能带来更多的收益。基于这个基础和认识，结合部分学者总结的影响金融创新的因素，笔者进一步认为，影响互联网金融创新的因素大致包括两个方面：一是要把从事互联网金融的机构的交易成本降下来，为此，可以通过引入高新技术，并扩大其在从事互联网金融的机构中的运用；二是要把从事互联网金融的机构的收益提上来，比如宏观层面的国家社会经济的快速增长，整个社会对互联网金融消费的需求的进一步增加。[1]

从理论上，学者们还进一步将影响互联网金融创新的因素归结为两类。一类可称为是"内因说"。这种理论的主要观点是，从事互联网金融的机构为了追求更多的利润，在日益复杂激烈的互联网金融市场中，会力争采取有效手段去挖掘市场对互联网金融消费的新需求，并创造多样化的产品，满足互联网金融消费者的新需求。比如有学者指出，市场竞争的不断加剧对意欲谋求互联网金融企业利润持续增长提出了更多要求，促使互联网金融企业必须想办法把企业的综合成本降下来，正如前面所提到的，不少互联网金融企业就会在降低成本上下功夫，为此，他们会采用更好更新的互联网金融技术，利用新的互联网金融技术以便降低互联网金融成本，这便成为影响互联网金融创新的主要因素。还有一类可称为"外因说"。根据选取的角度不同，"外因说"大致也包括两种观点：一种观点是从外部环境变化导致对互联网金融制度变革的角度来解释互联网金融创新，这种观点认为之所以会出现互联网金融创新，是源自对外部经营环境变化的调试，比如在遇到通货膨胀率、利率和汇率变动频繁的年代里，互联网金融企业纷纷进行力图稳定投资回报率的互联网金融

---

〔1〕　冯科编著：《金融监管学》，北京大学出版社 2015 年版，第 11 页。

产品大创新；另一种观点则是从互联网金融技术变革的角度来解释互联网金融创新，这种观点认为互联网金融创新积极吸收了科技创新带来的有益成果，互联网金融创新事实上是受到了信息技术创新的重大影响。[1]

(二) 互联网金融监管模式与互联网金融创新

在世界上大多数国家，互联网金融都是作为金融体系的重要组成部分，对其进行的监管一般也是在金融监管的整体框架内予以审视，因此，如果我们对全球范围内不同的互联网金融监管模式进行分类，正如金融监管模式的分类一样，大致可以区分为三种不同的互联网金融监管模式：一种为集中统一互联网金融监管模式，这种模式以英国为代表，并且在全球范围内很多国家采用；还有一种为分业型互联网金融监管模式，这种模式以美国为代表，我们国家也采取了这种金融监管模式，将互联网银行、互联网保险和互联网证券等进行分业监管，虽然近年来出现了统一监管的趋势，并且将银监会和保监会合并为银保监会，但总体上而言，尚未真正实现包括互联网金融业在内的金融业的统一监管；再有一种模式为不完全集中统一互联网金融监管模式，这种模式以澳大利亚为代表，并且被拉美一些国家所采用。不同国家采用不同的互联网金融监管模式，是基于不同国家的历史传统，是在各自国家市场、经济、社会、政治体制等发展过程中孕育，同时又在日益深入广泛的全球互联网金融活动交互中发展起来的。在采用不同互联网金融监管模式的国家，甚至在

---

〔1〕 冯科编著：《金融监管学》，北京大学出版社 2015 年版，第 11 页。

采取相同互联网金融监管模式的国家也会有着不同的法律规则，对互联网金融活动有着不同程度的约束，显然，对互联网金融活动约束越强的国家，互联网金融创新的可能和机会都会相对更小一些，相反，对互联网金融活动约束相对宽松的国家，自然就能给予互联网金融创新以更多的机会。换句话来解释这个现象，就是说，不同国家由于采取了不同的互联网金融监管模式，制定了不同的互联网金融监管规则，也就因而给予了互联网金融创新不同的可能性边界。当然，我们同时不能否认的是，互联网金融监管模式只是影响互联网金融创新的重要因素，其他的因素比如国家的综合实力也是影响互联网金融创新可能性边界的重要因素，一个国家综合实力越强，对互联网金融活动监管约束的边界越合理，互联网金融创新的希望和空间就会越大，历次重大的包括互联网金融创新在内的金融创新都是发生美国这样一个综合实力截至目前仍稳居全球第一的国家，也说明了这一点。

以上对互联网金融监管模式的分类，是从传统的视角并且站位于监管机构的组织架构和权力分配进行的分类。事实上，这种传统的分类，是无法很好地理清互联网金融监管和互联网金融创新之间的关系的，因而，换个角度对互联网金融监管模式进行分类，也成为很多学者的一种大胆试错。比如从市场和政府的双重视角出发，可以将互联网金融监管模式区分为以下两种：一种是以政府为主导、注重发挥市场作用的互联网金融监管模式，比如中国就是这样一种互联网金融监管模式；另一种就是以市场为主导、注重发挥政府作用的互联网金融监管模式，这种模式为美国、英国等大多数发达国家所采用。两种互联网金融监管模式之间是有显著区别的，显然，政府主导型互联网金融监管模式，生发于政府占据主导、引导互联网金融市场建立和发展的国家，当然我国的情况有一点例外，就是在互联网金融发展早期，由于采取了近似放任的政策导致互联网金融的"野蛮生长"，即在互联网金融发展早期政府反而未发挥应有的主导作用，而是随着互联网金融风险逐渐显现，政府的主导作用才开始日渐发挥出来；而市场主导型的互联网金融监管模式，生发于先有互联网金融市场培育后有政府监管的国家。相比之下，很显然的一点就是，相较于政府主导型的互联网金融监管模式，市场主导型的互联网金融监管模式在客观上更加有利于互联网金融创新，毕竟从理论上而言，在市场主导型的互联网金融监管模式下，其互联网金融创新最初的可能性边界是无限的，只是随着互联网金融创新的深化，其边界才开始因政府介入而有所回撤。

包括互联网金融发展在内的整个金融发展史，也一再证明了政府主导型互联网金融监管模式和市场主导型互联网金融监管模式在促进互联网金融创新方面确实发挥着不同的作用。市场主导型互联网金融监管模式可以大力促进互联网金融创新，使采用这一监管模式的国家享受更为宽松的监管环境、高效促进互联网金融创新，并令这些国家享受互联网金融创新所带来的巨大收益，但同时也往往令这些国家承受着发生包括互联网金融危机在内的金融危机的较大风险。截至目前，由于互联网金融的发展历史较短，在单纯的互联网金融领域发生系统性危机的事件尚未出现，但审视金融发展史，我们可以看到，很多金融危机都是生发于采用市场主导型互联网金融监管模式的国家。比如在 20 世纪 70 年代，一些国家受通货膨胀率、利率和汇率等波动影响，开始一系列金融创新活动，在这之后的很多年里，被广泛运用于企业资产证券化，带来了诸多潜在的风险。再比如，距离我们最近的一次金融危机就发生在 2007 年末 2008 年初，就是在美国这样一个高度宽松的金融创新土壤和环境下，伴随着过度的金融创新而引发的一场波及全球主要国家的金融危机，其持续时间之长、危害之广，也是金融发展史上不多见的。相反，在政府主导型互联网金融监管模式下，甚少率先发生金融危机，毕竟在这种模式下，就通常情况而言，由于政府的强监管，并没有为包括互联网金融创新在内的金融创新提供很多适宜的条件，互联网金融创新的活力不足，往往缺乏原创性的互联网金融创新，主要是通过引进在其他国家已开始甚至较为成熟的互联网金融模式。这样在互联网金融创新方面作为引进者和跟随者的角色，也决定了采用政府主导型互联网金融监管模式的国家，先发性的包括互联网金融危机在内的金融危机较少发生，但与此同时，也失去了很多由于抢占互联网金融创新的新领域、新高地而带来的促进经济更快发展的新机遇。

（三）互联网金融监管行政法治体系构建应正确把握互联网金融监管的边界

正如上面提到的，目前存在的以政府为主导、注重发挥市场作用的互联网金融监管模式以及以市场为主导、注重发挥政府作用的互联网金融监管模式，显然都不是最佳的互联网金融监管模式。毕竟，以政府为主导、注重发挥市场作用的互联网金融监管模式，将政府监管置于过高的位置，以强监管限制和约束了互联网金融创新的边界，使得互联网金融创新始终处于狭窄的区域内，很多互联网金融创新都是源自跟随和引进，缺乏原创性，互联网金融发展缺乏足够的活力。而以市场为主导、注重发挥政府作用的互联网金融监管模式，又过分放大市场的作用，忽视政府的监管，使得政府的监管之手失衡，很多监管措施都是等待互联网金融创新的风险诱发之后才拿出来，对潜在的互联网金融风险甚少管之，结果就会导致互联网金融过度创新所诱发的诸多风险，很多时候会对经济造成致命打击。

无论是以政府为主导、注重发挥市场作用的互联网金融监管模式，还是以市场为主导、注重发挥政府作用的互联网金融监管模式，都没有找到互联网金融监管和互联网金融创新的最佳结合点，在互联网金融监管和互联网金融创新的问题上，都存在着严重失衡。而我们希望通过构建合理的互联网金融监管行政法治体系以找到互联网金融监管的边界，绝不是因过分强调互联网金融监管，而阻却互联网金融创新的活力；也不是因过分强调互联网金融创新，而不要互联网金融监管。我们需要的是互联网金融监管和互联网金融创新的平衡，在注重互联网金融监管价值的同时，为互联网金融创新提供优质的环境，激发互联网金融创新的活力；在注重互联网金融创新意义的同时，注重发挥互联网金融监管的作用，较好地运用互联网金融监管的手段，挖掘互联网金融创新中潜在的风险，做到防患于未然，最终达到以政府为主导的互联网金融监管模式下的互联网金融创新活跃度与以市场为主导的金融监管模式下的互联网金融创新活跃度之间的基本均等，即在以政府为主导、注重发挥市场作用的互联网金融监管模式下，也能产生一系列原创性互联网金融创新，值得并且可以向以市场为主导、注重发挥政府作用的互联网金融监管模式进行输入，而不是像现在这样，基本一边倒的包括互联网金融创新在内的原创性金融创新似乎跟以政府为主导、注重发挥市场作用的互联网金融监管模式"不沾边"，而在以市场为主导、注重发挥政府作用的互联网金融监管模式下，包括互联网金融创新在内的原创性金融创新的泛滥和过度诱发了或潜藏了不少的金融风险。

更具体的说，则是在以市场为主导、注重发挥政府作用的互联网金融监管模式下，能够真正切实地注重互联网金融监管，主动限缩互联网金融创新的边界；而在以政府为主导、注重发挥市场作用的互联网金融监管模式下，能够真正让市场之手更自由一些，主动限缩互联网金融监管的边界。事实上，真正最优化的互联网金融监管模式也只有在互联网金融监管边界和互联网金融创新边界不断弥合的过程中，才能建立起来。一个真正最优化的互联网金融监管模式以及与之相匹配的互联网金融监管行政法治体系，是既能够促进互联网金融创新，也能促进互联网金融监管的，反过来说，也是既能合理抑制互联网金融监管，也能合理抑制互联网金融创新的。如果互联网金融监管模式以及与之相匹配的互联网金融监管行政法治体系可以达到最优化，在这样一个合理的互联网金融监管边界下，就可以有效促进互联网金融监管和互联网金融创新的同步发展，在互联网金融监管和互联网金融创新之间达到一个动态性平衡，实现互联网金融监管对互联网金融创新的良性约束，互联网金融创新对互联网金融监管的合理反哺。

二、系统观下互联网金融监管行政法治体系构建的目标

所谓系统，自然不是一个又一个事物简单的集合，它是"一个由一组相互连接的要素构成的、能够实现某个目标的整体"〔1〕。由此，可以看出目标性在一个系统之中的重要价值。对放置于系统论理论框架下的互联网金融监管行政法治体系构建而言，明确互联网金融监管行政法治体系构建的主要目标同样是非常重要的问题。互联网金融监管行政法治体系构建应当围绕既定的主要目标，有序而深入地推进互联网金融监管行政法治体系构建。

我们知道，市场经济是法治经济，从理论上而言，早已是成为社会各界的共识。这一共识所体现的深层逻辑之一就是国家必须要运用其强制力尽快建立健全适应社会经济发展要求、有利于推进中国特色社会主义市场经济发展的法律体系。曾任全国人大常委会委员长的吴邦国同志在十一届全国人大四次会议第二次全体会议上宣布："中国特色社会主义法律体系已经形成。"我们国家的法治建设取得了可喜的阶段性成果。但法治建设是个动态的过程中，法律在保持稳定性的同时，也要照应时代的需要，要能够做到"与时俱进"。目前，互联网金融在我国的发展已经"势不可挡"，在互联网金融技术变革、发展模式革新等方面已经开始引领全球，位居世界首位，但亦如前文分析之中提到，互联网金融发展之中潜在的风险亦应受到高度重视，毕竟互联网金融所独有

---

〔1〕 ［美］德内拉·梅多斯：《系统之美：决策者的系统思考》，邱昭良译，浙江人民出版社 2012 年版，第 18 页。

的网络外部性在加速风险传染、扩大风险影响范围和程度方面，要大大超过传统金融。由此，与互联网金融健康持续发展密切相关的法治建设更应受到重视。当前，就互联网金融法治建设而言，可谓仍处于探索阶段，相关成果少之又少，如果具体到作为本研究重点的互联网金融监管行政法律，专门性的立法可谓"一片空白"。因此，互联网金融高速发展引领全球同时风险并存的现状与互联网金融监管行政法律制度建设落后的基本矛盾，也就决定了完善互联网金融法治应当成为包括行政法学在内的法学领域重点关注的课题。在大力推进互联网金融发展的各项制度之中，互联网金融监管行政法治体系作为调整互联网金融监管行政主体、互联网金融机构、互联网金融消费者相互关系以及规范互联网金融健康发展、保护互联网金融消费者合法权益的各类法律制度的总称，反映的是互联网金融监管者维护金融发展秩序与互联网金融机构期待快速发展以及互联网金融消费者力求全方位、更便捷金融服务与免受不当侵害之间的博弈关系，对于形成和谐有序的互联网金融生态环境、促进互联网金融的健康持续发展具有重要价值。然而，互联网金融监管行政法治体系并没有针对性的系统性立法，其独立性受到严重制约与束缚，对加强互联网金融监管、提升互联网金融监管的质量与效率均会造成不同程度的负面影响。

尽管自中国人民银行等十部委于 2015 年 7 月颁布《关于促进互联网金融健康发展的指导意见》之后，国务院办公厅于 2016 年 10 月又颁布了《互联网金融风险专项整治工作实施方案的通知》，而中国人民银行、银监会等 17 个部门同时颁布了《通过互联网开展资产管理及跨界从事金融业务风险专项整治工作实施方案》，但这些意见、通知、方案等立法层级之低显而易见，若再从颁布相关"软法"的时间来看，多数带有"救火"以及"应急"的性质，缺乏立法应有的系统性、强制力与惩罚性。可以说，截止到目前，我们所指出的缺乏互联网金融监管行政法治体系有针对性的系统性立法，特别是缺乏一部由全国人大或全国人大常委会审议通过的互联网金融监管专门性立法的问题是非常突出的，我们距离解决互联网金融监管系统立法规划的问题还有很多的工作要做。为了尽快解决这一问题，有效避免互联网金融潜在高风险，推动互联网金融重塑"理性"发展机制，我们必须立足长远，审时度势，科学规划，突出重点，在充分认识各类行政法律制度在互联网金融监管权力配置、互联网金融市场培育、互联网金融消费者合法权益保护等方面可以发挥的关键作用以及正确认识各类互联网金融行政法律制度的独立性的基础之上，逐步完善互联网金融监管行政法治体系，力争以互联网金融监管行政法治体系的稳定有序抑制政府互联网金融监管权力的恣意越位，并规范互联网金融发展的野蛮无序。

　　总的来说，推动互联网金融监管行政法治体系的建设与完善，要着力于至少实现以下三个目标：其一，要打造完善的互联网金融监管行政法治体系，以积极促进互联网金融市场稳定、有序且安全的运行，实现互联网金融市场的良性运转，毕竟每一个参与互联网金融市场建设与发展的主体，都不希望见到一个动荡不安的互联网金融市场，"乱"对每一个主体都是件坏事，"稳"才能保护每一个主体的积极性，以持续不断地激发互联网金融市场参与者的动力，进而对互联网金融市场实现有效的监管。其二，要打造完善的互联网金融监管行政法治体系，以有效保护每一个互联网金融消费者的合法权益，互联网金融消费者是互联网金融链条之中绝对不容忽视的力量，这股力量既是互联网金融健康发展所必须依赖的，也事关整个社会的稳定，可以说，鉴于互联网金融消费者在当前互联网金融发展之中参与面之广、参与度之深，对于互联网金融消费者合法权益的保护就是对于社会广大人民群众切身金融利益的保护。如前文所言，广大的互联网金融消费者缺乏互联网金融知识，缺乏获取足以作出有效投资决策的有价值信息的途径，在互联网金融交易之中往往处于劣势，其自身利益单纯依靠自身无法得到有效保护，单纯依靠民商法等私法机制也无法得到切实有效的全方位保护，国家政府权力必须恰当科学地介入，以行政法为代表的公法也理应有所作为，切实保护好互联网金融消费者的合法权益。其三，要打造完善的互联网金融监管行政法治体系，要有系统思维，要着眼于国家经济金融政策的落实，把互联网金融纳入国家整体经济金融的视野之中予以审视；要善于平衡互联网金融与其他金融领域、其他经济领域之间的关系，以各种行政法律制度之力保护互联网金融获得公平、有序的竞争机会，营造健康成熟的互联网金融竞争生态环境。

第二节　确立指导原则：我国互联网金融监管行政法治体系构建的基本遵循

互联网金融监管行政法治体系是在互联网金融发展过程之中由经营互联网金融业务的主体、互联网金融监管机构、互联网金融消费者以及国家与地方各级立法机构、执法机构、司法机构等一系列具有紧密关系的因素通过"一系列类似物理化学元素组合排列形成特定物质的机理"一样的机制有机结合而形成的一个复杂的系统结构。我们在明确了互联网金融监管行政法治体系构建的主要目标之后，还应当结合当前我国互联网金融发展的实际情况以及未来趋势，进一步明确互联网金融监管行政法治体系构建的指导原则，为建设务实高效的互联网金融监管提供科学的指引。

那么，什么是互联网金融监管行政法治体系构建的指导原则呢？在回答这个问题之前，我们可以首先看看关于行政法基本原则含义的不同见解，有学者对各类行政法基本原则的定义进行梳理，将有关观点概括为以下四种：其一，行政法的基本原则是指贯穿于行政法的始终，指导行政法的制定和实施的基本准则；其二，行政法的基本原则是行政法的基本准则或原理，其作为行政法的精髓所在，贯穿于行政法律关系之中，指导着行政法的制定、修改以及废止，同时还指导着行政法的实施；其三，行政法的基本原则是行政法的指导思想和基本准则，具体指贯穿于行政法始终，应该得到所有行政法规范的遵守和贯彻，其可以调整并决定一切行政法律主体的所有行为；其四，行政法的基本原则是人们关于行政法的一种研究成果以及认识成果，是学者们对行政法规范所体现出来的共同的、规律性的准则做出的系统总结和概括。[1]上述四种关于行政法基本原则的认识，分别从揭示行政法基本原则共同属性以及学理性两个角度，对行政法基本原则的涵

---

〔1〕 邢鸿飞等：《行政法专论》，法律出版社 2016 年版，第 63 ～ 64 页。

义进行了概括。由此，我们结合关于行政法基本原则的认识，就可以对什么是互联网金融监管行政法治体系构建的指导原则做出如下表述：它是指对互联网金融监管行政法治体系所体现出的本质内容和基本精神的高度抽象、凝练与总结，是贯穿于互联网金融监管行政法立法、执法与司法始终，应该得到互联网金融监管行政法律制定、实施的全部环节和国家互联网金融监管全部领域遵守和贯彻的，并能够调整和决定一切互联网金融监管行政法律主体行为的根本准则。在互联网金融监管行政法治体系构建过程之中，必须要贯彻这些指导原则。

笔者认为，互联网金融监管行政法治体系构建的指导原则，既要充分体现互联网金融独有的特点和发展要求，也要将反映法律特别是行政法律根本价值和作用的基本原则体现其中，由此，可以将互联网金融监管行政法治体系构建的指导原则提炼为以下几点：公正原则、效益原则、依法行政原则、比例原则。以下结合互联网金融监管行政法治体系构建进行简要分析：

一、互联网金融监管行政法治体系构建应体现和贯彻公正原则

公正是人类所共同追求的崇高价值。美国著名法学家庞德认为，公正不是指个人的德行，这彻底否定了古代人关于公正理念的理解。他指出，公正意味着对由人所构成的社会关系进行调整以及对人们的行为进行规范所形成的一种体制，公正的目的是让人们生活得更好，它也只是"一种与社会理想相符合，足以保证人们的利益与愿望的制

度"[1]。从不同的角度可以对公正做出不同的分类，比如著名的哲学家、伦理学家罗尔斯将公正区分为形式公正与实质公正；还有人分别从贡献和自由的角度来理解公正，认为公正包括贡献公正论以及自由公正论。

公正亦是法律制度的核心价值，各种互联网金融监管行政法律制度的创设、修改、执行等方面必须贯彻和落实公正的价值理念。在互联网金融监管之中，基于公正原则的要求，监管机关不能因为偏爱某些经营互联网金融业务的机构就不当地给予其过分多的倾斜政策，也不能因为厌恶某些经营互联网金融业务的机构就不当地压制他们。同样的，因为互联网金融本身又可以细分为互联网银行、互联网保险、互联网基金、互联网证券等，公正原则同样适用于各细分行业，即基于公正原则的要求，监管机构亦不应该不当地给予其偏爱的细分行业过分多的倾斜性政策，或不当地压制其他细分行业，更不应该为了其所偏爱的细分行业的发展，基于不当的理由，甚至以"掠夺式"的方式将原本属于其他细分行业的资源强行划转给偏爱的细分行业。将公正原则贯彻于互联网金融监管行政法治体系构建之中，具体包含以下五个方面内容：[2]

第一，公正原则要求必须要把这一原则贯彻于如何处理互联网金融监管行政主体与互联网金融经营者、互联网金融消费者以及其他参与主体的关系之中。我们知道，无论是互

---

[1] [美] 罗斯科·庞德：《通过法律的社会控制》，沈宗灵译，商务印书馆1984年版，第55页。
[2] 欧阳日辉主编：《互联网金融监管：自律、包容与创新》，经济科学出版社2015年版，第90~91页。

联网金融消费者，还是互联网金融经营者，亦或是其他主体，在法律面前，都理应是平等的主体，按照上述提及的自由公正论的观点，互联网金融监管行政主体与互联网金融经营者、互联网金融消费者以及其他参与主体之间的关系是平等的社会契约关系，互联网金融监管机构在享有互联网金融监管权力的同时，也理应负担互联网金融监管的义务，履行互联网金融监管职责，做到权责统一。互联网金融监管机构在履行互联网金融监管法定职责的过程中，要充分尊重互联网金融经营者、互联网金融消费者以及其他参与主体的意见，切实保护他们的合法权益。

第二，公正原则要求必须要把这一原则贯彻于互联网金融监管行政法治体系构建以及执法的全过程。互联网金融监管之中必须体现出社会公正，更多地是对互联网金融监管行政主体必须公正地进行互联网金融监管的角度提出的要求。互联网金融监管行政法律方面的公正，包括了互联网金融监管行政法治体系构建的公正以及互联网金融监管行政法律执行的公正。前者是指互联网金融经营者、互联网金融消费者以及其他参与主体的合法的权利，无论其规模大小，无论是国有亦或民营，也无论其外资亦或中资，都应受到互联网金融监管规则一视同仁的对待。而后者则是指互联网金融监管行政主体在实施互联网金融监管行政执法活动适用互联网金融监管法律法规时，必须平等地对待每一个互联网金融经营者、互联网金融消费者以及其他参与主体，应坚决避免出现选择性执法的情况。

第三，公正原则要求必须要把这一原则贯彻于互联网金融监管行政法律立法、执法、司法过程之中的实体和程序两个方面。互联网金融监管行政法律实体公正，就是要求互联网金融监管行政法律本身是"良法"，是符合社会基本道德准则的，是符合社会主义市场经济基本规律的，是尊重每一个至少是绝大多数互联网金融参与者权益的；同时也要求通过互联网金融监管执法以及与互联网金融监管密切相关的司法活动，使得违反互联网金融监管行政法律的行为能够及时得到否定性评价，使该承担责任的主体及时承担相应责任，对于能够率先垂范，遵守互联网金融监管规则的主体，也及时地给予褒奖。而互联网金融监管行政法律程序公正，就是要求互联网金融监管行政法律的立法活动，要体现公众参与，给予互联网金融经营者、互联网金融消费者以及其他参与主体以通畅的意见表达渠道，对于他们提出的每一条意见都要给予充分尊重，合理的要采纳，不合理的要说明情况；同时，在执行互联网金融监管行政法律过程之中，也应按照法定的程序行使互联网金融监管权力，让执法过程"阳光化"。

第四，公正原则要求必须要把这一原则贯彻于互联网金融监管行政法律资源的平等分配之中。按照贡献公正论的观点，权利大小应该视其贡献大小而定，贡献大，权利就多，贡献小，权利就少。每一个互联网金融经营者、每一个互联网金融消费者以及其他参与主体都是完全平等的主体，在国家运用法治方式分配互联网金融资源时，必须要超越国有与民营、央企与地方性国有企业、大企业与中小企业的传统"分界"，要在不同主体之间平等分配互联网金融资源，以他们的贡献大小为唯一合法的判断标准，贡献大者享有的权利就多，贡献小者享有的权利就小，让每一个主体都能获得参与互联网金融发展的平等机会，进而打破国有金融机构凭借国家权力赋予其优势资源得到垄断地位而获得垄断性利益的格局，形成各个互联网金融经营者平等竞争的良好局面。

第五，公正原则要求必须要把这一原则贯彻于给予每一个互联网金融主体平等参与的机会。按照实质正义的观点，每一个主体所能获得的机会是不同的，这就要求对处于弱势的群体，要想办法扩大他们的机会。在互联网金融监管行政法治体系构建的过程之中，必须要在照应好每一个互联网金融参与者合法权益的前提之下，恰切地关照处于相对弱势的民营资本参与互联网金融市场的机会，在确保金融稳定和经济有序的前提之下，逐步放开对民营资本参与互联网金融细分行业的限制，逐步取消单方面只扶持国有企业的传统做法，以此进一步激发民营企业的互联网金融创新活力，也提升国有企业参与互联网金融的运营绩效，进而让互联网金融获得稳定持续的发展。

二、互联网金融监管行政法治体系构建应体现和贯彻效益原则

效益在很多学科体系之中都是非常重要的概念，简单地讲，效益就是效果和利益，是劳动占用、资源耗费与劳动产出之间的比较，如果劳动产出大于劳动占用以及资源耗费，那么就是产生了效益，反之，如果劳动产出还赶不上劳动占用以及资源耗费，那么就是没有效益的。法律关注效益。所谓法律效益就是指在立法、执法、司法以及守法的过程之中，通过最优化的配置法律资源，最小化的投入与立法、执法、司法以及守法相关的成本，以此实现法律资源使用价值的最大化，这种最大化既包括质上的极优化，也包括量上的极大

化，还包括对综合效果的考量。[1]如果参考一般的衡量效益的公式，同样可以通过公式的方式来衡量法律效益，即"法律效益 = 法律收益 – 法律成本"。从法律效益的特征而言，一般认为，法律效益包括以下五个方面的特征：一是排他性；二是普遍性（平等性）；三是公开性；四是法律效益实现的不平衡性；五是法律效益实现的不可预测性。[2]

与其他的法律一样，行政法亦重视效益原则。行政法作为加强互联网监管的工具与手段，进行互联网金融监管，建立健全与之相关的各种行政法律制度，抑或执行相关法律制度，都是要付出相应的社会成本的，这种成本就包括了由于实施互联网金融监管行为而付出的行政成本，还包括对互联网金融发展自由的干预，以及对金融创新的管制，还有因此可能造成的金融压抑。那么，付出了成本，我们自然是希望获得相应的产出，得到应有的收益，互联网金融监管的收益主要体现为为互联网金融发展提供和谐有序的发展环境，创造公平的竞争机会，预防以及化解互联网金融风险，保护互联网金融消费者的合法权益，最终提升金融发展的质效，促进金融与经济的持续发展。贯彻互联网金融监管行政法治体系构建的效益原则，其实就是要衡量在互联网金融监管行政法律立法、执法以及司法过程之中所付出的成本与实现的收益之间孰大孰小，如果成本高于产出，那么这样的互联网金融监管行政法律制度就是负效益，就不符合法律效益原则；

---

〔1〕 冯玉军主编：《新编法经济学：原理·图解·案例》，法律出版社 2018 年版，第 104 页。

〔2〕 冯玉军主编：《新编法经济学：原理·图解·案例》，法律出版社 2018 年版，第 105 页。

如果产出高于成本，那么这样的互联网金融监管行政法律制度就是正效益，就符合法律效益原则。一般而言，通过强化立法、严格执法等方式加强互联网金融监管的力度，则其边际成本先递减后递增，而其边际收益则先递增后递减。如果我们再进一步从法律效益的结构层次来对互联网金融监管行政法律之中的效益原则进行剖析，则可以看出互联网金融监管行政法律贯彻和落实效益原则应包括以下至少三个方面的内容：

第一，效益原则要求必须要确保实现互联网金融监管行政法律创制效益。所谓创制效益，也就是说要力求实现立法效益，即法律的制定、修改、颁布以及废止等所取得的经济收益、社会收益等与立法成本之间的差值。在互联网金融监管行政法律创制过程中，必须要事前加强调研，综合运用社会调查、统计科学等多元化的定性以及定量分析方法，尝试对创制综合的或特定方面的互联网金融监管行政法律的立法成本进行测算，对未来可能产生的经济收益、社会收益以及时间收益等通过社会实验等方式进行科学预测，在确保存在互联网金融监管行政法律创制效益的前提下，推进相关立法。如果经过科学研究，发现互联网金融监管行政法律创制的"收不抵支"，那么就需要对立法方案进行适当调整，之后再次运用科学的方法对成本和收益进行测算，在确保取得正效益的前提下，再推进相关立法。这种方法，在目前的各类立法之中都尚未使用，如能在互联网金融监管行政法律创制过程之中，开历史先河，那么互联网金融监管行政法律创制对其他方面立法方法的改进将发挥引领和示范效用。

第二，效益原则要求必须要确保实现互联网金融监管行政法律适用效益。一般而言，法律适用效益包括执法效益和司法效益。其中执法效益是指国家行政执法部门推进依法行政，发挥社会调控以及经济调控等方面的职能，所带给包括各类社会主体以及各类市场主体等在内的行政相对人的综合效用以及经济、社会等各种收益与执法成本之间的差值。而司法效益则是指当事人之间发生纠纷，诉至法院或到准司法机构申请仲裁等的过程之中，由司法机关带给当事人的各类收益以及在定纷止争之后所取得的社会稳定收益与司法成本之间的差值。按照通常的观点，一般认为司法效益本身是一种负效益，鉴于司法层面的问题不是本研究关注的重点，所以在此不做过多讨论。在执法效益与司法效益之间，我们重点要关注互联网金融监管行政法律执法效益，应该说互联网金融持续健康发展本身就蕴含着对监管行政执法的内在需求，在互联网金融市场上，监管行政执法也是一种商品，这种商品的提供者只能是具有行政监管权的政府，我们在互联网金融监管行政法律构架中要创造出更多更便利行政执法的条件以及执法工具，令互联网金融监管部门能够以最低程度的人财物消耗来满足人们对互联网金融发展之需要。

第三，效益原则要求必须要确保实现互联网金融监管行政法律守法效益。守法效益对很多人来说，还是一个比较新鲜的提法，它是指自然人、法人以及非法人组织等选择遵守法律，并由此而获得的经济收益、社会收益等各类收益以及综合效用与守法成本之间的差值。在现代法治国家，法律已经非常重视尊重人的权利与自由，因而往往都赋予人们更加多样、更加丰富的权利，人们选择守法，一般而言，都会比选择违法或者规避法律可以获得更多的收益，但也确实存在相反的情况，那就是法律本身出现了问题。就互联网金融监管行政法律健康运行的生态环境而言，我们应积极培育互联网金融经营者、互联网金融消费者以及其他互联网金融参与主体自觉遵守互联网金融监管行政法律的意识，提升知法、辨法、懂法、守法的能力，形成自愿守法的良性氛围，让广大互联网金融经营者、互联网金融消费者以及其他互联网金融参与主体在守法过程之中可以享受到互联网金融健康发展给他们带来的更多便利与收益。

三、互联网金融监管行政法治体系构建应体现和贯彻依法行政原则

依法行政原则，又被称为合法性原则，具体是指行政主体享有以及运用行政权力必须要有法律规范的依据，也要符合法律规范的要求，不能出现与法律规范相抵触的情况。这一原则被视为行政法的根基性原则，甚至具有"原则中的原则"的地位，在行政法治实践之中发挥着极为重要的作用。依法行政原则具有博大深厚的内涵，极为丰富的内容，一般认为，依法行政原则包括以下至少四个方面的具体内容：其一，行政主体的设立必须合法；其二，行政职权的拥有必须合法；其三，行政职权的行使必须合法；其四，违法行使行政职权应当承担法律责任。[1]

依法行政是法治国家、法治政府的基本要求。基于法治里面的"法"代表了人民群众的意志和权益，因此，法治的

---

〔1〕 杨建顺主编：《行政法总论》，中国人民大学出版社 2012 年版，第 27 页。

实质就必然要求人民高于政府，政府服从人民。[1]在互联网金融监管行政法治框架内，无论互联网金融监管行政法律的层级位阶是全国人民及其常委会所立之法律，还是国务院行政法规，抑或部门规章等，都体现和代表了人民群众的意志和利益，理应得到互联网金融监管机构的遵守与服从。具体而言，将依法行政原则贯彻于互联网金融监管行政法律之中，包含以下四个方面内容：

第一，互联网金融依法行政、依法监管之"法"，不仅包括宪法、法律、法规、规章等，还包括法律原理以及法律原则。现行《宪法》明确规定国务院"领导和管理经济工作"，这其中必然包括了对互联网金融的监管工作。各级互联网金融监管机构均应贯彻落实《宪法》的要求。在《宪法》之下，还有《中国人民银行法》《银行业监督管理法》《证券法》《保险法》等法律，再往下则还有《外资银行管理条例》等行政法规，更有一系列的类似《商业银行贷款损失准备管理办法》《关于促进互联网金融健康发展的指导意见》等部门规章和规范性文件，无论法律处于哪个效力位阶，互联网金融监管机构都必须遵守。当然，基于立法技术的限制，可能会出现不同位阶法律冲突的问题，那么互联网金融监管机构就必须遵照处理不同效力位阶的法律法规冲突时的法律适用问题的通常原理来作出正确的分析和判断；同时，也可能会出现互联网金融监管行政法律规定有限与需要行政法调整的互联网金融监管关系和事务无限之间的矛盾，此时，由于缺乏明确的法律法规作为指引，自然就要求互联网金融监管机构

---

〔1〕 姜明安：《行政法》，北京大学出版社2017年版，第117~118页。

必须善于将法律原则以及法律原理运用于互联网金融监管的实践。

第二，互联网金融依法行政、依法监管主体的设置必须合法。行政主体作为一种机关或组织，是能够以自己的名义享有行政职权、行使行政职权，同时还能够以自己的名义对其在行使行政职权时所产生的法律后果独立承担责任的。由此，行政主体作为行政职权的享有者和行使者，如果其设立缺乏合法性基础，那么它的权力之源就会发生根基性的"毁灭"，其直接或其他主体以其名义所做出的行政行为，也将失去合法性，令这样的主体承担行政法律后果也将为法治文明所不容许。国家对行政主体的设置以及行政职权的赋予规定了非常严格要求，《宪法》《国务院组织法》以及《地方各级人民代表大会和地方各级人民政府组织法》等法律法规对各级政府及其职能部门的设置以及职权等事宜作出了明确规定。互联网金融监管机构到底该如何设置，互联网金融监管权力的纵向配置以及横向配置，都必须要严格遵守与之相关的法律法规。

第三，互联网金融依法行政、依法监管机构监管职权的享有以及行使必须合法。一个没有互联网金融监管职权的所谓互联网金融监管行政主体，存在是没有意义的，即便成立了，其解散也是迟早的事情。互联网金融监管行政职权是互联网金融监管行政主体的"灵魂"，也是实施监管行政行为的基础，反过来，互联网金融监管行政主体则是互联网金融监管行政职权的"躯壳"与"载体"。有句法律名言讲"行政机关是法律的产儿"，那么从符合一般性逻辑的角度讲，作为"躯壳"的互联网金融监管行政主体都是以法律为存在与发展的基础，那么，作为"灵魂"的互联网金融监管行政职权自然更加应该遵守法治的基本要求，未经法律规定或有关主体授权，互联网金融监管行政主体不能享有对应的互联网金融监管行政职权；只有法律明确规定的，互联网金融监管行政主体才因此而获得相应的互联网金融监管行政职权。同时，互联网金融监管行政主体通过行使互联网金融监管行政职权，完成其对互联网金融监管特定领域的管理任务，才构筑了互联网金融监督管理的整体架构，保障了互联网金融消费者的合法权益。互联网金融监管行政主体行使互联网金融监管行政职权，如果不能在法律要求的范围内，不能按照法律规定的程序实施，那么互联网金融的稳定发展以及互联网金融消费者的合法权益，最终都将受到严重影响。因此，互联网金融监管行政主体必须合法行使互联网金融监管行政职权。互联网金融监管行政职权的依法行使，就是要求互联网金融监管行政主体该行使的职权不能随意放弃，不能随意转授；不该行使的职权也不能随意逾越。虽然包括金融监管等在内的各类法律法规对监管机构行使互联网金融监管权的范围、条件、标准和限度等尚未见清晰明确的规定，但是这并不能构成互联网金融监管行政主体"不依法"行使互联网金融监管行政职权的理由，毕竟国家关于金融监管方面还是形成了较为系统的法律体系。当然，今后必须要完善互联网金融监管行政法治体系，对监管机构行使互联网金融监管权的范围、条件、标准和限度等作出科学的规定，让互联网金融监管机构行使互联网金融监管行政职权"有法可依"。

第四，互联网金融监管行政主体违法行使监管职权时，必须要为此承担相应的法律责任。行政一词即包含了管理的意思，没有依法管理，就根本不能谈什么依法行政。[1]这里揭示的是政府要管好行政相对人，但这距离"依法行政"的完整含义还有很大差距，这个差距就是必须认识到"依法行政"还要求政府自己要守法。在互联网金融监管过程之中，监管机构要做到"依法用权"，规范自身，率先垂范，模范守法，否则，掌握强大互联网金融监管公权力的政府，只会被个别怀有私欲的"掌权者"所利用，沦落为"掌权者"侵犯互联网金融企业以及互联网金融消费者利益、谋取个人私利的工具。相关监管机构及其工作人员的行为应当受到社会的监督，违法就必须受到制裁，承担相应的行政责任，以及民事责任，甚至是刑事责任，同时亦应对实施了违法监管行政行为的公务人员给予必要的处罚。[2]2014 年 10 月，党的十八届四中全会发布了《中共中央关于全面推进依法治国若干重大问题的决定》，要求"建立重大决策终身责任追究制度及责任倒查机制""严格追究行政首长、负有责任的其他领导人员和相关责任人员的法律责任"，这些要求对在互联网金融监管行政法治体系构建中体现和贯彻依法行政原则，同样是严格适用的。

四、互联网金融监管行政法治体系构建应体现和贯彻比例原则

比例原则是一项被世界上很多法治国家所接受的行政法原则。它在渊源上是宪法上关于法治国家的一般法律原则，对立法、行政以及司法均具有拘束力。所谓比例原则，就是

---

〔1〕　姜明安：《行政法》，北京大学出版社 2017 年版，第 119 页。
〔2〕　杨建顺主编：《行政法总论》，中国人民大学出版社 2012 年版，第 27 页。

指行政主体是否作出某项行政行为，首先要对个人利益和公共利益进行全面的衡量，只有该项行政行为使个人利益免受损害或损害最小，同时公共利益得到最大受益，并且实施该项行政行为符合所追求的目的时，才可采取该行政行为，它主要是从"方法"与"目的"关联性上对行政行为的合法性进行考量。比例原则在行政法上的贯彻，具有非常重要的意义，通说认为比例原则又包括以下三个方面的内容：第一，适当性原则；第二，必要性原则；第三，狭义比例原则，也有不少学者将其称之为"均衡性原则"。[1]

　　无论是立法机关、行政机关亦或司法机关，在对待公民的基本权利与义务方面，都无权随意加以限制，都要遵守比例原则。在互联网金融监管行政法治框架内，采取什么样的监管措施，什么时候采取监管措施，采取监管措施的预期目的、目标是什么，对互联网金融经营者、互联网金融消费者以及其他互联网金融参与主体的权益影响如何等，都必须在遵循比例原则的前提下进行综合衡量与把握。具体而言，将比例原则贯彻于互联网金融监管行政法律之中，包含以下三个方面：

　　第一，互联网金融监管应适当适度。互联网金融监管行政法治体系构建过程中，要充分明确互联网金融监管的目的在于促进互联网金融的和谐有序发展，维护互联网金融发展所需要的健康的市场环境，保护广大互联网金融消费者的合法权益。互联网金融监管的目的不是为了彰显互联网金融监管机构有多大的权威，虽然这有必要，但不是目的。因此，

———————

〔1〕 姜明安：《行政法》，北京大学出版社2017年版，第125页。

立法赋予互联网金融监管机构的监管权限、可使用的监管工具以及采取监管措施的条件特别是实施行政处罚的条件等方面，应清楚而明确，尽量避免过大的争议。在实际执法过程中，互联网金融监管机构对互联网金融的干预也应适度，干预过多，可能会造成金融压抑，肯定不行；但干预过少，又可能造成放纵互联网金融市场之中的违法甚至犯罪行为，造成互联网金融风险累积，肯定也不行。

第二，互联网金融监管应合理必要。在明确互联网金融监管总的目的前提下，还要明确每一次采取监管具体措施时所希望达到的目标和目的。事实上，互联网金融监管机构往往有多种方法、措施以及方案，可以达到他们实施监管行政的目的。此时，互联网金融监管机构就要在这些方法、措施以及方案之中，选择一个对互联网金融监管对象权益损害最小的方法、措施以及方案。比如，互联网金融监管机构对互联网金融经营者实施微观监管时，可以采取现场检查或非现场检查等手段，当非现场检查确定可以达到实施微观监管的目标时，就应优先选择非现场监管，这样既可以降低行政成本，也可以减少对互联网金融经营者的不当影响。

第三，互联网金融监管机构应规范行使行政自由裁量权。互联网金融监管机构实施抽象行政行为，亦或具体行政行为，其行政裁量的范围以及幅度都应按照比例原则的要求，对实施该监管立法、执法等行为可以令未来取得的利益以及潜在的损失进行综合衡量，只有互联网金融监管行政行为符合互联网金融监管宏观与微观的双重目标，且该行政行为可以最大限度地保护互联网金融经营者、互联网金融消费者以及其他互联网金融参与主体的合法权益时，才能实施该监管行为。

第三节　实现路径之一：我国互联网金融
监管行政主体重构及权力配置

无论是作为一个学理和法律概念，还是作为有形的实体，行政主体都不是从一开始就有的，它的产生和发展亦是经历了一个连续的进程。这正如各个国家政治及公共行政的发展历程同样也是一个连续的进程一样，行政主体的变革也是一个循序渐进、逐步发展的过程，这个过程不是跳跃性的，也不可能是跳跃性的。在漫长的历史发展进程之中，社会的形态在发生着从量变到质变的不断变化，经济水平在发生着天翻地覆的变化，作为国家和社会之中关系人人切身实际利益，与人们生活、社会发展、经济发展均有着紧密联系的国家与行政也在发生巨大的变化，这其中有着为了适应社会经济变化发展而导致的行政目的和任务的不断变化，有着因为行政目的和任务不断变化而导致的以公共行政作为研究对象的行政法律理论和体系的不断变化，作为行政法理论重要研究对象的行政主体也在不断演化之中，渐趋成熟。行政主体是行政法律体系最重要、最核心的建构者与执行者，反过来又是行政法律体系最重要最核心的调整对象，行政主体的设置事关行政法律体系的样态。伴随行政主体的变迁，包括承担互联网金融监管职责在内的金融监管机构作为行政主体有机整体中的重要组成部分亦在经历了岁月的洗礼之后，在世界上多数国家或地区形成了相对成熟的互联网金融监管行政主体类别，对世界上代表性国家或地区对应的几种主要的互联网金融监管行政主体架构进行分析并从中得出启示，可以很好

地为作为互联网金融监管行政法治体系重要组成部分的行政
主体重构与权力配置提供思路。对此，我们应该充分认识到
互联网金融监管行政主体的重构以及权力配置的优化也是后
续完善作为互联网金融监管行政法治体系又一重要组成部分
的互联网金融监管行政法律规范体系不可缺少的组成部分，
作为互联网金融监管领域当前以及今后一段时间里最为紧迫
的法治建设事项共同构筑了良好的互联网金融监管行政法治
体系得以落实的保障。

一、代表性国家或地区互联网金融监管行政主体架构及其启示

（一）代表性国家或地区互联网金融监管行政主体架构

正如上文所言，从不同的角度审视金融监管，就可以对
金融监管做出不同的分类，按照常见的标准，通常包括金融
综合监管模式和金融分业监管模式，其中实施金融综合监管
模式的代表性国家或地区主要包括英国、德国和日本等，而
实施金融分业监管模式的代表性国家或地区主要包括美国、
澳大利亚和欧盟等。每个国家的互联网金融监管模式一般与
该国整体的金融监管模式保持一致，即承担一国金融监管职
责的行政主体一般同时肩负对本国互联网金融的监管职责。
下面，对英国、日本、美国以及欧盟的互联网金融监管行政
主体架构进行简要探讨：

1. 英国的互联网金融监管行政主体架构

在互联网金融监管方面，英国采取了政府机构与行业协
会的双重监管模式。在该模式下，英国并没有成立新的政府

机构专门承担互联网金融监管职责，由于在英国大多数互联网金融业态尚未达到系统重要性金融机构的层次，因而事实上针对互联网金融的大多数监管工作仍是由金融行为监管局（FCA）具体负责监管。该金融行为监管局（FCA）系英格兰银行的一个内设部门，英格兰银行在包括互联网金融监管在内的整个英国金融监管体系之中处于最高的位置，全面负责英国的货币政策制定以及宏观和微观两个层面的金融审慎监管职责。为了更好地完成这些金融监管职能，英格兰银行下设了货币委员会、金融政策委员会以及审慎监管委员会（PRA），这些委员会之间属于平行架构，处于平等地位，均是英国政府对包括互联网金融在内的整体金融体系进行监管的重要机构。在日常金融监管之中，审慎监管委员会（PRA）仅负责对系统重要性金融机构进行审慎监管，而金融行为监管局（FCA）不仅负责对系统重要性金融机构实施行为监管，而且负责对非系统重要性金融机构实施行为监管。在英国的互联网金融监管模式下，并不根据从事互联网金融业务的机构所归属的具体行业的性质来划分归哪个金融监管行政主体进行监管，而是按照互联网金融监管的目的和需要做出区分，这对于促进互联网金融创新发展、推动互联网金融业态的演化以及消除因互联网金融产品创新导致的监管漏洞等具有十分重要的作用。

同时，针对互联网金融监管的需要，英国还成立了一些专门的行业组织协会，与审慎监管委员会（PRA）及金融行为监管局（FCA）共同完成互联网金融监管的职责。比如针对 P2P 行业发展的特点和需要，英国于 2011 年 8 月成立了 P2P 行业协会，该协会是 P2P 行业全球首家自律监管组织。

该协会颁布了《协会原则》，要求全体会员必须遵守，该《协会原则》对 P2P 公司的日常经营、资产管理以及风险管理等做出了非常明确的规定。

2. 日本的互联网金融监管行政主体架构

日本亦是实行金融业综合监管模式的代表性国家。在日本，包括互联网金融在内的整个金融业的监管均由日本金融厅负责。日本金融厅是由日本金融监督厅发展而来。日本金融监督厅于 1998 年 6 月正式成立，隶属于日本总理府，在成立之初即承担着对全日本绝大多数大型金融机构的监管职责，但当时中小金融机构的监管权归属于地方政府，并且当时也不享有金融政策的制定权，另外，诸如宏观层面涉及金融制度如何设立、微观层面对金融企业的财务制度进行检查以及对存款保险机构的监管权力均未被赋予日本金融厅，而是仍然保留在日本大藏省。在当时，日本还成立有金融再生委员会，主要负责对金融秩序进行管制、对金融组织的重组以及对金融体系的再造等，同时该金融再生委员会还负责几家大型银行的破产案件处理，金融再生委员会成立后还分走了大藏省对存款保险机构的单独监管权，对存款保险机构的监管变成由金融再生委员会与大藏省进行协同监管。在 2000 年 3 月时，日本政府取消了地方政府的部分金融监管权力，将其上收至中央政府，并配置给金融监督厅，这其中就包括了对中小金融机构的监管。在 2000 年 7 月时，日本政府将金融监督厅重组为金融厅，在保留原有金融监管权力的基础之上，整合了原属于大藏省的大部分金融监管权力，比如宏观层面的金融政策制定权、微观层面的对金融企业的财务制度检查以及对金融机构的危机管理与破产处置等。在 2001 年 1 月时，日本政府撤销了金融再生委员会，并将原属于金融再生委员会的金融监管职权划归日本金融厅。自此，日本形成了以日本金融厅为核心，并委托地方财务局行使部分金融监管权的金融监管行政主体架构。[1]对互联网金融的监管亦在该架构内运行。

3. 美国的互联网金融监管行政主体架构

金融业混业经营在美国已经成为不争的事实，但美国却是实行金融业分业监管模式的代表性国家，且美国的金融业监管模式较为复杂，属于"美国特有的双重银行体系和多头双重金融监管体系"[2]。仅以银行业为例，联邦和州两个层次的监管机构均享有相应的监管权力。其中，在联邦层面，美国联邦储备委员会（FED）、美国联邦存款保险公司（FDIC）、美国货币监理署（OCC）以及美国全国信贷联盟署（NCUA）等均为金融监管机构，负责对美国银行业进行监管；而在各州层面，还有各州的银行厅等。在美国，包括互联网金融在内的整个金融业都是依据金融业的具体种类而分别归属至不同的金融监管行政主体进行监管的。美国特别关注互联网金融有别于传统金融的特点，力图通过立法手段，整合各方面的监管资源，促使传统的金融监管体制机制能更好地适应互联网金融创新与发展高效性的特点，以便能够克服分业监管模式下多头监管造成的监管时滞等问题。同时，为了最大限度的对互联网金融做好监管工作，美国充分调动

---

〔1〕 宣晓影、全先银："日本金融监管体制对全球金融危机的反应及原因"，载《中国金融》2009 年第 17 期。

〔2〕 田彪："次贷危机后美国金融监管改革研究"，吉林大学 2019 年博士学位论文。

了以美国证券交易委员会、金融消费者保护局、联邦贸易委员会等为核心的负责金融监管的行政主体的力量，还积极发挥联邦存款保险公司等机构和企业的作用，真正实现了广覆盖、多向度的全面监管，由于是多个部门联合监管，可以在彼此之间形成制衡，有效避免监管疏漏，确保互联网金融监管制度的高效实施。

同时，在2008年金融危机发生后，美国对利用大数据进行互联网金融监管极其重视。于是在美国总统奥巴马于2010年7月签署的《多德-弗兰克华尔街改革和消费者保护法》（Dodd-Frank Wall Street Reform and Consumer Protection Act）中对大数据监管做出了规定。这部法案通常被简称为《多德-弗兰克法案》，在这部法案中要求成立一家专门机构，负责收集、整理、研究金融领域里的大数据，该机构被称为"金融研究办公室（OFR）"，隶属于美国财政部，这一机构的设立，真正发挥了大数据在互联网金融监管领域里的效能，为美国互联网金融监管提供了有力的支撑，促使美国对互联网金融在内的金融业监管向大数据监管理念的转变。[1]

4. 欧盟的互联网金融监管行政主体架构

欧盟是实施金融分业监管的地区或称区域性国际组织，对互联网金融的监管仍是在遵守金融监管的整体框架制度下实施有针对性的监管措施。目前，欧盟对互联网金融监管的行政主体设置与金融监管的行政主体设置保持一致。

最初欧盟并没有统一的专门的金融监管机构，但为了统

---

[1] 朱开蒙："互联网金融的政府监管研究"，长春工业大学2019年硕士学位论文。

一欧盟的金融监管，也是为了配合 1998 年欧元的启动，欧盟颁布了《欧盟委员会金融服务行动计划》（FSAP）等一系列金融监管法律法规，大大加速了欧盟的金融监管一体化建设。2001 年，欧盟采纳了亚历山大·莱姆法路西主导的欧盟证券市场监管改革方案，并将其推广至银行、保险等主要的金融领域，建立了莱姆法路西框架（Lamfalussy Framework），又称法路西规则。在莱姆法路西框架下欧盟设置了四个层次的金融监管机构：第一个层次为欧洲委员会、欧盟理事会以及欧洲议会，主要负责制定欧洲层面统一实施的金融监管法律法规；第二个层次为欧盟金融管理委员会、欧洲银行业委员会（EBC）、欧洲保险和养老金管理委员会（EIOPA）、欧洲证券委员会（ESC）、欧洲金融联合委员会（FCC），主要负责针对第一个层次的监管机构所立金融监管方面的法律法规制定进一步的实施细则；第三个层次为欧盟银行业监管者委员会（CEBS）、欧盟证券监管者委员会（CESR）、欧盟保险和职业养老金监管者委员会（CEIOPS），主要负责推动上述第一个层次以及第二个层次金融监管立法的实施，并促进和加强欧盟各成员国之间在金融监管方面的合作与联系；第四个层次为欧盟金融监管执行委员会，主要负责与成员国共同开展欧盟金融监管法律的实施工作。[1]

　　莱姆法路西框架在对欧盟统一金融监管路径的规划上具有重要价值，且事实上亦在一定程度上促进了欧盟金融

―――――――

〔1〕 何建雄、朱隽主编：《欧盟金融制度》，中国金融出版社 2015 年版，第 134~136 页。

监管的统一，但欧盟成员国的金融监管一体化进程还有很长的路要走。在 2008 年国际金融危机发生以后，欧洲继续深化金融监管一体化改革，加大了对金融监管机构的改革力度。欧盟区分宏观审慎监管和微观审慎监管，并分别成立了欧盟系统性风险委员会和欧洲金融监管系统，其中欧盟系统性风险委员会主要负责金融领域的宏观审慎监管，对宏观经济金融发展过程中出现的影响金融持续健康发展的各类风险进行监控、识别、评估与控制。[1] 而欧洲金融监管系统主要负责微观审慎监管，下辖欧盟于金融危机后陆续成立的欧洲银行业监管局（EBA）、欧洲证券和市场监管局（ESMA）以及欧洲保险和养老金监管局（EIOPA），这三个监管局事实上是由先前成立的欧盟银行业监管者委员会（CEBS）、欧盟证券监管者委员会（CESR）、欧盟保险和职业养老金监管者委员会（CEIOPS）改组而来。新成立的三大监管局在欧洲金融监管系统的统一框架内开展金融监管方面的积极合作，亦被统称为欧盟监管局（ESA）。[2] 欧盟监管局享有"起草金融监管统一技术标准""提出指导和建议""对相关金融机构采取特别决定"等广泛的权力，其依托新成立的三大监管局持续开展欧盟范围内在银行、证券以及保险等领域监管工作。

互联网金融在欧盟范围内蓬勃发展之后，欧盟继续沿用了既有的金融监管行政主体框架，但在具体监管举措上进行

---

[1] 何建雄、朱隽主编：《欧盟金融制度》，中国金融出版社 2015 年版，第 136~137 页。

[2] 何建雄、朱隽主编：《欧盟金融制度》，中国金融出版社 2015 年版，第 137、139 页。

了调试，目前尚未有研究显示欧盟既有的金融监管行政主体框架出现了不利于互联网金融发展的情况。

（二）代表性国家或地区互联网金融监管行政主体架构设置的启示

我们在本节中探讨全球范围内代表性国家或地区互联网金融监管行政主体架构设置，并不是简单地为讨论而讨论，其目的在于帮助我们厘清全球范围内代表性国家或地区互联网金融监管行政主体架构设置的现状，找出全球范围内代表性国家或地区互联网金融监管行政主体架构设置的有益经验，为我国当下互联网金融监管行政主体的变革提供可以借鉴的养分，帮助我们重新梳理和认识需要怎样重构我们的互联网金融监管行政主体架构，并怎样借助法律特别是行政法律的工具来平衡好传统金融监管与互联网金融监管之间的"求同存异"，来把控好互联网金融市场发展阶段与互联网金融监管行政主体变革或重构之间的动态平衡。笔者认为，全球范围内代表性国家或地区互联网金融监管行政主体架构设置的现状，为我们留下了极其丰富的知识宝藏。从不同的角度对不同国家或地区互联网金融监管行政主体架构的设置情况进行观察，我们可以从中得出不同的启示，以便为我们做好互联网金融监管行政法研究提供养分，也为我们重构互联网金融监管行政主体以及建构完善的互联网金融监管行政法治体系提供资源。在此，我们在把全球范围内代表性国家或地区互联网金融监管行政主体架构设置的现状与我国金融监管实际相结合进行思考的前提下，有侧重地分析从全球范围内代表性国家或地区互联网金融监管行政主体架构设置的现状中所得到的启示。

1. 启示之一：互联网金融监管行政主体的重构要做到"应时而变""应情而变"

全球范围内代表性国家和地区均经历了金融监管体系的变迁，经历了从金融监管初始形成期到严格监管期再到放松监管期直到目前的重新监管期的周期更替。每一个阶段采取什么样的监管模式，谁来监管，利用什么工具来监管、立什么样的法来推动监管等，都受制于那个特定时代的具体情况，任何期待超越特定历史时期的过分超前的金融监管体系都是不切实际的，也是无法"立的住脚的"。同样，一个国家或地区包括互联网金融监管行政主体如何设置在内的金融监管体系形成之后，也要随着经济金融发展情况的变化而变化，不能保持静止不动，也不可能保持静止不动。很多国家在对金融进行监管时，都在根据金融发展的具体情况对负有金融监管职责的行政主体的架构进行必要的调整，在缺乏有效监管的时代，逐步探索有效的监管方式，设置有利于实施"严监管"的金融监管行政主体架构；但在"严监管"导致金融活力受到禁锢，影响经济金融发展时，又会逐步适当调整金融监管行政主体架构或架构内的某些要素，以便放松监管；而放松监管到一定程度，发现金融风险不断积聚甚至引发了难以应付的金融危机之时，又会据情适当调整金融监管行政主体架构或架构内的某些要素，以便重新"严监管"。这个经验对于互联网金融监管行政主体变革或重构同样适用。由此，在我们国家，与金融监管体系密不可分之互联网金融监管体系同样应该以我国经济金融发展出现的新情况尤其是其中互联网金融发展的实际为依据适时进行大刀阔斧的改革，根据实际情况，采取更加有针对性的措施尽快调整优化互联网金融监管行政主体机构及其权力配置等。

2. 启示之二：互联网金融业综合监管已经成为当今全球越来越多国家的重要选择，应建立与此相匹配的互联网金融监管行政主体架构

　　互联网金融业综合监管模式就是由国家组建一个统一的金融监管行政主体，负责对国家整个互联网金融体系进行监督管理，这里的监管既包括对从事互联网金融业务的金融机构以及互联网金融市场风险的监管，也包括对互联网金融消费者权益的保护工作。这种监管模式与分业监管模式相比较，具有以下几个优点：一是容易形成统一的监管制度和标准；二是在对从事互联网金融业务的金融机构进行监管时可以以更加全面、更加综合的视角切入；三是有利于金融监管机构自身根据互联网金融市场发展以及金融机构业务等方面的需要更加顺畅地合理调配资源。[1]有关调查显示，截至 2002 年 12 月末，全球有至少 46 个国家和地区在金融监管模式上选择了综合监管模式。[2]这十几年的时间里，采取综合金融监管模式的国家又有进一步增长。正如上文所述，目前，英国、日本、德国、新加坡以及加拿大等国家都采用了综合监管模式，并建立了与该监管模式相适应的金融监管行政主体架构。我们国家现在也正处在从分业监管向综合监管转型的探索阶段。笔者赞同我们国家在包括互联网金融监管在内的金融监管模式方面以及在金融监管行政主体调整方面所做出的有益

---

〔1〕　宋玮主编：《银行监管学》，清华大学出版社 2017 年版，第 14 ~ 15 页。

〔2〕　曹凤岐："改革和完善中国金融监管体系"，载《北京大学学报（哲学社会科学版）》2009 年第 4 期。

探索，但笔者同时认为，我国在此探索阶段，如果能跳出分业监管和综合监管传统分类方式，积极吸收两种金融监管模式的优势，并积极采纳行为监管、功能监管模式中蕴含的有益思想，同时尊重我国的金融监管传统，继续构建好前文所述及的"以政府为主导，注重发挥市场作用的金融监管模式"，并以此为指导重构包括互联网金融监管在内的整个金融监管行政主体则是一种"上上策"的选择。

3. 启示之三：高度重视运用以行政法为代表的法律对负责互联网金融监管的行政主体进行赋权，实现互联网金融监管行政主体职权法定

全球范围内代表性国家在探索建立健全包括互联网金融监管在内的金融监管方式以及改进监管行政主体架构的过程中，高度重视对包括互联网金融监管在内的金融监管法律手段的改进，并且高度重视通过立法方式对负责互联网金融监管的行政主体赋以相应权力，以不断完善本国的互联网金融监管行政主体架构设置以及权力配置，这体现在一次又一次的以行政法为代表的金融立法过程之中。比如，美国在发生2008年金融危机之后，对金融业监管政策进行重新梳理，并适当调整了包括互联网金融监管在内的整个金融监管行政主体架构，通过立法方式赋予既存以及新增监管行政主体以新的监管职权。其中，最著名的就是上文提到的《多德－弗兰克法案》，无论是在金融界，还是在法律界，这部法规都被认为是自1929年至1933年"大萧条"时期以来，在金融改革法律法规方面，最为严格，也是最为全面的一部法规，也因此，这部法规也被认为与《格拉斯－斯蒂格尔法案》具有同样重要的里程碑意义，是金融监管法律领域的新基石，更是全球金融改革的新标杆。在这部法规中，美国政府新设了金融监管行政主体并赋予其相应职权：一是成立金融稳定监管委员会，负责对影响美国全国金融稳定的系统性风险进行监测、预防和治理。二是设立全新的金融消费者保护局，隶属于美国联邦储备委员会，主要负责对提供抵押贷款及各种形式的贷款的各类金融机构实施监督管理。三是改变过去对大多数金融衍生品不进行监管的错误，代之以要求大多数金融衍生品的交易必须通过第三方清算进行，并赋予监管行政主体相应的职权。四是对监管行政主体的部分传统职权施加限制。在发生金融危机导致一些金融机构因此面临倒闭风险时，美国政府往往拿出财政资金进行救助，这被许多民众给予强烈批评，并被认为是拿纳税人的钱乱用。美国政府改革了金融机构的破产机制，不仅破除了"大而不能倒"的所谓金融行业"潜规则"，而且明确禁止拿纳税人的钱进行救助，对此一并要求由大型金融机构提前做好风险拨备，并由联邦储蓄保险公司统筹负责。五是对作为美国金融最高监管当局的美国联邦储备委员会进行更加严格的监管，监管主体被设定为美国国会下属的政府问责局，监管的事项主要包括美联储向银行发放紧急贷款、低息贷款等方面的行动。除了美国之外，在亚洲国家，日本在受到2008年金融危机的强烈冲击之后，为了缓和金融危机给实体经济造成的巨大冲击，在保持对金融创新进行鼓励的前提下，同样通过修改《金融功能强化法》，与金融机构就《主要原则与基准监管》签署合作协议等方式，推进国家金融监管行政主体权力的优化配置，该法案由作为日本金融业最高监管机构的日本金融厅向日本国会提出，之后迅速通过并于2008年12月开始实施。

二、我国互联网金融监管行政主体重构及监管权力的整合

互联网金融在我国的历史之中也只存在短短数年，然而，这些年，国家在互联网金融监管方面"倾注的心血"确实颇多。以 2015 年央行牵头颁布《关于促进互联网金融健康发展的指导意见》为标杆性事件；2016 年国务院政府工作报告一改往年关于"促进互联网金融健康发展"的表述为"规范发展互联网金融"，由此开启了互联网金融规范元年的序幕；2017 年国务院政府工作报告之中更是强调"对互联网金融等累积风险要高度警惕"，并强调要"稳妥推进金融监管体制改革""整顿规范金融秩序"等。中央对互联网金融开始严监管，在此背景下，我国金融监管部门在目前仍然存续的"分业监管模式"下，为互联网金融构筑了从中央到地方的较为系统的监管体系，同时又积极发挥中国互联网金融协会等行业自律组织的作用，构筑行业自律体系。但与许多金融发达国家相比，我国的互联网金融监管方式为被动式监管，且形成的是以央行为核心、以各个监管机构为主体的分业监管体系，然而，且不说目前的互联网金融监管仅重点关注网贷行业，尚没有实现对互联网金融业态全面覆盖的实际情况，即便是监管机构再花费若干年的精力、再倾注更多的成本，在分业监管的模式下，可以预见的是仍然无法取得互联网金融监管的理想效果。这主要是由于互联网金融业态种类繁杂，各类互联网金融业务在目标客户群体、产品体验以及风险管理、营销模式等诸多方面存在特别大的差异，而且互联网金融创新层出不穷，单纯依靠强行管制，无法阻止互联网金融

从业者在逐利动机趋势下的创新，而且很可能还会因为"高压政策"，将创新由"地上"转为"地下"，在"合法市场"之外形成"黑市"，反而徒增监管难度，很难取得理想的监管效果。同时，由于商业银行、证券公司、保险公司、信托公司、P2P 网贷平台、消费金融公司、互联网电商平台等纷纷参与互联网金融，造成参与机构复杂，由此导致参与监管的主体也呈现"多头"状态，不同的机构参与不同的互联网金融业态甚至参与相同的互联网金融业态时，所适用的法律、行政法规、部门规章、地方性法规以及规章等都呈现出较大的差异，产生监管套利自然是难以避免的情况。加上上述多元化的互联网金融经营者经常通过合作的方式开展互联网金融业务，依靠央行、银保监会、证监会以及行业协会等组织的现行的"分段监管"根本无法覆盖互联网金融业务的整个链条，而在监管机构之间推行的所谓"协同监管"，从目前各监管机构协作的实际情况看，也甚难发挥应有作用。因此，非常有必要在互联网金融监管行政法治领域，率先推进综合监管改革，设立统一行使互联网金融监管权力的机构，进一步挖掘和着力发挥中国互联网金融协会等第三方组织在监管中的作用，并率先加强互联网金融监管领域里的公私合作治理。具体分析如下：

（一）成立中国金融监督管理委员会，下设互联网金融监管部，合理配置监管职权

正如前文所述，2018 年全国两会之后，原银监会和原保监会便合并为现在的银保监会，拉开了在银行业和保险业试行部分金融行业统合监管的序幕。虽然就两个监管机构从形式整合到实质整合，还有很长的路要走，但毕竟这具有重要

意义的一步已经迈出，让我们也看到了中央希望适应金融混业经营的现状推进金融统合监管的态度。同时，国务院参考国际经验，成立了金融稳定发展委员会，该委员会负责人职级高于"一行两会"，在功能设置上类似于美国的金融稳定监督管理委员会（FSOC），主要属于议事协调机构，目前暂无对具体金融业务的监管权力与职责。但这表明了中央对加速推进金融综合监管持肯定态度。因此，笔者提议在互联网金融领域先行先试综合监管模式自然也是符合国家未来监管模式变革的趋势的。当然，从时间节奏而言，最好的时机当然是互联网金融综合监管与整个金融综合监管的步骤相一致，在实现路径上，可以由当前的银保监会继续整合证监会，组建统一的中国金融监督管理委员会，可简称为金监会。为了与金融稳定发展委员会相区别，金监会在权力配置上可偏重对金融业的行为监管以及功能监管。金监会分为议事决策机构，由若干委员组成委员会会议，委员既包括中央经组织程序选拔的监管机构的领导，也要包括来自金融机构的具有高级管理职务、丰富从业经历，在法律、审计、金融、经济等专业领域具有特长的人事以及具有高级职称的知名专家学者。

在执行层面，仅就互联网金融监管而言，可在金监会内设机构之中设置互联网金融监管专业委员会或互联网金融监管部，专门负责互联网金融监管，整合当前分散在中国人民银行、银保监会、证监会等监管机构的关于互联网金融监管的职权，并要将前文所述的工信部关于网络监管涉及互联网金融的部分职权统合进来，届时再根据互联网金融跨业态发展的具体形势，为互联网金融监管部增设部分职能，提升互联网金融监管部对跨市场、跨行业的交叉性金融业务的风险识别、防化能力。

同时，金监会互联网金融监督管理部可以在各省、自治区、直辖市，各地级市以及有需要的县，设立不同层级的派出机构，另外还可考虑在不同省市根据互联网金融监管的实际需要设立跨行政区划的互联网金融监管部门，鼓励派出机构与当地政府开展金融监管合作，在金监会"垂直式"统一领导下履行地方互联网金融监管职责。关于金监会互联网金融监管的组织架构可参见下图2。

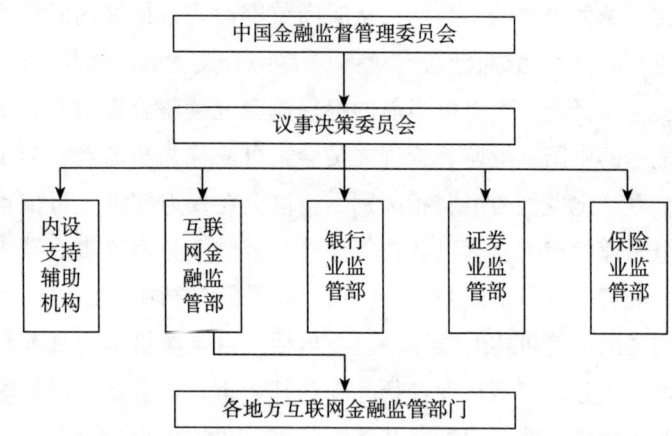

图2 中国金融监督管理委员会互联网金融监管组织架构图

在完成互联网金融监管行政主体的重构之后，需要着重考虑的是如何做好金监会的权力配置。一般而言，权力配置包括横向权力配置以及纵向权力配置。其中横向权力配置着重解决的是中央政府不同部门之间、同级地方政府之间以及同级地方政府不同部门之间的权利配置。如上文所述，金监会成立后，现行银保监会、证监会乃至地方政府等享有的包括互联网金融监管行政权力在内的有关金融监管权都将整合进金监会，自此，银保监会、证监会及其在地方的分支机构将不再存续。而已经成立的国务院金融稳定发展委员会继续存在，中国人民银行亦继续保留，与新成立的金监会之间形成在互联网金融监管领域里的有效合作。其中国务院金融稳定发展委员会重点进行宏观审慎监管，中国人民银行重点关注货币政策的执行，而金监会则重点进行微观审慎监管。此种权力配置有效吸收了国外特别是欧盟互联网金融监管的有益经验。金监会在进行微观审慎监管时，亦应彻底转变当前机构监管思路，积极采纳"行为监管"的有益经验。在初步框定互联网金融监管行政主体的横向权力配置后，我们接下来需要着重考虑的是金监会系统内的互联网金融监管的权力配置，即互联网金融监管纵向权力配置的问题，对此，应当在不同层级的派出机构之间根据互联网金融监管的实际需要配置不同层级的监管职权。应当认识到，中央和地方关系实现法治化是做好互联网金融监管纵向权力配置的首要前提，在当前大的政治生态环境下，应当在互联网金融监管方面尽可能地去除政治分权模式，改为推行中央与地方在互联网金融监管权力上的法治分权模式。从静态角度讲，就是要努力实现金监会互联网金融监管纵向权力配置上的职权法定；从动态角度讲，就是要努力实现金监会互联网金融监管纵向权力配置动态调整上的法治化以及行使相关监管权力的正当化。在包括互联网金融在内的金融监管纵向权力配置方面，世界上主要国家的立法模式大致包括三种情况：其一，如果互联网金融监管的有关事项是涉及全国性的或跨越区域的，则一般由中央制定相关的法律，并通过其中央部门以及在各地设立的分支机构行使相关的互联网金融监管权力；其二，如果互联网金融监管的有关事项涉及的仅是特定区域的问题，则由地方政府根据本地实际情况制定相应的法律，并交由本地政府或部门负责行使相应的互联网金融监管权力；其三，考虑互联网金融监管执法效率的有效提升以及执法成本的尽可能节约，在某些互联网金融监管事项上，由中央制定相关的法律，但交由相应地方政府或部门行使相应的互联网金融监管权力。当前我国互联网金融监管实际情况是不少都采取了第三种模式。我们在坚持推行中央与地方在互联网金融监管权力上的法治分权模式的前提下，可以从以下三个方面实现我国互联网金融监管纵向权力配置：一是对涉及市场准入行政许可、互联网金融行政处罚、互联网金融消费者权益保护等方面的全国性、跨区域的互联网金融监管事项，应当交由国务院、金监会在法律许可范围进行行政立法，对有关事项作出清晰且尽可能完善的规定；二是考虑到各地实际情况的巨大差异，在互联网金融监管方面应赋予地方一定的灵活立法权限，比如在对互联网金融监管如何用好行政指导一类的政策工具的事宜上，就可以令地方金监会发挥主观能动性，但处于中央位阶的金监会依然要实质性的参与到地方执法特别是立法中来；三是面对信息技术的巨大发展，认真学习上文中提到的美国等国家和地区高度重视依靠大数据治理的经验，量化中央与地方权力配置与运行的考核指标，积极提升互联网金融监管的效能，缓解互联网金融监管的巨大压力。

（二）切实发挥互金协等第三方组织的协同力量，加强行业自律监管，配合金监会做好互联网金融监管

我国著名行政法学家姜明安教授指出："从目前许多发达国家的监管实践来看，监管主体的单一性向多元性转变、

转换是一种明显的趋势。在多元监管中，行业协会及其他社会中介组织的监管以及企业自我监管是最主要的形式。"[1]如前文所述，在互联网金融监管领域，有以中银协、中证协、互金协等为代表的一批第三方组织（金融领域常将这些组织称为"半官方组织"）在相应的法律法规授权范围内，承担着互联网金融监管相关的部分职责，在协同政府金融监管机构对互联网金融监管方面做了大量切实的工作，发挥了规范与引导互联网金融健康发展的良好作用。这其中最突出的当属互金协，自该协会成立以来，便积极配合互联网金融监管部门全力投入互联网金融监管相关的系列活动：①全力配合投入互联网金融风险专项整治工作；②组织行业力量，在全国互联网金融登记披露、信息共享、统计监测等互联网金融基础设施方面，做了许多切实的工作；③成立互联网金融标准研究院，制定行业标准；④开展互联网金融风险管理方面的培训，仅2017年就培训了650家从业机构；⑤积极开展互联网金融消费者培训工作。[2]互金协所做的这些工作，都是在切实落实其互联网金融监管相关职责，也确实在改善互联网金融行业无序发展方面发挥了重要作用，有力地降低了互联网金融总体风险水平。

　　《行政处罚法》是新中国成立后我国第一部对受委托行使行政处罚权的组织应符合何种条件给予明确规定的法律，[3]按照这部法律第21条的规定，受委托组织首先应当是"依法

---

〔1〕　姜明安：《行政法》，北京大学出版社2017年版，第399~400页。

〔2〕　中国互联网金融协会编著：《中国互联网金融年报（2018）》，中国金融出版社2018年版，第11~13页。

〔3〕　姜明安：《行政法》，北京大学出版社2017年版，第194页。

成立的管理公共事务的事业组织"；其次应当"具有熟悉有关法律、法规、规章和业务的工作人员"；最后，"需要进行技术检查或者技术鉴定的，应当由有条件组织进行相应的技术检查或者技术鉴定。"以中银协、中证协、互金协等为代表的一批第三方组织显然是符合法律关于受委托行使行政职权组织条件的规定的，它们接受委托行使对互联网金融的监管职责，不仅具有法律上的合法性，而且实然上也切实发挥了应有的作用。因此，在互联网金融监管领域，必须而且只有进一步发挥好互金协等第三方组织的作用，才能让行业自律监管在支撑政府互联网金融监管、防化互联网金融风险方面的功能得到更好的发挥。结合上述互金协当前承担的职能以及所从事的工作，笔者建议，可以让互金协等第三方组织在持续发挥行业自律监管功能方面采取以下措施：一是协助加强互联网金融行业基础设施建设，完善设施功能；二是在互联网金融大数据建设以及风险监测方面精准发力，为政府互联网金融监管机构决策和行政执法提供有效的数据支持；三是继续加强互联网金融行业标准问题研究，特别是要在互联网金融发展的重点领域以及有关互联网金融技术方面，要配合互联网金融监管行政法律法规以及公共政策的实施制定照应现实需要体现未来发展要求的行业标准，引导互联网金融市场健康发展；四是建立健全互联网金融行业自律监管与约束机制；五是既要做好互联网金融经营者、从业者的教育培训，令其知悉最新监管规则，进而知法懂法守法，也要做好互联网金融消费者的教育培训和风险警示，提升互联网金融消费者的自我保护意识和自我保护能力；六是切实协助政府金融监管机构以及其他行政主体做好互联网金融消费者的保护工作，营造优质的互联网金融发展环境。

（三）率先在互联网金融监管领域强化合作治理，通过健全具体机制确保私人主体依法协同行使监管权

自 20 世纪 90 年代起，治理理论逐渐成为被行政法学界以及公共管理实务界所重点关注的领域，目前已成为行政法学界重点研究领域之一。而合作治理亦在此种背景下蓬勃兴盛起来，至今以公私合作、私人参与、公私协商、公私共治等为基本特征的合作治理在国外已被广泛运用于经济以及社会治理的方方面面，甚至在被认为最具"公权力"特征的一些领域也开始采取合作治理的模式。而我国受传统的行政体制、行政文化等所限，合作治理的运用领域、运用广度以及运用深度都远远不够，在金融监管领域对该种治理模式的运用更是难寻案例，但合作治理具有典型的优势，比如在制定规则时，引入公私协商机制，则不仅"对被管制方和利益受影响方都更为公平""减少规则制定及执行过程中的冲突"，而且可以大幅度降低规则制定成本，"更可能制定出复杂的、适用的规则"。[1]

鉴于合作治理的广泛适用性以及其所具备的典型优势，笔者认为不妨在我国的互联网金融监管领域率先引入合作治理的方式。在此，有一些国外的经验可以借鉴，比如在日本，虽然日本金融厅系该国享有金融监管最高权力的行政主体，但日本金融厅特别注意采取公私合作方式进行金融监管，其与日本银行就经常开展监管合作。按照《日本

---

〔1〕　［美］朱迪·弗里曼：《合作治理与新行政法》，毕洪海、陈标冲译，商务印书馆 2010 年版，第 204～209 页。

银行法》的规定，日本银行主要承担独立执行货币政策的职能，并不具有法律上对银行进行监管的权力，但基于执行货币政策的需要，《日本银行法》允许日本银行通过与相关金融机构签订检查合同的方式，对相关金融机构进行检查，检查的方式包括现场检查和非现场检查，并可以基于检查结果要求相关金融机构进行风险管控。此外，按照《日本银行法》的规定，如果日本金融厅厅长要求日本银行出具检查结果，则日本银行不得拒绝，且金融厅的公务人员有权查阅日本银行检查中所取得的资料。同时为了不给被检查的金融机构带来额外的压力，日本金融厅与日本银行会通过协商机制商定对同一金融机构进行检查的方式、时间和内容等。[1]

在借鉴国外经验的基础上，笔者认为，在我国的互联网金融监管方面，无论是在笔者设想的金监会成立之后，还是在现有的"一行两会"模式下，都可以引入公私合作治理模式加强对互联网金融的监管。为此，可以选择不同金融细分领域里的"龙头"国有企业承担部分互联网金融监管的公共职能，比如在银行以及非银行金融机构领域可以选择工行、建行、中行以及农行；在证券领域可以选择中信证券、中国银河证券、申万宏源证券等；在保险领域可以选择中国人寿、中国人保等。在互联网金融合作治理/监管的具体机制上可以采取以下方式：①与相关主体签订对互联网金融合作监管的合同，明确其可以检查的对象以及采取的监管方式等。②建

---

〔1〕 宣晓影、全先银："日本金融监管体制对全球金融危机的反应及原因"，载《中国金融》2009年第17期。

立采取监管措施的事前、事中以及事后报告机制，在合作监管主体拟对某互联网金融机构开展检查后应向与其开展监管合作的金融监管部门报告，而对检查进行中的事项如监管部门要求等，则合作监管主体亦应报告，对检查结束后形成的报告及获得的检查资料应及时报送与其开展监管合作的金融监管部门。③引入第三方监督机制，即在合作监管主体对某互联网金融机构开展检查时，可以聘请第三方专业机构或其他具备一定资质的社会主体实施监督。④引入赔偿机制，如果合作监管主体对某互联网金融机构开展检查时实施的行为侵犯了被检查主体的合法权益，则应予以赔偿。当然，为了不因此损害互联网金融合作监管机制的落实与推进，在是否构成侵权的标准设定上要做出充分的考量，必须平衡好维护合作监管主体积极性与被监管的互联网金融机构合法权益之间的关系。同时在救济的渠道上亦不适宜允许被监管的互联网金融机构直接提起诉讼，可以考虑协调立法机关、司法机关同意该类纠纷以行政复议途径前置的方式予以解决。

第四节　实现路径之二：我国互联网金融监管行政法律规范体系的完善

　　金融是人类社会、政治、经济、文化等发展的必然产物和必然要求，互联网金融则是金融经历数千年历史的积淀与现代先进的互联网技术相融合而产生的人类文明发达史上的"璀璨明珠"，这颗明珠已然成为金融行业的热点，即便经历了"高潮"之后的冷静，但"光芒依旧夺目"，互联网金融所激发的金融创新活力以及带给金融业的全新发展机遇，是无法磨灭的。但互联网金融与高新技术融合的特质也决定了其自诞生之日便与高风险相伴，为最大限度地"扬"互联网金融之"善"，"抑"互联网金融之"恶"，就必须要建立健全互联网金融监管之法治体系，笔者认为在完成作为互联网金融监管行政法治体系重要组成部分的行政主体重构及权力配置优化的基础之上，最重要的便是完善互联网金融监管行政法律规范体系。鉴于在当下之中国，不要说互联网金融监管行政法律规范体系，即便是金融监管行政法律规范体系，甚至更上位的行政法律规范体系的健全程度，都无法用"完善""完美"之类的词来形容，所以作为互联网金融监管行政法治体系另一紧迫任务的互联网金融监管行政法律规范体系的完善之路任重而道远。但无论这份任务有多么艰巨，我们都应努力探索如何更好地完善互联网金融监管行政法律规范体系。为此，本节在前文明确了作为互联网金融监管行政法治体系构建指引的总体思路，以及以重构互联网金融监管行政主体及其权力配置为核心的实现路径之一的基础之上，尝试从互联网金融监管理念革新以及互联网金融监管立法的完善等方面着手，对如何更好地完善互联网金融监管行政法律规范体系这一构建互联网金融监管行政法治体系又一重要实现路径进行探讨。

一、互联网金融监管行政法理念革新：管制行政与服务行政的融合

伴随着一次次全球范围内的公共行政改革运动，公共行政改革浪潮此起彼伏，尤其是 20 世纪 70 年代以来兴起的以"重塑政府"为主题的公共行政改革运动，更是颠覆了过去以政府职能扩张和规模膨胀为方向的改革，代之以政府职能

的收缩和市场价值的回归为目标。在此背景之下，产生了许多有别于传统的政府官僚制理论的新思想、新理念，其中最具代表性的便是"企业家政府理论"以及"新公共服务理论"。这两种理论具有理论基础上的相似性，理论脉络上的一致性以及理论体系上的传承性，对于世界许多国家公共行政改革的理论与实践产生了颇为深远的影响。以"企业家政府理论"为例，该理论认为，应把企业经营的理念和一些成功的方法移植到政府管理实践之中，推动政府转变传统的官僚制思维，像私人企业一样，能够科学合理地利用生产资源，力争最大的产出，以便取得较高的行政效率。[1] 为了避免人们错误地认为"政府＝企业"，"企业家政府理论"的倡导者、美国著名公共行政学家戴维·奥斯本指出："许多人认为政府简直可以'像企业那样运作'，他们也许会以为我们的意思也是如此。那就弄错了。"[2] 在戴维·奥斯本看来，政府组织和企业组织在性质上根本不同，政府无法跟企业一样运营，只是可以吸收企业管理的一些好的做法为政府管理所用。这一思想在理论上以及实践上都有其独到之处，有利于我们重新审视现代政府在经济、社会等发展过程之中应承担什么样的角色，也有利于我们充分认识现代政府到底应该承担什么样的职能以及如何更好地履行这些职能。这一理论从诞生开始，便对公共管理实践产生了重大影响，在戴维·奥斯本等学者所著的《改革政府——企业精神如

---

〔1〕　丁煌：《西方行政学说史》，武汉大学出版社 2017 年版，第 328 页。

〔2〕　〔美〕戴维·奥斯本、特德·盖布勒：《改革政府——企业精神如何改革着公营部门》，上海市政协编译组、东方编译所编译，上海译文出版社 1996 年版，序第 21 页。

何改革着公营部门》出版之后的第二年，也就是 1994 年，当时的美国总统克林顿受"企业家政府理论"的影响，便提出对美国联邦政府进行全面的调查研究。之后，形成的调查报告之中明确提出："创建一个花钱少效率高的政府""我们要从根本上改变我们政府的行为方式——从自上而下的官僚体制转向一种自下而上、简政放权式的企业家政府模式"。[1]

行政法学作为从法学视角探索与反映公共行政规律、服务公共行政实践的学科，自然应该照拂席卷全球的公共行政改革浪潮，也难免会受到"重塑政府"为主题的改革运动的深刻影响。在传统的行政体系和行政法框架下，行政法理念更多的还是围绕政府如何"用权"、法律如何"控权"展开，在对社会和经济生活的调控上体现的是政府如何"管好"，这是一种典型的单向权力思维模式，是管制行政思维的必然产物。而公共行政改革方向的变化，也逐步改变了行政体系，影响着传统的行政法理念，行政机关开始逐步把行政对象置于与其平等的地位来思考问题、解决问题、管理社会，在行政手段上也逐步开始运用行政契约、行政指导等民主性的手段，服务行政的思维开始深入公共行政，影响行政法理念。

互联网金融本身就具有非常强大的公众参与的基因。一个受到认可的金融产品，在互联网平台上，能够以超越

---

[1] ［美］克林顿、戈尔：《把人民放在首位》，纽约时代图书出版社 1992 年版，第 23～24 页，转引自丁煌：《西方行政学说史》，武汉大学出版社 2017 年版，第 340 页。

过去千万倍的速度传播，传播范围的广泛性在理论上甚至可以直达全球，这个过程本身就不是能单纯依靠强制手段来实现的，而是依靠互联网平台上各个受众的自觉，他们本身是平等的。行政主体对互联网金融产品供给者和需求者的监管不能单纯依靠强制手段，在"管"的同时要提升服务意识，融入"管制"+"服务"的行政理念。戴维·奥斯本的"企业家政府理论"提出了企业家政府的基本特征以及改革政府的十项原则，主要包括：第一，掌舵而不是划桨；第二，重妥善授权而不是事必躬亲；第三，注重引入竞争机制；第四，注重目标使命而非繁文缛节；第五，重产出而非投入；第六，具备"顾客意识"；第七，有收益而不浪费；第八，重预防而不是治疗；第九，重参与协作的分权模式而不是层级节制的集权模式；第十，重市场机制调节而非仅仅依靠行政指令控制。[1]虽然基于我们国家政治经济体制以及行政法治的具体国情，我们并不能将这十项原则照抄照搬到关于互联网金融监管行政法治体系构建的实践之中，但是其中的所蕴含的服务意识、服务理念、市场观念、投入产出分析等，给了我们一种全新的视角来审视互联网金融监管机构以及互联网金融监管行政法律实践，也给了互联网金融监管行政法治体系构建以新的可资借鉴的理念，把这种理念与传统的管制思想相融合，创造出适合我们国家目前国情的互联网金融监管行政法治体系构建新理念，也不失为一种很好的选择。

此外，"企业家政府理论"还对政府在监管以及服务市

---

〔1〕 丁煌：《西方行政学说史》，武汉大学出版社 2017 年版，第 330~340 页。

场过程之中所应当承担的职责进行了清晰的界定，主要包括：第一，要稳步建立起市场相关的规则；第二，要能够为消费者提供帮助他们正确作出消费决策的信息；第三，在平衡市场关系方面，要利用好公共政策；第四，要鼓励和激发私营企业的生产；第五，要能够及时填补市场的不足与空白；第六，对新的市场因素要持鼓励态度，而且要创造条件孕育新的市场因素；第七，要能够与私营企业一道担负起抵御社会风险的职责；第八，要及时地制定与调整公共投资机制与政策；第九，要积极架构起买卖双方沟通的桥梁；第十，在调节市场方面，要充分利用税收政策；第十一，要切实地支持与鼓励群众建立自治组织。[1]这些思想蕴含着政府不能单纯依靠命令、指令等类似方式对市场进行管理而应充分利用市场机制的内在要求，符合当前我国大力推进的经济体制以及政府体制等方面的改革的内在逻辑。中国共产党十八届三中全会上审议并通过的《中共中央关于全面深化改革若干重大问题的决定》指出："经济体制改革是全面深化改革的重点，核心问题是处理好政府与市场的关系，使市场在资源配置中起决定性作用和更好发挥政府作用。"由此可见，处理好政府与市场的关系已经成为经济体制改革的核心问题，而要处理好政府与市场的关系，就要使市场在资源配置中起决定性作用，还要更好地发挥政府作用。因此，我们可以在互联网金融监管行政法治体系构建之中，融入"企业家政府理论"之中的科学成分，以服务行政理念、市场化理念指导完善互联网金融监管过程之中政府的职责体系。

---

〔1〕 丁煌：《西方行政学说史》，武汉大学出版社 2017 年版，第 340 页。

同时，在吸收包括"企业家政府理论"在内的新公共管理思想合理成分的基础之上，还应充分结合我国政治经济体制的现实情况、内在要求以及改革趋势。我们在互联网金融监管行政法治体系构建理念革新方面，还可以进一步考虑吸收互联网金融市场与监管方面的其他原则，将相关基因与"管制"+"服务"的行政理念进行融合，在互联网金融监管行政法治体系构建中，创新性地融入适度监管、分类监管、协同监管等互联网金融市场与监管原则，打造适用于互联网金融监管的行政法新理念。

二、互联网金融监管立法的完善：多层次的互联网金融监管行政法律规范体系[1]

在我国的法学研究之中，法律规范体系是一个耳熟能详的概念，我国法学界关于这一概念的研究逻辑源自苏联。按照通说，法律规范体系即是指按照一定的逻辑顺序，将一个国家或地区现行的法律规则和原则，进行排列组合而形成的法律规范的整体。[2]法律规范体系的概念之所以能够成立，是以将法律规范视为一个多层次的构造物为前提的。行政法是一个现代国家或地区法律规范体系之中重要的组成部分之一，如同其他的法律规范一样，亦是一个多层次的构造物，由行政组织法、行政许可法、行政强制法、行政处罚法、行政复议法以及行政诉讼法等一系列的构造物所组成。北京大

---

〔1〕　本条部分内容已作为阶段性成果发表。参见：拙作"互联网金融监管行政法律制度构建必要性及因应之道"，载《行政管理改革》2019 年第 8 期。
〔2〕　周永坤：《法理学——全球视野》，法律出版社 2016 年版，第 72 页。

学法学院教授、著名行政法学家姜明安先生指出："国家治理体系和治理能力的现代化必然要求政府治理体系和政府治理能力的现代化。"[1]而政府治理体系和治理能力的现代化离不开完善的行政法律规范，作为政府治理体系和政府治理能力重要组成部分的互联网金融监管体系和监管能力的现代化也同样离不开多层次完善的行政法律规范。正如前文所述，法治/法制建设问题是金融监管之中的突出问题，在互联网金融监管行政法方面，更是缺乏专门性的立法，完善互联网金融监管行政法的任务更是异常艰巨，不可能一蹴而就。就当前的互联网金融监管实际而言，笔者认为，我们必须在充分结合当前正在实施中的行政法以及金融监管行政法的前提下，树立逐步建立健全多层次的互联网金融监管行政法律规范体系的目标，也许有人会有疑问，既然已经存在一套相对较为完善的行政法体系，同时也存在着一套运转良好的金融监管行政法体系，那么是否还有必要再构造一套互联网金融监管行政法律规范体系？对此，笔者是持肯定态度的，具体原因在上文各章节之中已经做了比较详细的论述，如果在此稍作整理的话，可以将理由简要概括为：①金融监管行政法体系本身的不完备性；②现有的金融监管行政法体系针对传统的金融机构监管而立法，无法很好地适应对互联网金融监管的需要；③互联网金融已经远远打破了传统金融的界限，不同于传统金融的具体业态不断涌现，组织形态"花样迭出"，各类创新"层出不穷"，加之其自身独有的"长尾风险"等，

---

〔1〕 姜明安、张璁："完善国家行政体制 提高政府治理能力"，载《人民日报》2020 年 2 月 4 日，第 10 版。

更加突显出完善互联网金融监管行政法律规范体系的迫切性和重要性。因此，即使已经有了一套相对较为完善的行政法体系，同时也存在着一套运转良好的金融监管行政法体系，依然有必要对互联网金融监管行政法律规范体系进行完善。当然这也提示我们在完善相关立法的过程中，应在着重考虑互联网金融监管不同于其他社会领域、经济领域监管特点的基础上，在提出立法建议时应坚持以下标准：①作为互联网金融监管行政法律规范体系上位法的金融监管行政法律规范体系缺乏，或不能很好地适应互联网金融监管需要；②但又为互联网金融监管急需。以此避免重复立法，避免无效率立法，提升互联网金融监管行政立法的质效。由此，要有重点地率先在以下三个方面推进相关立法：

（一）完善准入立法：把好互联网金融行业的"入门关"

论及准入问题，在行政法学者的第一印象里就会立即与"行政许可"联系起来。正如大家的初始印象，准入是与许可紧密联系的概念。在互联网金融领域，政府赋予某家企业从事互联网金融特定领域内的经营权限，必然要通过"行政许可"这一行政行为，按照现行《行政许可法》的规定，作为行政行为的"许可"的达成需要经过申请—审查—准予的过程，其中申请侧重由行政相对人完成，而审查和准予则主要由行政机关完成，双方的行为共同构成了一个完整的行政许可行为。目前，除了国家层面的《行政许可法》之外，在金融领域，中国人民银行、证监会、原银监会、原保监会以及银保监会均颁布实施了各自领域内的行政许可规章，对证券、银行及保险领域内的行政许可事项进行规范，如原银监会颁布的《行政许可实施程序规定》，但也只是对行政许可的程序性事项作出了规定。从严格意义上而言，监管部门仅仅只是把行政许可立法作为程序法来加以看待，因此对金融行政许可的受理条件、审查标准等没有在行政许可方面的立法中作出规范，而是仍然试图依靠某个金融具体领域的立法来对行业准入作出限定。但遗憾的是，目前，尚没有针对互联网金融领域的准入作出有针对性的约束的制度体系，如果在行政相对人针对某个互联网金融领域从事经营活动提出许可申请时，行政监管机构仍然按照传统金融监管思维、传统金融监管模式及传统金融监管立法对互联网金融进行审查，则必然不能满足互联网金融创新发展的需要，其结果必然会因为"过度监管"而扼杀一些可能具有较强生命力的互联网金融形态，因此，确有必要制定专门针对互联网金融的许可办法，既要确保不满足条件的坚决不能让其进入互联网金融领域，也要确保许可立法设定的标准符合互联网金融发展的特点和要求，做到标准适度与执法从严的平衡。在这方面，欧盟的不少立法相较于美国的有关立法更加值得我国借鉴，比如，在第三方支付领域，欧盟颁布的《电子货币机构指引》《电子货币指引》《境内市场支付服务指令》等，没有如美国一样把第三方支付机构当作货币服务机构来对待，而是将第三方支付的媒介加以限制，进而要求第三方支付机构必须向监管当局申请金融牌照并依法获批后方能开展相应领域里的经营活动。就互联网金融监管行政法治体系构建重要组成部分的我国互联网金融监管准入立法而言，应着重从以下四个方面构建好作为互联网金融监管行政法治体系重要组成部分的行政许可法律制度：

1. 明确互联网金融准入必须实施许可制

在互联网金融的准入模式上，如同传统金融一样，主要包括许可制与注册制两种准入方式。许可制又被称为核准制，是政府对金融市场采取的一种实质性的监管方式，在许可制下，当申请人提出设立公司开展互联网金融业务时，政府除了对其进行形式审查以确定其是否符合设立互联网金融的公司的外观要件外，更加会对其经营状况、资金来源、股东结构、风险控制能力等方面进行实质性审查，只有这些条件全部满足之后方能准予设立开展互联网金融业务的公司。而在注册制下，政府仅对申请人提供材料的真实性、完整性进行审核，只要不存在虚假陈述且提供资料完整，一般均予以注册准予成立开展互联网金融业务的公司。就已经发展成熟的金融市场而言，注册制当然具有更高的效率，但就当前互联网金融发展的情况而言，距离发展成熟还"遥不可及"，加之如前文所述的流动性风险、信用风险、操作风险、经营风险以及互联网金融所特有的信息技术风险和"长尾"风险等导致的互联网金融领域风险传染性更强、传播速度更快，一旦发生风险祸及的是成千上万甚至是几十万或更多的金融消费者，影响的是地域乃至全国金融系统的稳定。在我们对互联网金融的把控能力尚不足时，采取许可制是一种虽然保守但却稳健的法律策略。同时，为了平衡好互联网金融监管与互联网金融创新之间的关系，我们可以在互联网金融准入的条件上做适当考量。

2. 强化中央金融监管行政主体在互联网金融监管行政许可方面的权力配置

当前我国不少互联网金融具体业态领域里的准入审批权

限都被下放给地方政府或地方金融监管部门。比如《网络借贷信息中介机构业务活动管理暂行办法》第 5 条规定，拟开展网络借贷信息中介服务的网络借贷信息中介机构及其分支机构，应当在领取营业执照后，于 10 个工作日以内携带有关材料向工商登记注册地地方金融监管部门备案登记。地方金融监管部门负责为网络借贷信息中介机构办理备案登记。从该条规定可以看出在截至目前风险暴露最多、影响金融消费者最甚的网络借贷领域，不仅实施的是"备案管理"，而且是在地方金融监管机关进行备案。从目前法律实施的效果来看，明显没有把控好网络借贷的"入口关"，以致在网络借贷领域发生了众多的严重侵害金融消费者权益导致金融消费者"血本无归"的案件，事实上在互联网金融监管的其他领域也面对着类似的问题。

笔者认为，将互联网金融行政许可的权限下放给地方政府或地方金融监管机关确实可以起到缓解中央金融监管行政主体工作压力、鼓励地方"因地制宜"、促进地方金融创新以及经济发展等作用，但该种权力下放必须以互联网金融市场的成熟以及互联网金融消费者保护机制等方面的建立健全为前提条件，在当下各方面条件尚不具备之际，过早过多地放权给地方政府或地方金融监管机关的"超前立法"是难以取得良好的法律实施效果的。为此，在当前以及未来一定时期内的互联网监管方面，必须上收互联网金融行政许可权限，坚持以中央金融监管行政主体按照相关法律法规审核申请人提出的行政许可为原则，以地方政府以及地方金融监管机关审查审批为例外。当然，考虑到上收互联网金融监管行政许可权限后，中央金融监管行政主体突如其来的巨大工作压力，可以考虑让地方金融监管机关负责申请人就设立开展互联网金融业务的公司提出的行政许可申请，并就提交的材料进行审核，重点关注材料的真实性和完整性，同时由地方金融监管机关结合相应领域法律法规所规定的准予设立互联网金融业务公司的条件进行初步审核并给出审批建议，之后由中央金融监管行政主体在地方金融监管机关审核的基础之上做出是否准予行政许可的最终决定，以此来消解地方政府以及地方金融监管机关在互联网金融监管行政许可权限过大方面造成的"有限理性""管制俘获""权力寻租"等，同时也达到了平衡中央金融监管行政主体与地方金融监管机关在互联网金融监管行政许可方面权力配置的目的。

3. 合理设置互联网金融监管行政许可的条件

行政主体对职权范围内的行政许可事项依据法律法规的规定设定或细化相应的行政许可条件是确保行政许可法律制度有效实施的合法举措，比如《律师法》就明确规定了申请律师执业取得律师执业许可的条件，而司法部于2016年9月修订的《律师执业管理办法》又对律师执业许可条件作出了进一步规定。同样的，在金融监管领域之中，无论是银保监会、还是证监会均依据相应的法律法规对各自所监管范围内的传统金融机构的设立规定了相应的行政许可条件。从当前已经颁布实施的《非银行支付机构网络支付业务管理办法》以及《网络借贷信息中介机构业务活动管理暂行办法》等几部最为重要的互联网金融监管领域里的行政法律规范依据的立法情况来看，均没有对申请从事互联网金融业务公司设立的行政许可条件作出明确的规定，对此应尽快予以完善。

中央金融监管行政主体可以结合当前互联网金融发展的

实践以及一定时期内互联网金融发展的趋势，并参考其他金融机构行政许可的条件，在法律法规授权的范围内对设立从事互联网金融业务公司的行政许可条件予以规定。从总的原则而言，应当坚持适度从严标准，且不伤害互联网金融创新的积极性。具体来说，可以从以下几个方面着手对设立从事互联网金融业务公司的行政许可条件予以细化：①规定发起人必须符合法定条件，从事互联网金融业务公司的发起人一般包括在中国大陆地区注册的具有独立法人资格的传统金融机构、在中国境外注册的具有独立法人资格的金融机构以及在中国境内外注册的具有独立法人资格的非金融机构等，针对不同的发起人类型应当从"公司治理结构""经营管理情况""公司净资产与总资产之比""期末权益投资情况"以及"违法违规情况"等多个角度设置不同的法定条件；②对从事互联网金融业务公司的最低注册资本作出明确规定，并要求在针对互联网金融具体业态监管立法时设定的相应的最低注册资本"只高不低"，同时明确规定无论何种类型的从事互联网金融业务的公司必须一次性实缴注册资本金；③对拟设立的从事互联网金融业务公司的董事以及高级管理人员的任职资格作出明确规定，在规定时应当充分考虑互联网金融本身所具有的金融本质特征以及为保持其持续健康发展所产生的对高新技术的需要；④对拟设立的从事互联网金融业务公司的公司治理体系、风险管控体系以及内部控制体系作出明确要求；⑤对拟设立的从事互联网金融业务公司的信息技术标准作出特别规定，该规定要严于一般的传统金融机构，确保从事互联网金融业务公司安全稳定持续运营；⑥明确规定拟设立的从事互联网金融业务的公司必须要有固定的办公场所，虽然该类公司的业务运营主要在"线上"，但固定的物理办公场所对确保公司计算机等硬件设备的安全以及强化对该类公司监管都是必不可少的。

4. 合理增加互联网金融监管行政许可的程序

就传统金融监管领域里的行政许可而言，大多数金融机构的成立均需要经过"批筹"与"批准开业"两道行政许可"关卡"，其中"批筹"即是指批准筹备，如果申请人拟成立一家金融机构，则必须首先向相应层级、相应领域里的有权金融监管机关申请筹备成立该金融机构，只有在获得相应层级、相关领域里的有权金融监管机关批准之后，方能开始筹备工作。而"批准开业"则是指申请人在取得"批筹"许可之后，在法定的期限内完成金融机构的筹建工作并达到法律法规所规定的批准开业条件之后，经向原做出"批筹"许可的金融监管机关提出开业申请，经批准后方可正式开业。银保监会、证监会针对不同金融机构的设立制定了不同的行政许可规定，在"批筹"与"批准开业"的要求上也作出了各不相同的规定。其中就银保监会监管的金融机构而言，其将金融机构区分为商业银行、非银行金融机构（如信托公司、资产管理公司等）、人寿保险公司、财产保险公司等，其中对商业银行的"批筹"与"批准开业"要求最为严格。

针对互联网金融监管而言，基于互联网金融存在的不同金融业态，虽然我们没有必要如对待传统商业银行、保险公司等的设立一般做出如此严格的规定，但就申请人提出设立从事互联网金融业务公司的行政许可而言，将行政许可划分为"申请批筹"与"申请批准开业"两个阶段是合理的，特别是针对风险高发的网络借贷、事关金融稳定的网络支付以及新兴的区块链金融等领域更应如此。在从事互联网金融业务的公司"申请批筹"方面，要明确申请人应为出资比例最大的发起人，亦应明确应统一向拟从事互联网金融业务公司注册地的省级金融监管机关提交行政许可申请，但最终一律由相应的中央金融监管行政主体作出最终决定。同时还应明确"批筹"的审查审批期限以及"批筹"许可下发后行政相对人的筹建期限。在从事互联网金融业务的公司"申请批准开业"方面，要特别强调批准开业提出的最晚期限，还应明确"批准开业"的审查审批期限以及申请人获得"批准开业"许可后的最晚开业期限等。此外，为了充分考虑互联网金融区别于传统金融的特点以及保护互联网金融创新发展的需要，有必要在互联网金融的"申请批筹"与"申请批准开业"两个阶段做出不同于传统金融机构设立行政许可的一些规定，比如尽量缩短"申请批筹"与"申请批准开业"的审查审批期限，而尽量延长"批筹"许可下发后批准开业提出的最晚期限以及申请人获得"批准开业"许可后的最晚开业期限，从而最大限度地提升政府互联网金融监管效能，最大限度地给予互联网金融监管行政相对人以便利。

（二）强化处罚立法：让互联网金融监管对象"不敢越雷池半步"

行政处罚是我国行政机关实施行政管理的重要手段之一，[1] 在国家行政权力体系中占有十分重要的位置。作为一项行政权力，它被广泛地赋予国家机关、各类行政组织。在

---

[1] 应松年主编：《行政处罚法教程》，法律出版社 2012 年版，第 1 页。

互联网金融领域，风险频发、乱象不断、违法现象徒增，究其原因，很重要的一点就是缺乏针对互联网金融领域的专门性行政处罚体系。相比于传统金融，互联网金融是一个充满"暴利"的领域，短期内就能造就很多的"亿万富豪"，而其因违法所付出的代价则显得"微不足道"，这也让很多人为之迷失，让互联网金融成为近年来违法犯罪较多的领域之一。显然，这既不利于国家金融管理秩序的有序稳定，也不利于社会和谐与金融消费者合法权益的维护，因此，构建互联网金融监管行政法治体系就必须打造互联网金融行政处罚体系，在行政处罚的力度上要严之又严，在处罚的目的上要旗帜鲜明地打击互联网金融领域的违法违规现象。不仅如此，要特别注意互联网金融领域行政违法行为的类型化研究，比如，除了前文已经提及的关于互联网金融具体类型的划分之外，还有学者指出，根据各种互联网金融机构在支付、信息处理、资源配置上的差异，可以将现有互联网金融机构划分成五种主要类型：其一，金融互联网化，包括网络银行、手机银行、网络证券公司、网络金融交易平台、金融产品的网络销售；其二，移动支付与第三方支付；其三，基于大数据的网络贷款（以阿里小贷为代表）；其四，P2P 网络贷款；其五，众筹融资。[1]我们可以从关于互联网金融具体类型的多种分类之中选取相对科学且符合互联网金融发展实际并照应未来的分类方法为切入点，研究总结各个互联网金融具体领域违法行为的特点，提出并制定有针对性的行政处罚措施，使互联

---

[1]　谢平、邹传伟、刘海二：《互联网金融手册》，中国人民大学出版社 2014年版，第 209～229 页。

网金融行政处罚体系实现全覆盖、体现针对性、彰显威慑性。按照《行政处罚法》第 9 条的规定，行政处罚的种类包括：①警告、通报批评；②罚款、没收违法所得、没收非法财物；③暂扣许可证件、降低资质等级、吊销许可证件；④限制开展生产经营活动、责令停产停业、责令关闭、限制从业；⑤行政拘留；⑥法律、行政法规规定的其他行政处罚。如果从理论上对上述行政处罚的种类进行归类，则可以区分为人身罚、财产罚、行为罚、申诫罚等，这些处罚类别基本可以满足针对一般性的行政违法行为的处理，但是如果运用到发展迅速、领域繁多、"日新月异"的互联网金融领域，则未必能那么"灵光"了。因此，针对互联网金融领域违法违规行为的特点制定体现互联网金融特色的行政处罚体系是一个较为理想的选择。具体而言，可以从以下三个方面着手完善作为互联网金融监管行政法治体系重要组成部分的行政处罚法律制度：

1. 在中央与地方互联网金融监管行政主体之间合理配置行政处罚权限

在互联网金融监管行政处罚权力的配置上可以采取"中央掌舵、地方划桨"的原则。在关于互联网金融监管行政处罚的立法性行政权上，由中央政府或中央互联网金融监管行政主体在法律允许的行政处罚的行为、种类以及幅度范围内对互联网金融监管行政处罚事宜作出具体规定，一方面是由于依据现行《行政处罚法》的规定地方金融监管机关不具有行政处罚立法权，另一方面是由于地方金融监管机关往往受制于地方政府，难免会有"立法倾斜"或"立法照顾"，所以即使未来法律赋予了地方金融监管机关一定范围内的行政处罚立法性行政权，也不宜由其进行互联网金融监管行政处罚的立法。在关于互联网金融监管行政处罚的执法上，要根据互联网金融监管行政相对人涉嫌违法违规事件的性质、影响范围、涉案金额等进行综合考量，对于具有全国范围影响力或跨省域范围影响力且涉及潜在的受害人众多、涉案金额重大（比如十亿元以上）的违反行政法的案件，一律由中央金融监管行政主体实施行政处罚；而对于互联网金融领域里其他涉嫌违反行政法的案件，则由各级金融监管行政主体负责实施。

考虑到互联网金融案件往往涉众面广、金额动辄就达数十亿甚至上百亿元，由此给中央金融监管行政主体带来的执法负担可能会迅速增加，可以考虑两个方案：①在中央金融监管行政主体层面设立互联网金融监管执法总队并相应增加编制以及配套设施，同时考虑在重点地区或跨大区设立互联网金融监察专员办公室。目前证监会系统早已实现了上述机构改革，在证券监管执法实践中取得了良好的效果，银保监会可以参照证监会的有益经验率先从保障好互联网金融领域里行政处罚工作的实施开始试点。②灵活配置互联网金融监管行政处罚的立案审批权、调查权、处罚决定权等，对于互联网金融领域涉嫌违反行政法的重大案件的立案审批权以及处罚决定权应保留在中央金融监管行政主体一级，而对于调查取证权、听证方面程序性事宜的安排等则授权地方金融监管行政主体实施，这种安排实现了"立审相对分离"，符合现代法治精神。同时为防止地方金融监管行政主体在调查取证方面不作为、滥用职权等情况的发生，亦应强化地方金融监管行政主体及其相关公务人员的法律责任。

2. 增设互联网金融监管行政处罚保全制度

在我国的民事诉讼中，保全制度是一项相对成熟且在司法实践运作良好、对保护诉讼当事人合法权益发挥了重大作用的司法制度。然而在关于行政处罚的法律法规中，仅见关于证据保全制度的规定，[1]而未见关于财产保全制度的规定。如果说一般的行政处罚案件因为非涉众、罚款金额相对较小等而无需设置财产保全制度，那么对于互联网金融监管而言，考虑到互联网金融发展的特点以及互联网金融违法案件的特点，增设财产保全制度就具有比较大的现实意义。毕竟对互联网金融领域里的违法案件的当事人而言，一旦"做实"了他们的违法行为，面临的不仅仅是行政处罚的问题，还需面临给违法行为受害人给付巨大赔偿金的问题。由此很可能让他们面临破产甚至公司董事、高级管理人员都会背负起沉重的法律责任，他们因此很可能会提前采取逃避行政处罚的系列举措，比如转移隐匿财产等。论述至此，可能会有人认为笔者所讲的保全制度与行政强制相类似，那么依靠行政强制不就可以达到相应的目的了，其实不然，根据《行政强制法》第 3 条第 3 款的规定："行政机关采取金融业审慎监管措施、进出境货物强制性技术监控措施，依照有关法律、行政法规的规定执行。"按照部分学者的解读，行政机关采取金融业审慎监管措施"因其特殊性而排除适用《行政强制法》"[2]。此外，《商业银行法》《银

---

〔1〕《行政处罚法》第 56 条："行政机关在收集证据时，可以采取抽样取证的方法；在证据可能灭失或者以后难以取得的情况下，经行政机关负责人批准，可以先行登记保存，并应当在七日内及时作出处理决定，在此期间，当事人或者有关人员不得销毁或者转移证据。"

〔2〕 关保英：《行政法学》，法律出版社 2018 年版，第 502 页。

行业监督管理法》《证券法》以及《保险法》等均未对金融监管领域针对行政相对人的财产可采取的强制或保全措施作出明确规定。同时我们还应注意到的是，行政强制与保全制度是两种不同的法律制度，具有较大区别。

基于以上考虑，在互联网金融监管领域率先增设行政处罚的保全制度就更有必要。具体来说：①在互联网金融监管行政处罚保全制度的种类上，不仅要规定财产保全，而且要在《行政处罚法》规定的基础之上进一步明确证据保全；②在互联网金融监管行政处罚保全制度的启动上，考虑到行政处罚作为行政权所具有的主动性特点，要坚持以互联网金融监管行政主体依职权主动采取保全措施为主，以此强化监管机关的主动作为和担当的意识，同时必须允许行政处罚案件中有证据初步可以证明为受害人的主体的提出保全申请，相关互联网金融监管行政主体必须在法定时限内予以审查并作出同意或不同意的行政决定；③要给予涉嫌实施违法行为的行政相对人救济的权利，比如可以允许该行政相对人向作出保全行政决定的上一级主管机关提出复议一次，但复议期间不停止保全行政决定的执行；④针对涉嫌实施违法行为的行政相对人采取财产保全措施的，如果行政相对人提供足额合适担保的，可以不采取原财产保全措施。

3. 合理设定互联网金融监管行政处罚的种类

继续上文关于互联网金融监管行政处罚设定的思路，我们来设计互联网金融监管行政处罚的种类。根据《行政处罚法》的规定，法律、行政法规、地方性法规以及规章在行政处罚设定权上有严格划分。我们在根据互联网金融监管需要以及各具体业态实际情况设定互联网金融监管行政处罚的种类时，要根据《行政处罚法》的规定选择不同的立法层级，同时考虑到互联网金融的涉众面广、一旦发生风险危害性远超传统金融及其他领域等特点，原则上将设定互联网金融监管行政处罚种类的权力上收至国务院或其直属的银保监会、证监会等。对此，我们一方面要用好传统的行政处罚种类，另一方面也要积极创新互联网金融监管行政处罚种类。

第一，就部分传统的行政处罚种类在互联网金融监管中的创新运用而言：①强化警告处罚规定与运用。从表面看，警告是惩罚力最弱的一种行政处罚措施，但考虑到对大多数从事互联网金融业务的公司而言该类业务是一种"口碑经济"，如果金融监管行政主体作出警告处罚之后，能够及时将警告的行政处罚决定发布在能够被广大金融消费者所周知的网站、报纸杂志等上，并且要求受到处罚的行政相对人必须将行政处罚决定书在其运营的网站上公布，且周期不低于 1 年，则对互联网金融经营机构形成的惩罚效应往往不低于对其作出罚款几百万元的处罚；②增大罚款处罚的额度。互联网金融往往是资金密集型企业，资产规模动辄都是几亿甚至上百亿，对这样的企业，如果在它们作出行政违法行为时面临的仅是几千、几万元的处罚，对它们而言就是"无关痛痒"，毫无作用，所以可考虑根据行政处罚对象的资产情况灵活设定罚款幅度，而并非按照传统的不考虑行政处罚对象具体情况统一设定罚款上限数额的方式，即实施行政违法行为的从事互联网金融业务的机构资产规模越大，可能面临的处罚金额也越大，这样才能真正发挥罚款手段的效用；③暂扣或者吊销许可证、暂扣或者吊销执照在互联网金融行政处罚中的同步使用。虽然就从事互联网金融业务的公司而言，在不同的业态领域，监管机关对其是否需要领取金融许可证尚未有统一规定，但就互联网金融仍属于金融的本质而言，要求各具体业态在开业前必须领取金融许可证是一种必然的趋势，由此从事互联网金融业务的公司应当同步持有金融许可证和工商执照，因此一旦互联网金融监管行政主体作出对相关行政相对人暂扣或者吊销金融许可证的行政处罚决定时，应一并向市场监督管理部门提出暂扣或者吊销相关行政相对人工商执照的建议，市场监督管理部门接到建议后，应同步作出相应的行政处罚决定。

第二，就创新互联网金融监管行政处罚种类而言，可考虑增设禁入互联网金融市场的处罚种类，从事互联网金融业务公司的违法行为之所以发生，该公司的股东、董事、高级管理人员往往具有不可推卸的责任，为防止他们推卸责任、逃避处罚，或者在公司接受处罚后，以各种隐性手段撤资去成立"新壳"或辞职后到新的公司任职，进而导致无法达到行政处罚目的，建议综合考虑公司违法行为情节的轻重与对公司采取的行政处罚的种类之后，对相关股东、董事、高级管理人员同步采取 3 年、5 年或终身禁入互联网金融市场的行政处罚措施。当然，如果相关股东、董事、高级管理人员提出证据证明自己对公司重大违法行为不负有责任或采取了积极的阻止措施的除外。

（三）丰富监管手段：实现传统刚性＋现代柔性的创新融合

我国的互联网金融监管是承担互联网金融监管职责的主

体在中国特色社会主义市场经济体制机制的架构内，依法对互联网金融市场主体的经济活动以及互联网金融市场的运行进行监督和管理，以矫正市场失灵的活动。按照传统行政的思维，金融监管机构更加乐于适用类似行政许可、行政强制、行政处罚之类的刚性管制手段，毕竟这样的手段方便快捷，收效较快，并且威慑力较强。但是正如前文所述，现代服务行政已然兴起并逐步走向纵深，单纯的管制思维并非当前多数国家公共行政的主流，类似行政指导、行政合同、行政奖励、政府购买公共服务等多元化的柔性行政手段，已被广泛运用到政府公共管理的实践之中。柔性监管手段的广泛运用，体现的是社会、经济等方面治理的权力分散化，重视同时发挥政府以及第三方组织在公共治理之中的协同作用。这些柔性监管手段可以被政府以及第三方组织在公共治理实践之中加以运用。上文已就行政许可、行政强制等传统刚性手段在互联网金融监管行政法治体系中的构建作出了分析，鉴于现代柔性监管手段的多样性，接下来的部分择要而述，重点从以下三个方面分析在互联网金融监管行政法治体系中应该如何构建现代柔性监管手段制度体系，具体而言：

1. 制定《互联网金融柔性监管工具法》或《互联网金融柔性监管工具条例》

由于柔性监管手段较为繁杂，为率先在互联网金融监管中统一对柔性监管手段的适用，我们有必要制定《互联网金融柔性监管工具法》，但如果考虑到立法周期、立法难度等各种因素，可以先提请国务院制定《互联网金融柔性监管工具条例》，明确要求互联网金融监管行政主体积极推进互联网金融柔性监管手段的建设与运用。当然，从事实情况来看，在我国的金融监管实践当中，已经开始运用行政指导以及行政奖励等多种柔性监管手段，比如，银保监会对其所监管的金融机构采取非现场监管措施时，就运用了窗口指导、督促金融机构开展自查自检、进行监管谈话、要求提高信息报送频率等措施，这些柔性监管措施目前已经成为常规性的监管措施。[1]在互联网金融监管行政法治实践之中，我们积极地引入"管制"+"服务"的公共行政理念，重视发挥第三方自律组织在互联网金融监管之中的重要作用，其本身就蕴含着对多元化金融监管手段和工具的积极借鉴。我们既要运用好行政许可、行政强制、行政处罚等传统的命令控制型管制工具，以强化监管机构对互联网金融的干预与制约，也要运用好行政指导、行政合同、行政奖励、信息公开、大数据分析等非强制性、非权力性的柔性监管手段，以弥补单纯依靠强制性手段对互联网金融市场造成的冲击，进而以"刚柔并济"的手段与工具维护好互联网金融市场的健康持续发展。目前，我们要做的紧迫工作就是要将散见的非系统化的现代柔性监管手段进行整合，以便统一到相应的立法中，为下一步强化柔性监管手段在互联网金融监管之中的运用做好准备。

2. 在互联网金融监管中不断强化对已有现代柔性监管手段的运用

从美国以及欧盟关于互联网金融领域中的立法都能看出加强柔性监管手段运用的趋势，无论是美国的《JOBS 法案》《诚实商贷法》《电子资金转移法》《多德－弗兰克法案》等，还是欧盟的《关于电子货币机构业务开办、经营与审慎监管的

---

〔1〕　宋玮主编：《银行监管学》，清华大学出版社 2017 年版，第 57 页。

2000/46/EC 指令》《电子签名共同框架指引》《电子货币机构指引》《电子货币指引》等，都能看到他们不仅注重采用制裁措施对违法从事互联网金融的机构予以处罚，而且重视运用市场化手段加强金融消费者保护，重视个人信用体系建设，重视沉淀资金监管等，虽然具体手段各有差异，但监管手段的多元化已成为不少国家互联网金融监管的共识。具体到我们国家，在互联网金融监管中应优先用好以下几种已有的现代柔性监管手段：

一是注重发挥行政指导、行政合同等传统法律工具在互联网金融监管中的作用。行政指导是非强制性的，通常包括"说服、教育、示范、劝告、建议、协商、政策指导、提供经费帮助、提供知识、技术帮助"等众多的手段和方法，[1]要区分情况将这些手段和方法运用到互联网金融监管之中。我们要注意的是在互联网金融监管中，行政指导不仅可以运用于宏观审慎监管以达到帮助互联网金融经营者熟悉最新的监管政策等目的，还可以运用于微观审慎监管以帮助互联网金融经营者改进经营策略做到合法合规等。此外，在互联网金融监管中还要坚持助成性行政指导与规制性行政指导的并用。而行政合同在互联网金融监管中的运用在本章第二节分析互联网金融监管行政主体重构和权力配置时已进行详细分析，在此不再赘述。

二是注重运用信息披露机制加强对从事互联网金融业务公司的经营期管理。由于从事互联网金融业务的公司往往

---

〔1〕 杨建顺：《行政规制与权利保障》，中国人民大学出版社 2007 年版，第413 页。

"隐藏在线上"，很多金融消费者对它们看不到、摸不到，但受到某种因素诱惑就把资金投出去了，那么此时互联网金融监管行政主体要求它们加强持续性的信息披露就显得尤为重要。目前，由原银监会等四部委颁布的《网贷暂行办法》已经开始注重在网络借贷领域运用信息披露机制加强对网络借贷中介机构的管理，但该办法立法层级过低、适用范围过于局限，因此必须考虑在更多的互联网金融业态里运用信息披露机制。在互联网金融监管的信息披露机制建设上：①必须明确从事互联网金融业务公司信息披露的时间和内容，比如上一年度的年度报告和审计报告必须于本年4月底前披露，每年8月底前还应披露当年度上半年的资产负债表、现金流量表和利润表，而每年4月底和10月底还要分别披露当年度第一季度和第三季度的资产负债表、现金流量表和利润表；②明确从事互联网金融业务公司发生影响公司正常持续经营的重大事项时必须进行信息披露的内容及时间要求，为此应明确规定哪些事项属于影响公司正常持续经营的重大事项；③制定《互联网金融企业经营期信息披露表格体系》，以便利从事互联网金融业务的公司及时高效地持续进行信息披露。

三是注重运用大数据分析监管工具加强对互联网金融的监管。大数据分析是近年来蓬勃发展的一个科学领域，它被运用于各个尖端科技、社会、文化等领域，亦被许多国家和地区的政府用于社会管理、经济事务管理等方面。互联网金融的发展得益于互联网的创新和发展，而互联网的创新和发展又可以反过来成为监管互联网金融的有力工具。大数据分析事实上就是依托于互联网技术、统计科学以及模型拟合等先进技术抓取、识别并分析众多的数据。而将其运用于互联网金融监管之中，就是要求大数据分析要围绕互联网金融监管行政相对人的系列行为进行数据抓取，分析出非正常行为，并找出是谁实施了这些非正常行为。这种方式可以较好地弥合互联网金融监管行政主体和行政相对人之间的"信息孤岛"，通过分析"更加广泛的全网络中的可疑金融交易与行为，并进行追溯，找到可疑的被监管对象",[1]进而实现更有效率的互联网金融监管。

3. 在互联网金融监管中持续创新或吸收新的柔性监管手段

更为值得一提的是，美国社会心理学、行为经济学领域的知名学者理查德·泰勒以及卡斯·桑斯坦的《助推：如何做出有关健康、财富与幸福的最佳决策》一书于 2009 年出版，中译本在 2015 年也终于与我国读者见面。该书讨论了"助推"这一柔性监管工具的使用，所谓助推，又称引导，是政府可以选择使用的一种政策工具，帮助政府引导居民行为，选择恰切的行为方式。该工具的运用可以影响而并非强制行政对象做出有关健康、财富与幸福的最佳决策。关于这个新型的政策工具，相比于行政合同、行政指导、行政奖励而言，对我国的金融监管机构来说则更为"新鲜"，但理查德·泰勒因在包括对助推等行为经济学方面研究做出的贡献而获得 2017 年诺贝尔经济学奖的事实，在某一个侧面，也证明了"助推"的现实价值。因此，在我国的互联网金融监管行政法治实践之中，可以深入研究并逐步尝试运用"助推"的监管手段与工具，该工具的核心要

---

〔1〕 孙国峰：《金融科技时代的地方金融监管》，中国金融出版社 2019 年版，第 179 页。

旨就在于通过控制从众心理、提高选择满意度、优化选择体系等让作为互联网金融监管对象的行政相对人能够自觉而非在强制状态下接受互联网金融监管行政主体的监管政策，进而降低监管成本，提高监管效能，如果能够将此类创新型工具创造性地运用于互联网金融监管，就能较好地促进互联网金融监管手段的不断丰富以及互联网金融监管行政法律的与时俱进。

三、互联网金融具体业态监管立法完善：互联网金融具体业态持续发展的多元化保障

正如上文所述，按照《关于促进互联网金融健康发展的指导意见》的规定，可以将互联网金融区分为互联网支付、网络借贷、股权众筹融资、互联网基金销售、互联网保险、互联网信托和互联网消费金融等。上述互联网金融的每一细分领域均呈现出不同的特点，表现出一些属于其自身的风险特征，且风险暴露的程度、频次、表象等均有所不同，上文已做分析，在此不再赘述。因此，笔者认为，在上文对互联网金融监管行政法律规范体系的完善做出整体构想之后，鉴于互联网金融每一具体业态各自所具有的极具个性化的特点，以及每一具体业态所面临的风险因素的较大差异，还有必要对互联网金融每一细分领域的监管行政法律规范体系的立法问题做出回应，以便可以为互联网金融具体业态的持续发展提供更为多元化的保障。虽然鉴于研究篇幅、侧重等所限，不可能对互联网金融每一细分领域监管行政法律规范体系的所有的立法问题都面面俱到，但是考虑到上述六大类细分领域之中以互联网支付、网络借贷、股权众筹融资涉及面最广、

关系金融消费者利益最为直接、风险暴露最为频繁，并且对个性化监管行政法律规范的需求也相对突出，因此笔者择要而述，以期待为笔者今后对互联网金融每一细分领域的监管行政法律规范体系的立法问题开展更深入的研究做好铺垫。

（一）进一步完善互联网支付监管行政法律规范体系

互联网支付作为互联网金融的重要业态，其本身亦包括网银、第三方支付及移动支付等多种形式。在互联网支付发展过程中，信息泄露导致资金被盗窃，利用互联网支付渠道进行赌博、贩毒、洗钱以及存放客户备付金的第三方支付挪用客户资金等风险事件频发。[1]针对互联网支付尤其是其中的第三方支付的潜在风险和问题，在互联网金融监管行政法治体系整体架构下，亦应着力于互联网支付监管领域的行政法律规范体系的完善，根据互联网支付的实际情况，可以重点从以下三个方面对该领域的行政法律规范体系进行完善：

一是既要考虑制定统筹互联网支付全领域监管的行政法律规范，亦要重点布局第三方支付监管行政法律规范的立改问题。当前，中国人民银行已于 2015 年 12 月颁布《非银行支付机构网络支付业务管理办法》，为第三方支付市场的稳定安全发展提供了"安全阀"，但该办法立法位阶过低，且并未全面考虑整个互联网支付行业的情况，在内容上更是重实体轻程序、重针对第三方支付主体轻第三方支付业务，缺乏对行政许可、行政处罚以及行政指导等监管工具的合理配置使用。在立法方向上，应着重在关切第三方支付立法的基

---

〔1〕 刘刚、邹新月：《互联网金融乱象及其风险监管》，北京大学出版社 2019 年版，第 94 页。

础之上统合互联网支付全领域，打破散乱的监管情形，针对现有立法中存在的上述问题采取有效的立法措施，比如加强互联网支付监管程序立法、更加偏重互联网支付业务而非机构、统合运用好行政法上的监管工具，以期建构出既照应现实又适当前瞻的互联网支付监管行政法律体系。

二是针对互联网支付的不同子领域注重推进差异化监管立法，在同一个子领域里，针对不同监管对象亦应贯彻差异化监管方针和策略。以对第三方支付的监管为例，目前央行颁布的《非银行支付机构网络支付业务管理办法》针对所有的第三方支付均采取了无差异的监管策略，但显然没有照应到第三方支付蓬勃发展的事实。根据金融监管的一般逻辑，对支付机构的监管均应参照银行标准，如果支付机构的重要性上升到系统重要性的地位，那么再按照统一的标准对其进行监管显然是不科学的，比如当前支付宝用户数已经远超 10 亿，比大型银行的客户数量要高出很多，笔者认为类似这样的支付机构事实上在金融体系中已经达到系统重要性机构的地位，对这类机构采用的监管规则和标准应当是更高的。

三是要加强对备付金监管的立法。备付金属于客户资产，但屡屡被一些支付机构所挪用，给客户造成巨大损失。对此，应加大现场检查力度，针对备付金的管理和使用制定更为严格的备付金现场检查机制，建立备付金第三方存管制度，同时制定更为严格的行政处罚规定并加大执法力度。

（二）进一步完善网络借贷监管行政法律规范体系

网络借贷领域是近年来发展最快、涉及面最广、风险暴露最多、危害范围最大、传染性最强的互联网金融业务类别，对其应当给予"额外"照应，在考虑互联网金融监管行政法治体系整体架构的同时，亦应着力网络借贷监管领域的行政法律规范体系的完善，根据网络借贷的实际情况，可以重点从以下三个方面对该领域监管的行政法律规范体系进行完善：

一是务必要提升网络借贷行业的准入门槛，设置更为严格细致的行政许可标准、条件等。比如，目前我国在对 P2P 之类的网络借贷行业的准入实施细则的制定权上，仍然很宽松，且权力掌握在地方，开办 P2P 之类的网络借贷公司亦是在当地市场监督管理部门进行注册并在当地的金融主管部门进行备案，这不利于对 P2P 之类的网络借贷行业进行有效的统一的监管。因此，可以按照美国等国家所实施的监管方式，在笔者所设想的国家金监会正式成立之前，先由银保监会进行统一立法，在对 P2P 之类的网络借贷行业的准入上设置统一的标准，即便诸如深圳之类享有很大立法空间的地方亦不允许调低门槛，同时一并要求该类互联网金融机构的注册或既存机构增加该类业务范围，均必须统一通过各省级银保监局向国家层面的银保监会递交申请，并由银保监会审查审批，审批通过还要在各主要政府门户网站进行公示，以便接受社会监督。再比如，当前我国的立法是把经营 P2P 之类的网络借贷公司视为一种信息中介机构，因而未对该类机构的资本充足率作出规定，但殊不知，该类机构的经营风险是非常大的，通过增加设置资本充足率的要求，并规定 P2P 之类的网络借贷公司必须向银保监会交足资本金且应设置专户进行保管，可以大幅度地降低 P2P 之类的网络借贷公司的经营风险。

二是加强对网络借贷行业金融消费者特殊保护方面的立

法。正如上文分析，我国对金融消费者的保护是非常不完善的，尽管《网贷暂行办法》等对该类金融消费者的保护作出了一些规定，但显然没有针对下一步执行层面出台更具操作性、针对性的法律法规，且执法效果并不理想，大量被 P2P 之类的网络借贷公司侵权的金融消费者的权益有待维护。鉴于网络借贷行业的大众性、风险高等特点，为了更好维护该类金融消费者的权益，笔者认为，可以仿照美国、英国、法国等国的模式，设置专门的网络借贷消费者保护组织，赋予其相应的立法建议权、行政执法权等；同时务必改变当下对金融消费者投诉重视不足、回应过慢等一系列问题，建立"快速反应机制""专人专岗制""首问负责制"等，提升对金融消费者就 P2P 之类的网络借贷公司侵权事件投诉的处理效率，严防风险蔓延、风险扩大。

三是健全并严格落实网络借贷行业合格投资（出借）人制度。在金融领域，合格投资人制度已经成为较为成熟且被普遍接受的制度，对于保护投资人的合法权益、维护金融安全与稳定发挥了重要作用。即使是具体到网络借贷行业，世界上很多国家的法律都对合格投资（出借）人制度作出了规定。比如，英国的《网络众筹监管规则》就把不超过个人总资产的 10% 明确为单一投资（出借）人每年可以投资金融产品的上限额度；还有美国的《乔布斯法》对投资人作出了"认证投资人"以及"非认证投资人"的区分，并对"非认证投资人"每年投资额度做出了明确限制，要求各个网络借贷平台销售金融产品时，每年出售给单一"非认证投资人"的总额度不得超过 10 万美元。此外，日本的《金融商品交易法》亦对合格投资（出借）人作出了明确规定。就我国而言，《网贷暂行办法》第 17 条第 2 款规定："同一自然人在同一网络借贷信息中介机构平台的借款余额上限不超过人民币 20 万元；同一法人或其他组织在同一网络借贷信息中介机构平台的借款余额上限不超过人民币 100 万元；同一自然人在不同网络借贷信息中介机构平台借款总余额不超过人民币 100 万元；同一法人或其他组织在不同网络借贷信息中介机构平台借款总余额不超过人民币 500 万元。"虽然该规定对投资（出借）人的借款余额上限作出了明确规定，但该规定显然不是基于合格投资（借款）人制度的逻辑，不仅规定过于宽松起不到对投资（出借）人尤其是中小投资（出借）人的规制、引导和保护作用，而且立法层级较低。笔者认为，正确的立法思路应为，以投资（出借）人的个人金融资产或家庭金融资产为基数，侧重考虑对中小投资（出借）人保护之需要，并平衡好网络借贷行业发展的需要，综合设定投资（出借）的上限比例。

（三）进一步完善股权众筹融资监管行政法律规范体系

股权众筹融资的最大特点就是"众"，即涉众性强，正因为这个特点，该互联网金融业务为众多的企业尤其是中小企业融资带来了极大的便利，缓解了他们融资难的问题。因为股权众筹融资直接联系了融资人与投资人两端，且一个项目中往往涉及众多的投资人，因此处理好融资人与众多投资人之间的关系，平衡好融资人对融资效率的需要以及众多投资人对资金安全的需要，应当成为股权众筹融资监管行政法律体系建构的主旨。同样的，在考虑互联网金融监管行政法治体系整体架构的同时，亦应着力股权众筹融资监管领域的行政法律规范体系的完善，根据股权众筹融资的实际情况，可以重点从以下三个方面对该领域监管的行政法律规范体系进行完善：

一是建立完善的信息披露法律规范。新修订的《证券法》设专章对"信息披露"作出了规定，在金融监管领域，证券法上的信息披露制度是最为成熟的，虽然该法并未明确规定适用于"股权众筹"的监管，但该法中关于"信息披露"的规定可以为股权众筹监管所借鉴。在对股权众筹的监管中，应当要求众筹项目发起人进行全程的信息披露，从融资人发布筹资项目时起，到完成筹资，直至将本息全部归还投资人终结项目时止，融资人均有按规定披露项目信息的义务。在披露的内容上至少应当包括融资人基本情况、董监高情况、主要经营范围、年度经营计划、筹资项目情况、筹资用途、需求资金数额、归还期限及方式等。对于不能按照规定严格执行信息披露义务的，应当赋予监管行政主体持续督导、责令改正、行政处罚以及给予有关融资人之董监高监管谈话、警告等多项职权，以便强化对股权众筹融资人的持续监管。

二是强化严格区分合格投资人和非合格投资人方面的立法。就目前证监会对于股权众筹融资的监管态度而言，事实上叫停了公募股权众筹融资，这在很大程度上贬损了股权众筹融资原本具有的快速高效融资功能，亦限制了公众投资人的投资渠道，并非最佳的监管策略选择。而在私募股权众筹融资领域，目前由证监会颁布的《私募股权众筹融资管理办法（试行）（征求意见稿）》中将合格个人投资人界定为"金融资产不低于 300 万元人民币或最近三年个人年均收入不低于 50 万元人民币的个人"，这个标准显然过高，排除了绝大多数人投资私募股权众筹项目的可能。证监会拟作出这样的规定其目的一定是更好地对股权众筹融资进行监管，但却不当地将过多的公众排除在股权众筹融资之外。事实上，证监会可以改变仅以投资者身份和财务状况为标准区分合格投资人的做法，改为以投资者身份、财务状况、知识经验、风险偏好、投资目标等多元化的参数为标准区分合格投资人，由此可以把财务方面的年收入等标准降下来，让更多的投资人有机会参与私募股权众筹融资。同时逐步放开公募股权众筹融资，在设定每份投资额度以及个人年度投资上限的前提下，允许非合格投资人参与公募股权众筹项目投资。

三是加快推进信用评估机制并完善相应的法律规范体系。股权众筹融资方式相比于公司上市融资等方式程序上要简化许多，该方式独有的一些信用风险在互联网的加持下被大幅度放大、扩散，建立健全相应的信用评估机制并完善相关法律体系在股权众筹融资领域显得更为迫切。为此，监管行政主体可通过"公私合作"方式搭建股权众筹融资征信体系，使得发布众筹信息的平台能够及时完整地掌握融资人的信用信息，并根据融资人的信用信息决定是否发布其融资需求。同时，可考虑引入第三方专业机构进行信用评估，针对具体融资项目，由第三方专业机构根据独立调查结果，给出信用报告，降低因信息不对称而诱发项目风险的几率。此外，监管行政主体亦应建立因股权众筹融资信用违约引发纠纷的行政调解机制，便于快速高效地解决纠纷，维护投资人/金融消费者合法利益。

结　论

　　近年来，伴随着新兴技术特别是移动互联网、云计算以及大数据等技术的发展，全球金融业加速了与数字信息技术的深度融合，互联网金融呈现快速发展之势。在我国，自2013年起，互联网金融在网络借贷、互联网理财、互联网基金、互联网保险以及互联网众筹等多个领域遍地开花，扩张之快用"野蛮"来形容并不为过。加之监管机构在2014年以及2015年连续两年在对互联网金融采取鼓励政策的同时，却没有配套适度的监管政策，监管机构也似乎异常"偏爱"互联网金融，监管力度不够，"失之于宽，失之于软"，导致互联网金融风险不断积聚，风险不断爆发，互联网金融的健康发展受到严重影响，互联网金融消费者的合法权益受到严重侵害。2016年起，中央政府开始整肃互联网金融市场乱象，加强互联网金融监管，规范互联网金融发展。中央政府对互联网金融"监管＋支持"的鲜明态度与政策，促使互联网金融发展回归理性。然而，目前针对互联网金融的监管机制仍然不健全，监管手段与工具仍然单薄，监管能力仍然偏弱。互联网金融监管作为政府的重要职责，特别需要行政法学的及时跟进、深入研究以及理论支撑。

　　行政法视域下的互联网金融监管的确是个"新名词"，

对它的理解，离不开在行政法的概念框架内对互联网金融、金融监管的解构，离不开结合互联网金融监管行政法治体系进行的剖析。在行政法视域下，以互联网金融监管行政权为规范对象，并存在于、适用于互联网金融监管行政之中的，用于调整互联网金融监管行政主体、互联网金融机构、互联网金融消费者以及他们相互之间关系，有效解决互联网金融监管中问题的法律规范体系、法治实施体系、法治监督体系、法治保障体系共同构成了互联网金融监管行政法治体系。互联网金融监管的复杂性以及行政法治体系的丰富性决定了互联网金融监管行政法治体系是互联网金融监管领域多种行政法律与制度的集合。

互联网金融监管行政法律的生产与供给、消费与需求具有现实的社会生发规律以及内在演化逻辑，这与法律需求决定法律供给的法律经济学基本常识所蕴含的哲理一致。虽然很难毫无争议地将互联网金融监管的行政相对人以及互联网金融监管行政主体划归至互联网金融监管行政法律制度的"需求方"和"供给方"，但做出这样的"大胆"尝试，也不失为一种对行政法研究方法的创新。无论是从"需求方"观察到互联网金融风险高度叠加造成的风险集中爆发以及互联网金融消费者权益急需保护的现实，还是从"供给方"解明的政府有限理性以及管制俘获等问题，都一再验证了建立健全互联网金融监管行政法治体系的重要价值。互联网金融监管行政法重要价值的彰显还在于其功能定位的清晰厘定与充分发挥，互联网金融监管行政法的全部"生命价值"就在于规范与督促行政主体的互联网金融监管行为，正确处理金融监管与互联网金融市场发展之间的关系。在微观层面，互联网金融监管行政法通过发挥激励与控制功能，打造高效的互联网金融市场竞争机制，构建制度化、标准化、定型化的交易机制，规范互联网金融参与主体的各种行为，管控互联网金融风险；而在宏观层面，互联网金融监管行政法的功能则在于引导互联网金融可持续发展，促进互联网金融与实体经济的协同共进。

互联网金融市场存在市场失灵的巨大风险，为政府权力介入互联网金融监管提供了科学的理论支撑。我国互联网金融监管行政法治体系的构建必须在调和既有金融监管体系框架与全球金融监管新趋势以及互联网金融未来发展之间关系的基础之上，对互联网金融监管行政法治体系构建的总体思路、监管行政主体架构以及相应法律规范体系的完善等作出设计，提出行政法视角的改革方案，构建出互联网金融监管行政法治体系的基本架构。正是在这样的分析逻辑指导下，笔者大胆提出要以系统化的思维科学确定互联网金融监管行政法治体系建构的总体思路，既要科学把握互联网金融监管与互联网金融创新之间的关系，又要在系统观指导下确定互联网金融监管行政法治体系构建的目标。之后，笔者结合主要代表国家及地区互联网金融监管行政主体架构的设置，提出重构我国互联网金融监管行政主体，组建新的中国金融监督管理委员会，充分发挥互联网金融协会的自律监管职能，强化互联网金融领域的公私合作治理。在此基础之上，进一步分析了以"革新互联网金融监管的行政法理念""完善多层次的互联网金融监管行政法律规范体系"以及打造"互联网金融具体业态持续发展的多元化保障"为蓝图的互联网金融监管行政法治体系构建的又一实现路径。

　　我国经济平稳健康发展的良好局面为互联网金融的持续发展奠定了坚实基础，监管规则的逐步健全以及行业自律的有效强化为互联网金融健康发展创造了有利条件。未来，互联网金融巨大的市场潜力将持续迸发，广阔的发展空间将持续拓展，必将在给国民经济注入巨大活力的同时实现自身的再次腾飞。然而，我们也必须看到，互联网金融业态不断丰富，数字货币、区块链等一系列技术性更强、风险性也更强的新型业态在持续丰富和扩大着互联网金融的内涵和外延，不同的互联网金融业态又在交叉融合中孕育出更为复杂、传染性更强的风险因素，需要互联网金融监管的持续跟进与不断加强。鉴于研究篇幅、研究领域不应过于庞杂的基本考虑，关于互联网金融监管行政法治体系构建的研究还有很多工作未做。为此，我们对互联网金融监管行政法治体系构建问题的研究不但不能止步，相反，还应保持开放态度和创新精神，为互联网金融监管行政法治体系的转型升级和与时俱进提供源源不断的智慧成果和全方位的智力支持。

参考文献

一、中文著作类

1. 曹磊、钱海利：《互联网＋普惠金融：新金融时代》，机械工业出版社 2015 年版。

2. 丁邦开、周仲飞主编：《金融监管学原理》，北京大学出版社 2004 年版。

3. 丁煌：《西方行政学说史》，武汉大学出版社 2017 年版。

4. 段礼乐：《市场规制工具研究》，清华大学出版社 2018 年版。

5. 范文仲等：《互联网金融理论、实践与监管》，中国金融出版社 2014 年版。

6. 方世荣：《论行政相对人》，中国政法大学出版社 2000 年版。

7. 方世荣、石佑启主编：《行政法与行政诉讼法》，北京大学出版社 2015 年版。

8. 冯科编著：《金融监管学》，北京大学出版社 2015 年版。

9. 冯玉军主编：《新编法经济学：原理·图解·案例》，

法律出版社 2018 年版。

10. 关保英：《行政法学》，法律出版社 2018 年版。

11. 郭国有主编：《中央银行监管》，西南财经大学出版社 1997 年版。

12. 郭田勇主编：《金融监管学》，中国金融出版社 2014 年版。

13. 郭志斌：《论政府激励性管制》，北京大学出版社 2002 年版。

14. 何海波：《行政诉讼法》，法律出版社 2016 年版。

15. 何剑锋：《互联网金融监管研究》，法律出版社 2019 年版。

16. 何建雄、朱隽主编：《欧盟金融制度》，中国金融出版社 2015 年版。

17. 胡建淼：《行政法学（第四版）》，法律出版社 2015 年版。

18. 胡世良：《互联网金融模式与创新》，人民邮电出版社 2015 年版。

19. 黄震、邓建鹏编著：《互联网金融法律与风险控制》，机械工业出版社 2014 年版。

20. 黄卓等主编：《金融科技的中国时代——数字金融 12 讲》，中国人民大学出版社 2017 年版。

21. 姜明安主编：《行政法与行政诉讼法》，北京大学出版社、高等教育出版社 2011 年版。

22. 姜明安：《行政法》，北京大学出版社 2017 年版。

23. 姜明安：《行政诉讼法》，北京大学出版社 2016 年版。

24. 焦瑾璞：《构建中国金融行为监管体系研究》，中国金融出版社 2015 年版。

25. 黄毅：《银行监管与金融创新》，法律出版社 2009 年版。

26. 乐天、段永朝、李犁主编：《互联网金融蓝皮书 2015》，电子工业出版社 2015 年版。

27. 李爱君主编：《中国金融消费者权益保护研究报告》，法律出版社 2019 年版。

28. 李东荣主编：《中国互联网金融发展报告（2015）》，社会科学文献出版社 2015 年版。

29. 李洪雷：《行政法释义学：行政法学理的更新》，中国人民大学出版社 2014 年版。

30. 李小文、诸奇红编著：《金讼圈之 100 个典型疑难金融案例与裁判规则》，法律出版社 2018 年版。

31. 黎四奇：《金融监管法律问题研究——以银行法为中心的分析》，法律出版社 2007 年版。

32. 刘飞宇主编：《互联网金融法律风险防范与监管》，中国人民大学出版社 2016 年版。

33. 刘刚、邹新月：《互联网金融乱象及其风险监管》，北京大学出版社 2019 年版。

34. 刘华春：《互联网金融监管法律规制研究》，法律出版社 2017 年版。

35. 刘善春编：《行政法学模板教程》，中国政法大学出版社 2013 年版。

36. 刘玉平编著：《行政法学研究》，东北财经大学出版社 2016 年版。

37. 鲁篱：《行业协会经济自治权研究》，法律出版社

2003 年版。

38. 罗豪才、宋功德：《软法亦法：公共治理呼唤软法之治》，法律出版社 2009 年版。

39. 罗平、吴军梅主编：《银行监管学》，中国财政经济出版社 2015 年版。

40. 孟咸美：《金融监管法律制度研究》，经济日报出版社 2014 年版。

41. 莫于川等：《柔性行政方式法治化研究——从建设法治政府、服务型政府的视角》，厦门大学出版社 2011 年版。

42. 牛文元主编：《中国可持续发展总论》，科学出版社 2007 年版。

43. 欧阳日辉主编：《互联网金融监管：自律、包容与创新》，经济科学出版社 2015 年版。

44. 彭兴韵：《金融学原理》，格致出版社、上海人民出版社 2013 年版。

45. 齐爱民等：《网络金融法原理与国际规则》，武汉大学出版社 2004 年版。

46. 沈伟、〔美〕罗伯特·罗玛诺等：《后金融危机时代的金融监管——中美的视角》，法律出版社 2016 年版。

47. 王海军、赵嘉辉主编：《"中国式"互联网金融——理论、模式与趋势之辨》，电子工业出版社 2015 年版。

48. 孙国峰：《金融科技时代的地方金融监管》，中国金融出版社 2019 年版。

49. 宋亚辉：《社会性规制的路径选择　行政规制、司法控制抑或合作规制》，法律出版社 2017 年版。

50. 宋玮主编：《银行监管学》，清华大学出版社 2017

年版。

51. 王建芹等：《从管制到规制——非政府组织法律规制研究》，群言出版社 2007 年版。

52. 王名扬：《美国行政法》，中国法制出版社 1995 年版。

53. 武长海、涂晟：《互联网金融监管基础理论研究》，中国政法大学出版社 2016 年版。

54. 吴弘、李有星：《金融法》，高等教育出版社 2013 年版。

55. 吴晓求等：《互联网金融——逻辑与结构》，中国人民大学出版社 2015 年版。

56. 谢平、邹传伟、刘海二：《互联网金融手册》，中国人民大学出版社 2014 年版。

57. 邢鸿飞等：《行政法专论》，法律出版社 2016 年版。

58. 许凌艳：《金融监管法制比较研究：全球金融法制变革与中国的选择》，法律出版社 2016 年版。

59. 许云霄编著：《公共选择理论》，北京大学出版社 2006 年版。

60. 徐昕：《论私力救济》，中国政法大学出版社 2005 年版。

61. 杨解君主编：《行政责任问题研究》，北京大学出版社 2005 年版。

62. 杨建顺：《行政规制与权利保障》，中国人民大学出版社 2007 年版。

63. 杨建顺主编：《行政法总论》，中国人民大学出版社 2012 年版。

64. 杨涛主编：《互联网金融理论与实践》，经济管理出版社 2015 年版。

65. 杨天翔、薛誉华、刘亮编著：《网络金融》，复旦大学出版社 2015 年版。

66. 姚文平：《互联网金融：即将到来的新金融时代》，中信出版社 2014 年版。

67. 叶必丰：《行政法学》，武汉大学出版社 2003 年版。

68. 易纲：《中国的货币、银行和金融市场：1984－1993》，上海三联书店、上海人民出版社 1996 年版。

69.［美］阿兰·博耶等著，应奇、刘训练编：《公民共和主义》，东方出版社 2006 年版。

70. 应松年主编：《行政处罚法教程》，法律出版社 2012 年版。

71. 袁达松：《金融危机管理法论》，北京师范大学出版社 2012 年版。

72. 张红：《证券行政法专论》，中国政法大学出版社 2017 年版。

73. 张焕光、胡建淼：《行政法学原理》，劳动人事出版社 1989 年版。

74. 张树义：《中国社会结构变迁的法学透视》，中国政法大学出版社 2002 年版。

75. 张运书：《碳金融监管法律制度研究》，法律出版社 2015 年版。

76. 张忠军：《金融监管法论：以银行法为中心的研究》，法律出版社 1998 年版。

77. 章剑生：《现代行政法基本理论》，法律出版社 2014 年版。

78. 章剑生：《现代行政法总论》，法律出版社 2019 年版。

79. 中国互联网金融协会编著：《中国互联网金融年报（2018）》，中国金融出版社 2018 年版。

80. 中国银行业监督管理委员会译：《有效银行监管核心原则（2012）》，中国金融出版社 2012 年版。

81. 周永坤：《法理学——全球视野》，法律出版社 2016 年版。

82. 朱大旗：《金融法》，中国人民大学出版社 2015 年版。

83. 朱景文主编：《法理学关键问题》，中国人民大学出版社 2011 年版。

84. 朱淑娣、柯静：《道器兼具：全球化与金融信息披露行政规制研究》，时事出版社 2017 年版。

二、译著类

1. ［美］埃莉诺·奥斯特罗姆：《公共事务的治理之道：集体行动制度的演进》，余逊达、陈旭东译，上海译文出版社 2012 年版。

2. ［美］戴维·奥斯本、特德·盖布勒：《改革政府——企业精神如何改革着公营部门》，上海市政协编译组、东方编译所编译，上海译文出版社 1996 年版。

3. ［美］丹尼尔·F. 史普博：《管制与市场》，余晖等译，上海三联书店、上海人民出版社 1999 年版。

4. ［美］德内拉·梅多斯：《系统之美：决策者的系统思考》，邱昭良译，浙江人民出版社 2012 年版。

5. ［美］E. 霍贝尔：《原始人的法》，严存生等译，贵州人民出版社 1992 年版。

6. ［美］艾伦、雅戈：《金融创新力》，牛红军译，中国人民大学出版社 2015 年版。

7. ［美］弗雷德里克·S. 米什金：《货币金融学》，郑艳文、荆国勇译，中国人民大学出版社 2016 年版。

8. ［德］毛雷尔：《行政法学总论》，高家伟译，法律出版社 2000 年版。

9. ［韩］河连燮：《制度分析：理论与争议（第二版）》，李秀峰、柴宝勇译，中国人民大学出版社 2014 年版。

10. ［美］杰克逊·西蒙斯：《金融监管》，吴志攀等译，中国政法大学出版社 2003 年版。

11. ［美］霍华德. 戴维斯、大卫·格林：《全球金融监管》，中国银行业监督管理委员会国际部译，中国金融出版社 2009 年版。

12. 中共中央马克思、恩格斯、列宁、斯大林著作编译局编译：《马克思恩格斯选集（第一卷）》，人民出版社 2012 年版。

13. ［美］泰勒、桑斯坦：《助推：如何做出有关健康、财富与幸福的最佳决策》，刘宁译，中信出版集团 2015 年版。

14. ［美］罗伯特·考特、托马斯·尤伦：《法和经济学》，张军等译，上海人民出版社、上海三联出版社 1994 年版。

15. ［英］罗伯特·鲍德温等编：《牛津规制手册》，宋华琳等译，生活·读书·新知三联书店 2017 年版。

16. ［美］R. 科斯、A. 阿尔钦、D. 诺斯：《财产权利与制度变迁——产权学派与新制度学派译文集》，刘守英等译，上海三联书店、上海人民出版社 1994 年版。

17. ［美］曼瑟尔·奥尔森：《集体行动的逻辑》，陈郁、郭宇峰、李崇新译，上海三联书店、上海人民出版社 1995 年版。

18. ［德］柯武刚、史漫飞：《制度经济学：社会秩序与公共政策》，韩朝华译，商务印书馆 2000 年版。

19. ［美］肯尼思·F. 沃伦：《政治体制中的行政法》，王丛虎译，中国人民大学出版社 2005 年版。

20. ［美］莱斯特·M. 萨拉蒙主编：《政府工具：新治理指南》，肖娜等译，北京大学出版社 2016 年版。

21. ［美］罗斯科·庞德：《通过法律的社会控制》，沈宗灵译，商务印书馆 1984 年版。

22. ［澳］欧文·E. 休斯：《公共管理导论》，张成福、马子博译，中国人民大学出版社 2001 年版。

23. ［法］普里马韦拉·德·菲利皮、［美］亚伦·赖特：《监管区块链：代码之治》，卫东亮译，中信出版社 2019 年版。

24. ［美］史蒂文斯：《集体选择经济学》，杨晓维等译，格致出版社、上海人民出版社 2014 年版。

25. ［英］麦克罗米：《金融市场中的法律风险》，胡滨译，社会科学文献出版社 2009 年版。

26. ［法］拉丰：《规制与发展》，聂辉华译，中国人民大学出版社 2009 年版。

27. ［美］德森纳主编：《众筹：互联网融资权威指南》，陈艳译，中国人民大学出版社 2015 年版。

28. ［美］史蒂芬·布雷耶：《打破恶性循环：政府如何有效规制风险》，宋华琳译，法律出版社 2009 年版。

29. ［美］坦茨：《政府与市场：变革中的政府职能》，王宇等译，商务印书馆 2014 年版。

30. ［美］戈登：《伟大的博弈：华尔街金融帝国的崛起》，祁斌译，中信出版社 2005 年版。

31. ［美］朱迪·弗里曼：《合作治理与新行政法》，毕洪海、陈标冲译，商务印书馆出版社 2010 年版。

三、论文类

1. 安邦坤、阮金阳："互联网金融：监管与法律准则"，载《金融监管研究》2014 年第 3 期。

2. 白洁："打造中国互联网金融法律生态系"，载乐天、段永朝、李犁主编：《互联网金融蓝皮书（2015）》，电子工业出版社 2015 年版。

3. 毕扶摇、黄瑞："英国金融监管机制对我国互联网金融市场行为标准化管理的启示"，载《当代经济》2019 年第 8 期。

4. 曹凤岐："改革和完善中国金融监管体系"，载《北京大学学报（哲学社会科学版)》2009 年第 4 期。

5. 陈洁："投资者到金融消费者的角色嬗变"，载《法学研究》2011 年第 5 期。

6. 陈秀山："政府失灵及其矫正"，载《经济学家》1998 年第 1 期。

7. 陈越峰："'互联网＋'的规制结构——以'网约车'规制为例"，载《法学家》2017 年第 1 期。

8. 程信和、张双梅："金融监管权法理探究——由金融危机引发的思考"，载《江西社会科学》2009 年第 3 期。

9. 董昀、李鑫："互联网金融的发展：基于文献的探究"，载《金融评论》2014 年第 5 期。

10. 杜娟、李桂花："互联网金融迎来'穿透式'监管"，载《检察风云》2016 年第 23 期。

11. 高汉："互联网金融的发展及其法制监管"，载《中州学刊》2014 年第 2 期。

12. 戈妍、孙杨："解决我国银行监管效能问题的制度设计——运用管制俘获理论进行分析"，载《南京财经大学学报》2005 年第 5 期。

13. 龚明华："互联网金融：特点、影响与风险防范"，载《新金融》2014 年第 2 期。

14. 顾肖荣、陈玲："试论金融消费者保护标准和程序的基本法律问题"，载《政治与法律》2012 年第 6 期。

15. 郭剑平："论法律功能的概念与类型"，载《韶关学院学报》2008 年第 8 期。

16. 胡光志、周强："论我国互联网金融创新中的消费者权益保护"，载《法学评论》2014 年第 6 期。

17. 黄海龙："基于以电商平台为核心的互联网金融研究"，载《上海金融》2013 年第 8 期。

18. 黄璟宜："论对第三方支付机构的法律监管"，载《南方论刊》2010 年第 3 期。

19. 黄丽："'理性经济人'假设：演进与批判"，载《佛山科学技术学院学报（社会科学版）》2008 年第 2 期。

20. 黄瑞："美国互联网金融监管特色及对我国的启示——兼论我国互联网金融标准化建设的必要性"，载《经济师》2019 年第 9 期。

21. 江必新："行政法学研究应如何回应服务型政府的实践"，载《现代法学》2009 年第 1 期。

22. 江必新、邵长茂："社会治理新模式与行政法的第三形态"，载《法学研究》2010 年第 6 期。

23. 江必新："论行政规制基本理论问题"，载《法学》2012 年第 12 期。

24. 姜明安："新时代中国行政法学的转型与使命"，载《财经法学》2019 年第 1 期。

25. 姜明安、张璁："完善国家行政体制　提高政府治理能力"，载《人民日报》2020 年 2 月 4 日第 10 版。

26. 李爱君："《沙盒监管》对我国金融创新监管的启示"，载《中国品牌》2017 年第 3 期。

27. 李昌麒、应飞虎："论经济法的独立性——基于对市场失灵最佳克服的视角"，载《山西大学学报（哲学社会科学版）》2001 年第 3 期。

28. 李东方："政府失灵的原因及其治理探析"，载《昆明学院学报》2010 年第 1 期。

29. 李海娟、佟雪："互联网金融风险及防范的法律对策"，载《对外经贸》2020 年第 5 期。

30. 李健："管制俘获理论最新进展评述"，载《珞珈管理评论》2011 年卷第 2 辑。

31. 李尚桦："论股权众筹的法律规则——以美国 JOBS 法案为借鉴"，载《行政与法》2015 年第 3 期。

32. 李东卫："互联网金融的国际经验、风险分析及监管"，载《吉林金融研究》2014 年第 4 期。

33. 李友根："论公私合作的法律实施机制——以《反不

正当竞争法》第6条为例"，载《上海财经大学学报》2010
年第5期。

34. 李有星、陈飞、金幼芳："互联网金融监管的探析"，载《浙江大学学报（人文社会科学版）》2014年第4期。

35. 梁军峰："互联网金融风险与监管研究——基于制度经济学视角"，载《财会通讯》2020年第4期。

36. 廖岷："银行业行为监管的国际经验、法理基础与现实挑战"，载《上海金融》2012年第3期。

37. 刘宪权、金华捷："论互联网金融的行政监管与刑法规制"，载《法学》2014年第6期。

38. 刘英、罗明雄："互联网金融模式及风险监管思考"，载《中国市场》2013年第43期。

39. 刘媛："金融领域的原则性监管方式"，载《法学家》2010年第3期。

40. 刘志洋："互联网银行含义及其风险管理研究"，载《上海金融学院学报》2015年第1期。

41. 鲁篱、熊伟："后危机时代下国际金融监管法律规制比较研究——兼及对我国之启示"，载《现代法学》2010年第4期。

42. 罗培新："美国金融监管的法律与政策困局之反思——兼论对我国金融监管之启示"，载《中国法学》2009年第3期。

43. 马英娟："监管的语义辨析"，载《法学杂志》2005年第5期。

44. 毛玲玲："发展中的互联网金融法律监管"，载《华东政法大学学报》2014年第5期。

45. 潘敏、朱迪星："金融危机后银行公司治理的反思与改革"，载《北京金融评论》2012 年第 4 期。

46. 潘斯华："互联网金融消费者权益的法律保护"，载《消费经济》2014 年第 5 期。

47. 皮天雷、赵铁："互联网金融：范畴、革新与展望"，载《财经科学》2014 年第 6 期。

48. 齐明山："有限理性与政府决策"，载《新视野》2005 年第 2 期。

49. 沈岿："重构行政主体范式的尝试"，载《法律科学（西北政法学院学报)》2000 年第 6 期。

50. 盛学军："政府监管权的法律定位"，载《社会科学研究》2006 年第 1 期。

51. 盛学军、陈开琦："论市场规制权"，载《现代法学》2007 年第 4 期。

52. 石佑启："论公共行政之发展与行政主体多元化"，载《法学评论》2003 年第 4 期。

53. 谭砚："经济金融领域行政'软法'的法律责任问题研究"，载《区域金融研究》2010 年第 6 期。

54. 唐清利："互联网金融监管模式创新研究"，载《社会科学辑刊》2015 年第 2 期。

55. 陶娅娜："互联网金融发展研究"，载《金融发展评论》2013 年第 11 期。

56. 陶震："关于互联网金融法律监管问题的探讨"，载《中国政法大学学报》2014 年第 6 期。

57. 田光宇："互联网金融发展的理论框架与规制约束"，载《宏观经济研究》2014 年第 12 期。

58. 万志尧：“对第三方支付平台的行政监管与刑法审视”，载《华东政法大学学报》2014 年第 5 期。

59. 王宝杰：“论金融监管的国际合作及我国的法律应对”，载《政治与法律》2009 年第 6 期。

60. 王国刚、张扬：“互联网金融之辨析”，载《财贸经济》2015 年第 1 期。

61. 王国红：“美国金融危机、金融管制与管制俘获”，载《武汉金融》2010 年第 4 期。

62. 王锡锌：“参与失衡与管制俘获的解决：分散利益组织化”，载《广东行政学院学报》2008 年第 6 期。

63. 魏建：“理性选择理论与法经济学的发展”，载《中国社会科学》2002 年第 1 期。

64. 吴昊：“互联网金融发展问题及对策研究”，载《黑龙江科学》2020 年第 7 期。

65. 吴弘、徐振：“金融消费者保护的法理探析”，载《东方法学》2009 年第 5 期。

66. 吴雷、杨解君：“风险社会下的政府监管制度建设”，载《南京工业大学学报（社会科学版）》2010 年第 1 期。

67. 吴晓求：“互联网金融：成长的逻辑”，载《财贸经济》2015 年第 2 期。

68. 吴志攀：“华尔街金融危机中的法律问题”，载《法学》2008 年第 12 期。

69. 谢平、邹传伟、刘海二：“互联网金融监管的必要性与核心原则”，载《国际金融研究》2014 年第 8 期。

70. 谢新水：“行政行为模式：类型及要素界定”，载《学术研究》2011 年第 6 期。

71. 谢永江：“网络虚拟货币的法律分析与监管建议”，载《北京邮电大学学报（社会科学版）》2010 年第 1 期。

72. 宣晓影、全先银：“日本金融监管体制对全球金融危机的反应及原因”，载《中国金融》2009 年第 17 期。

73. 杨东：“论金融服务统合法体系的构建——从投资者保护到金融消费者保护”，载《中国人民大学学报》2013 年第 3 期。

74. 杨东：“互联网金融风险规制路径”，载《中国法学》2015 年第 3 期。

75. 杨东：“互联网金融的法律规制——基于信息工具的视角”，载《中国社会科学》2015 年第 4 期。

76. 杨宏山：“政府规制的理论发展述评”，载《学术界》2009 年第 4 期。

77. 杨建顺：“论行政规制的法制完善”，载《观察与思考》2012 年第 9 期。

78. 杨解君：“行政主体及其类型的理论界定与探索”，载《法学评论》1999 年第 5 期。

79. 薛刚凌：“我国行政主体理论之检讨——兼论全面研究行政组织法的必要性”，载《政法论坛》1998 年第 6 期。

80. 杨松、魏晓东：“次贷危机后对银行监管权配置的法律思考”，载《法学》2010 年第 5 期。

81. 杨伟东：“行政程序违法的法律后果及其责任”，载《政法论坛》2005 年第 4 期。

82. 姚海放等：“网络平台借贷的法律规制研究”，载《法学家》2013 年第 5 期。

83. 姚海放：“治标和治本：互联网金融监管法律制度新

动向的审思"，载《政治与法律》2018 年第 12 期。

84. 叶旺春："互联网金融与现行监管规则"，载《科技与法律》2014 年第 3 期。

85. 应飞虎、涂永前："公共规制中的信息工具"，载《中国社会科学》2010 年第 4 期。

86. 应松年："当代行政法发展的特点"，载《中国法学》1999 年第 6 期。

87. 应松年："完善行政组织法制探索"，载《中国法学》2013 年第 2 期。

88. 于春敏："金融消费者的法律界定"，载《上海财经大学学报》2010 年第 4 期。

89. 湛中乐："论行政监管方式"，载《湖南社会主义学院学报》2009 年第 4 期。

90. 张建东、高建奕："西方政府失灵理论综述"，载《云南行政学院学报》2006 年第 5 期。

91. 张晶："互联网金融：新兴业态、潜在风险与应对之策"，载《经济问题探索》2014 年第 4 期。

92. 张树义："行政主体研究"，载《中国法学》2000 年第 2 期。

93. 张晓朴："互联网金融监管的原则：探索新金融监管范式"，载《金融监管研究》2014 年第 2 期。

94. 张晓朴："系统性金融风险研究：演进、成因与监管"，载《国际金融研究》2010 年第 7 期。

95. 张晓朴、卢钊："金融监管体制选择：国际比较、良好原则与借鉴"，载《国际金融研究》2012 年第 9 期。

96. 张新、陈帼钊："美国证券市场监管体制改革与信用制度的重建——兼谈安然事件对新兴证券市场诚信制度构建的启发",载《经济社会体制比较》2002 年第 3 期。

97. 张圆、张婷婷:"我国互联网金融的发展现状及展望",载《现代营销（下旬刊)》2020 年第 2 期。

98. 张忠军:"金融立法的趋势与前瞻",载《法学》2006 年第 10 期。

99. 赵鹏:"超越平台责任:网络食品交易规制模式之反思",载《华东政法大学学报》2017 年第 1 期。

100. 赵渊、罗培新:"论互联网金融监管",载《法学评论》2014 年第 6 期。

101. 周汉华:"独立监管与大部制的关系",载《公法研究》2007 年第 1 期。

102. 周宇:"互联网金融:一场划时代的金融变革",载《探索与争鸣》2013 年第 9 期。

四、学位论文类

1. 白昌易:"P2P 网络借贷监管政策研究",东北财经大学 2019 年博士学位论文。

2. 李璐莹:"互联网借贷的风险与监管法律问题研究",华东政法大学 2014 年硕士学位论文。

3. 林华:"论管制俘获的行政法规制",中国政法大学 2010 年硕士学位论文。

4. 孙小夏:"社会转型与法律功能的重塑和实现",辽宁师范大学 2014 年硕士学位论文。

5. 汤喆峰:"论我国行政主体的法律制度重构",大连海事大学 2013 年博士学位论文。

6. 田彪:"次贷危机后美国金融监管改革研究",吉林大学 2019 年博士学位论文。

7. 王鹏:"中国金融规制问题研究",吉林大学 2009 年博士学位论文。

五、英文文献类

1. Administrative Law, *The American Public Law System Cases and Materials Fifth Edition*.

2. Andrew Sheng, "Regulation and Supervision in the Context of a Global Financial Environment", *8 Law & Business Review of the Americas*, 2002.

3. Cary Coglianese, David Lazer, Management-Based Regulation, *Prescribing Private Management to Achieve Public Goals*, December, 2003, 37 Law & Society Review.

4. David Zaring, "Financial Reform's Internationalism", *Emory Law Journal*, Vol. 65, Issue 5. 2016.

5. David Zaring, "Finding Legal Principle in Globalfinancial supervision", *Virginia Journal of Internation Law*. 2011 – 2012.

6. Philip R Wood, *Regulation of International Finance*, London, SWEET & MAXWELL, 2007.

7. Stephen J. Choi, A. C. Pritchard, *Securities Regulation Statutory Supplement*, Undation Press, 2013.